Função Social, Competência, ESG e Governança

Função Social, Competência, ESG e Governança

ESTUDOS DE CASOS A PARTIR DO TCM-SP

DE ACORDO COM A LEI N. 14.133, DE 2021
(NOVA LEI DE LICITAÇÕES E CONTRATOS PÚBLICOS)

2023

Eduardo Tuma
Coordenador

ALMEDINA

FUNÇÃO SOCIAL, COMPETÊNCIA, ESG E GOVERNANÇA
ESTUDOS DE CASOS A PARTIR DO TCM-SP DE ACORDO COM A LEI N. 14.133, DE 2021
(NOVA LEI DE LICITAÇÕES E CONTRATOS PÚBLICOS)

COORDENADOR: Eduardo Tuma

DIRETOR ALMEDINA BRASIL: Rodrigo Mentz
EDITORA JURÍDICA: Manuella Santos de Castro
EDITOR DE DESENVOLVIMENTO: Aurélio Cesar Nogueira
ASSISTENTES EDITORIAIS: Larissa Nogueira e Letícia Gabriella Batista
ESTAGIÁRIA DE PRODUÇÃO: Laura Roberti

DIAGRAMAÇÃO: Almedina
DESIGN DE CAPA: FBA

ISBN: : 9786556278483
Junho, 2023

Dados Internacionais de Catalogação na Publicação (CIP)
(Câmara Brasileira do Livro, SP, Brasil)

Função social, competência, ESG e governança :
estudos de casos a partir do TCM-SP de acordo
com a Lei n. 14.133, de 2021 (nova Lei de
Licitações e Contratos Públicos) / coordenação
Eduardo Tuma. – 1. ed. – São Paulo :
Almedina, 2023.
ISBN 978-65-5627-848-3
1. Direito administrativo 2. Fiscalização
3. Governança pública 4. Legislação – Brasil
5. Licitações – Leis e legislação – Brasil
I. Tuma, Eduardo.

23-148588 CDU-35

Índices para catálogo sistemático:

1. Governança corporativa : Direito administrativo

Eliane de Freitas Leite – Bibliotecária – CRB 8/8415

Este livro segue as regras do novo Acordo Ortográfico da Língua Portuguesa (1990).

EDITORA: Almedina Brasil
Rua José Maria Lisboa, 860, Conj.131 e 132, Jardim Paulista | 01423-001 São Paulo | Brasil
editora@almedina.com.br
www.almedina.com.br

SOBRE O COORDENADOR

EDUARDO TUMA

Conselheiro Presidente do Tribunal de Contas do Município de São Paulo. Foi Vereador pela capital paulista durante dois mandatos, licenciado de abril a maio de 2018 para ocupar o cargo de Secretário-Chefe da Casa Civil da Prefeitura de São Paulo e Presidente da Câmara Municipal de 2019 a 2020. Pós-doutor em Direito pela Universidade Paris-I Panthéon-Sorbonne. Doutor e Mestre em Direito pela PUC/SP. Graduado em Direito pela FMU/SP e em Teologia pelo IBES/SP. Especialista em Direito Tributário pela FMU/SP, possui extensão universitária pela Universidade de Harvard (Government-Modern Presidential Politics). Presidente do Comitê Técnico de Inovação, Transição Digital de Governos e Avaliação de Políticas Públicas do Instituto Rui Barbosa (IRB). É Professor Titular e Pesquisador dos Programas de Doutorado/Mestrado em Direito Empresarial da UNINOVE/SP.

SOBRE OS AUTORES

ADRIANO CREMONESI

Formado em Direito pela Universidade Paulista em 2001, foi sócio do escritório Almeida Rossi e Cremonesi de 2004 a 2013, com ênfase na atuação em Direito Civil. Trabalha no Tribunal de Contas do Município de São Paulo – TCMSP desde 2015. Atualmente é Conselheiro Substituto no Gabinete do Conselheiro Presidente Eduardo Tuma.

ALEXANDRE FERREIRA MATHIAS JUNIOR

Mestre pela Universidade Federal de São Paulo – UNIFESP. Mestrando pela Universidade Nove de Julho – UNINOVE. Pós-graduado com especialização/MBA em Gestão Tributária pela Fundação Instituto de Pesquisas Contábeis, Atuariais e Financeiras – FIPECAF. Graduado em Direito pelo Centro Universitário das Faculdades Metropolitanas Unidas – FMU. Ex-assessor na Câmara Municipal de São Paulo e na Casa Civil da Prefeitura de São Paulo. Trabalha na Administração Pública desde 2010. Advogado, atualmente é assessor no Gabinete do Conselheiro Presidente Eduardo Tuma – TCMSP.

BEATRIZ POLIZELI

Arquiteta e Urbanista formada pela Universidade São Judas Tadeu – USJT, ingressou na PMSP como arquiteta em 2013 e atuou como Diretora na Divisão Técnica de Aprovação de Habitação de Interesse Social-DHIS de 2013 a 2015, Diretora da Divisão Técnica de Aprovação de Parcelamento do Solo-DPS de 2015 a 2016 e Coordenadora da Coordenadoria de Edificação de Serviços e Uso Institucional-SERVIN de 2017 a 2019. Atualmente atua no Gabinete do Conselheiro Presidente Eduardo Tuma no TCMSP – beatriz.polizeli@tcm.sp.gov.br

CRISTIANE SIMÕES GONÇALVES

Advogada. Graduada pela Universidade São Francisco. Pós-graduanda com especialização MBA-USP em Auditoria e Inovação no Setor Público. Palestrante na área de Direito do Consumidor e Lei Geral de Proteção de Dados na Escola Superior de Gestão e Contas Públicas. Servidora concursada, atua há 27 anos na área administrativa do Tribunal de Contas do Município de São Paulo – em parte, no exercício de supervisão do Setor de Expediente. Atualmente é supervisora no Gabinete da Presidência. Trabalha na equipe do Conselheiro Presidente Eduardo Tuma.

DANIEL PAULO ALVES

Assistente de Gestão de Políticas Públicas – Subprefeitura da Vila Mariana, é servidor comissionado no TCMSP, onde desempenha as suas funções no Tribunal desde 2010. Trabalha atualmente no Gabinete do Conselheiro Presidente Eduardo Tuma.

EDUARDO TUMA

Conselheiro Presidente do Tribunal de Contas do Município de São Paulo (TCMSP). Foi Vereador pela capital paulista durante dois mandatos, licenciado de abril a maio de 2018 para ocupar o cargo de Secretário-Chefe da Casa Civil da Prefeitura de São Paulo e Presidente da Câmara Municipal de 2019 a 2020. Pós-doutor em Direito pela Universidade Paris-I Panthéon-Sorbonne. Doutor e Mestre em Direito pela PUC/SP. Graduado em Direito pela FMU/SP e em Teologia pelo IBES/SP. Especialista em Direito Tributário pela FMU/SP, possui extensão universitária pela Universidade de Harvard (Government-Modern Presidential Politics). Presidente do Comitê Técnico de Inovação, Transição Digital de Governos e Avaliação de Políticas Públicas do Instituto Rui Barbosa (IRB). É Professor Titular e Pesquisador dos Programas de Doutorado/Mestrado em Direito Empresarial da UNINOVE/SP.

JÔNATAS JUNQUEIRA DE MELLO

Graduado em Letras pela Pontifícia Universidade Católica de São Paulo – PUCSP e em Direito pela Universidade Paulista. Pós-graduado em Direito do Trabalho pela Escola Superior de Advocacia São Paulo e Direito Tributário pela Universidade Anhanguera-Uniderp/LFG. Assessor no Gabinete do Conselheiro Presidente Eduardo Tuma – TCMSP.

JOSE CAMILO DOS SANTOS

Graduado em Administração de Empresas. Trabalha na Administração Pública há mais de 30 anos. Assessor no Gabinete do Conselheiro Presidente Eduardo Tuma – TCMSP.

JOSÉ FABIO RODRIGUES MACIEL

Graduado em Direito pela Universidade de São Paulo e mestre pela Pontifícia Universidade Católica de São Paulo. Advogado, Professor de História do Direito e Direito Constitucional, possui diversas publicações na área. Assessor no Gabinete do Conselheiro Presidente Eduardo Tuma – TCMSP.

LEVEN MITRE VAMPRÉ

Advogado. Pós-graduado em Direito e Processo do Trabalho e em Direito Processual Penal. Assessor no Tribunal de Contas do Município de São Paulo, atua no Gabinete do Conselheiro Presidente Eduardo Tuma.

MARCELO GANDRA FALCONE

Graduado em Engenharia Elétrica pela Universidade Presbiteriana Mackenzie. MBA em Engenharia de Qualidade PECE/POLI/USP. Pós-graduado em Gestão Pública pelo INPG. Pós-graduado com direito a título complementar de habilitação em Segurança e Saúde do Trabalho pela UNINOVE. Pós-graduado em Segurança em Eventos de Grande Porte pela UniLeya. Pós-graduado em Gestão Pública com habilitação em docência no ensino superior pela Unimais. Possui extensão em "Auditoria e Controle para Estatais" e "Contabilização de Benefícios" pela ENAP – Escola Nacional de Administração Pública. Professor no curso de Pós-Graduação em Engenharia da Uninove – Perícias nos Módulos de Manutenção Predial e Avaliação de Equipamentos. Ex-assessor na Presidência da Câmara Municipal de São Paulo. Assessor no Gabinete do Conselheiro Presidente Eduardo Tuma – TCMSP.

MILENA GIOVANNETTI MAGALHÃES CASTRO

Graduada em Direito e pós-graduada em Direito Penal pela Universidade Presbiteriana Mackenzie. Especialista em Direito Público pelo EBRADI e na Nova Lei de Licitações e Contratos pelo Instituto Rui Barbosa – IRB e pós-graduanda com MBA/USP em Auditoria. Assessora jurídica de gabinete no TCMSP desde 2008. Conselheira substituta entre 2014 e 2020, hoje é Secretária Geral.

ROSANGELA DE JESUS BARROS

Bacharel em Ciências Contábeis pela Universidade de Guarulhos, com especialização em Gestão aplicada à Administração das Finanças da Cidade de São Paulo pela FUNDAP. Pós-graduada *lato sensu* em Contabilidade Governamental pela Faculdade Unyleya. Contadora concursada da Prefeitura do Município de São Paulo. Atuou como Diretora das Divisões de Controles Contábeis e de Contabilidade, do Departamento de Contadoria da Secretaria da Fazenda. Assessora no gabinete do Conselheiro Presidente Eduardo Tuma – TCMSP.

THALUANA ALVES DA PENHA

Advogada. Palestrante. Graduada em Direito pelo Centro Universitário das Faculdades Metropolitanas Unidas (FMU). Pós-graduada em Direito e Processo do Trabalho pela Pontifícia Universidade Católica de São Paulo (PUC-SP). Mestranda em Direito pela Universidade Nove de Julho. Autora de artigos veiculados em revistas e periódicos. Atualmente é Assessora no Gabinete do Conselheiro Presidente Eduardo Tuma – TCMSP.

PREFÁCIO

Sinto-me confortável e ao mesmo tempo honrada em dizer algumas palavras sobre esta obra. Não só pela familiaridade com a qual pude percorrer os temas apresentados, afeitos à minha rotina como membro de órgão fiscalizador, mas também pela similitude que vejo nos campos de atuação do Tribunal de Contas do Município de São Paulo e do Tribunal de Contas da União: falo de um país continental; falo de uma cidade nacional.

São Paulo, cosmopolita que é, traduz-se em números vultosos; espantosamente significativos. Para onde a vista do administrador se volte, lá estarão eles a retratar todos os setores da vida econômica e social de seus mais de 12 milhões de habitantes. O trato da coisa pública sob a perspectiva da eficiência e da moralidade precisa assegurar que os recursos públicos destinados ao bem-estar da população, e à manutenção e desenvolvimento da infraestrutura estatal, atinjam as finalidades para que foram alocados.

A imensa responsabilidade de zelar pelo caminho por eles percorrido, até que se materializem em serviços públicos de qualidade e em administrações probas, impõe aos órgãos de controle a necessidade constante de aprimoramento de suas rotinas, de seu corpo técnico e de sua estruturação; esta compilação diz muito sobre isso e sobre o que representa o TCMSP para os paulistanos, sob a ótica da fiscalização e da leitura factual da realidade do município paulista.

Trata-se de coletânea robusta e que aborda diversos temas comuns à gestão pública, ao controle externo e à organização daquele tribunal. A Corte de Contas Municipal, austera e vigilante em relação ao 5º maior orçamento da Federação, defronta-se com desafios e obstáculos equivalentes a toda a sua envergadura e importância e movimenta-se para amoldar-se às novas exigências e demandas que o cotidiano lhe impõe.

Os capítulos que se seguem trazem assuntos os mais variados, ao gosto do leitor que se dedica a estudar a máquina pública e seus mecanismos de interação com a sociedade.

O primeiro capítulo apresenta artigo que versa sobre desestatização no município de São Paulo (revitalização de seu centro histórico), trazendo como exemplo áreas do Anhangabaú, sendo esta uma das inúmeras desestatizações levadas a cabo pela prefeitura.

O segundo conteúdo nos aponta a auditoria operacional como instrumento de fiscalização e controle que enfatiza a atuação preventiva do TCMSP a garantir a efetivação de direitos fundamentais.

Já no terceiro, o conceito de *Smart Cities* é explorado, apontando como essencial o envolvimento popular no planejamento urbano e no plano diretor da cidade de São Paulo, por meio de coleta de dados junto à população ao ponto de influir nas tomadas de decisão que, por gerações, causarão impactos na vida dos habitantes da Capital.

O quarto capítulo cuida das licitações sustentáveis, como vertente da Nova Lei de Licitações e seus dispositivos no rumo das aquisições responsáveis e coerentes com a preservação do meio ambiente; mostra-se que a implantação da visão sustentável se dá em diversos artigos da referida lei, por meio de regras mais objetivas, que procuram garantir a função social e a proteção ambiental quando se efetivarem as compras governamentais.

Na sequência, traçam-se linhas quanto ao termo ESG (traduzido para ASG – "ambiental, social e governança"), a influenciar a gestão para que se torne racional e preocupada com valores ecológicos e sociais. A atuação do TCMSP é paralela nesse escopo, já que contribui para a lisura e correção de processos licitatórios e para a instituição da ética como pilar nas relações com o Estado.

O próximo capítulo explora a ferramenta de controle denominada vistoria técnica, que permite aos tribunais de contas coletarem evidências objetivas para produção de relatórios fidedignos e isentos de valores outros que não os técnicos por observação, gerando padronização de decisões, à luz de princípios basilares como os da legalidade, eficiência, moralidade, economicidade, impessoalidade, legitimidade e publicidade.

O sétimo capítulo nos remete ao entendimento dos tribunais de contas e do TCMSP acerca da inexigibilidade de licitação nas contratações artísticas e de profissionais com notória especialização sob a égide das leis de regência. A discussão é no sentido de cotejar norma, doutrina e interpretação de controladorias e tribunais de contas, como a do Tribunal de Contas da União, com a apresentação de alguns casos concretos, inclusive gerando debate sobre a comprovação de representação do artista (sobre o que o TCU já firmou jurisprudência).

O conteúdo subsequente discorre sobre característica marcante do TCMSP: a da análise preventiva das execuções contratuais, cujo exame é realizado por seus órgãos técnicos. Observando potenciais prejuízos ao Erário derivados de irregularidades que porventura possam existir em ajustes administrativos, aquela Corte decide no sentido de evitar consequências danosas à população, o que se vê pelos julgados trazidos a exemplificar.

No penúltimo capítulo, discute-se novamente traço importante do tribunal de contas paulistano, qual seja, o da atuação cautelar para sanar omissões ou desvios. No caso, há análise de edital de concorrência internacional pelo órgão, num verdadeiro esforço pedagógico junto ao Poder Executivo quando da elaboração de seus instrumentos convocatórios; cuida-se de legítimo controle prévio, com vistas a que se produzam os efeitos jurídicos desejados.

Por fim, o último traz, com minúcias, o processo de implantação do teletrabalho no TCMSP, relatando todas as fases, até mesmo a de sua concepção, em período pré-pandêmico. O tribunal passou por todas elas, com sucesso: a capacitação de servidores, a instalação de sistemas e *softwares* próprios para videoconferências e tratamento e interação de dados, criação de comitê de gerenciamento da doença e mensuração de resultados do trabalho remoto.

Todos os capítulos pautam-se pela consistência e pela concretude na forma de apresentar e discutir questões muito relevantes; portanto, constituem referência para atuação de órgãos de controle e agentes públicos das diversas esferas e poderes que lidam diariamente com questões semelhantes. Há, todavia, alguns dos temas que me parecem transversais aos demais, e que, a meu ver, apresentam reflexões aplicáveis a diversos outros temas, de modo que gostaria de destacá-los. Refiro-me a: modernização, qualidade de vida e sustentabilidade, com as quais a mentalidade atual do gestor precisa estar conectada para verdadeiramente minorar carências e promover a justiça social.

A crise sanitária, iniciada em 2020, ainda remanescente, transformou a maneira como a administração pública lidava com seus métodos, procedimentos e rotinas, além de avivar a sensação de que o mundo é tão frágil quanto frágeis são nossas expectativas de futuro diante dos sucessivos prognósticos de intervenções naturais. O Estado, garantidor de direitos fundamentais, viu-se diante de novo e insólito cenário: o das relações de trabalho remotas. Com o distanciamento social imposto, a modernização das relações de trabalho por meio digital tornou-se uma exigência para a continuidade dos serviços à população e tarefas internas de cada organização governamental; o que era temor de uma abrupta e assustadora parada das atividades se revelou expediente a proporcionar, inclusive, ganho de produtividade e economia aos cofres públicos!

Ao se falar do conceito de sustentabilidade, registra-se que ele povoa mais de um capítulo do livro, desdobrando-se em termos como "licitação sustentável", "desenvolvimento sustentável", "abordagem sustentável", "uso sustentável", "empresa sustentável" etc. O Estado vem incorporando transformações com a finalidade de cumprir as agendas de preservação dos recursos naturais e buscar alternativas em face das que não mais se coadunam com os novos tempos de salvaguarda de direitos fundamentais. Não há mais espaço para falta de comprometimento com as futuras gerações, que herdarão o fruto de nossa responsabilidade, ou de nossa imprudência, pois tudo deve acontecer sob o crivo da racionalização e do senso de continuidade e conservação.

Por fim, falo acerca da "qualidade de vida", condição desejada por todos nós. É fundamental o reforço de políticas e programas públicos no sentido de dar melhores e maiores possibilidades a cada indivíduo para se perceber como cidadão e se inserir no contexto social como elemento modificador, cujas atitudes e opções façam diferença para o Estado. Com o fim de assegurar o devido e correto uso dos dinheiros públicos é que o TCMSP tem atuado há mais de 50 anos com ações preventivas e fiscalizatórias em prol de toda a coletividade.

Dedico, portanto, minha admiração a todos que compuseram este livro, ao tempo em que felicito o Conselheiro Eduardo Tuma pela destacada iniciativa de coordenar esta obra. Não há dúvidas de que sua leitura trará aprendizado e farto conhecimento a quem a ela se dedicar. Os assuntos tocados são atuais, relevantes e de compreensão obrigatória aos interessados em toda a representatividade que detém, no panorama administrativo da capital paulista, o Tribunal de Contas do Município de São Paulo, guardião impoluto da cidade mais influente da América Latina.

ANA ARRAES
Ex-Presidente do Tribunal de Contas da União – TCU

POSFÁCIO

A cidade de São Paulo é a mais populosa do Hemisfério Sul e a 14ª maior cidade do mundo em termos populacionais. Seu PIB representa 10,6% do PIB nacional (dados IBGE), correspondendo à soma da receita de 4.305 municípios do Brasil (77,3%), além de, em termos globais, ser a 59ª maior economia do mundo, superando países como Uruguai, Croácia, Marrocos, Equador, Venezuela, Bolívia e Paraguai (dados do FMI de 2018).

Em termos orçamentários, o Município de São Paulo, em 2023, terá o maior orçamento da sua história: R$ 95,8 bilhões (superior em 13,1 bilhões em relação a 2022, que foi de R$ 82,7 bilhões). Trata-se do 5º maior orçamento do País, posição atrás apenas da União e dos Estados de São Paulo, Minas Gerais e Rio de Janeiro. Para se ter noção da relevância do orçamento paulistano na federação brasileira, o Estado do Rio Grande do Sul, que ocupa a sexta posição, apresentou em 2022 um orçamento de 53,3 bilhões.

Com números tão robustos, o Município de São Paulo necessita de um atuante e eficiente controle da Administração Pública para otimização dos recursos públicos destinados a atender às múltiplas demandas de sua população.

Cabe ao Tribunal de Contas do Município de São Paulo (TCMSP) o exercício do controle externo da Administração municipal, devendo-se ter em conta que, com a edição da Constituição Federal de 1988, os Tribunais de Contas tiveram uma ampliação significativa de suas competências, passando a titularizar, em grande medida, as principais atribuições relacionadas ao controle externo da Administração Pública.

Historicamente, o Tribunal de Contas do Município de São Paulo foi instituído pela Lei Municipal n. 7.213, de 20 de novembro de 1968, e foi plenamente recepcionado pela Constituição Federal de 1988, que chancelou a manutenção das Cortes de Contas Municipais então existentes, a saber, a de São Paulo e a do Rio de Janeiro, apesar de ter proibido a criação de novos tribunais ou conselhos de contas municipais.

A atuação do controle externo abrange o exame de aspectos contábeis, orçamentários, patrimoniais e operacionais, à luz dos princípios da legalidade, legitimidade e economicidade na aplicação dos recursos públicos, consoante o que preceitua o art. 70 da Constituição Federal.

Tradicionalmente, as atividades desenvolvidas pelos Tribunais de Contas estiveram restritas à verificação da conformidade e da legalidade de lançamentos contábeis, execução orçamentária, gerência financeira, guarda e administração patrimonial e, em especial, aos aspectos relacionados à verificação, *a posteriori*, das contratações públicas, notadamente quanto às licitações e contratos administrativos.

Entretanto, devido ao alargamento das suas competências com a Constituição de 1988, o controle exercido pelas Cortes de Contas passou a ser alçado de mero controle de conformidade contábil a verdadeiro mecanismo de vanguarda no controle econômico/financeiro do Estado, garantidor, em certa medida, dos direitos fundamentais dos cidadãos e do regime democrático.

Os Tribunais de Contas passaram, assim, a atuar com enfoque na avaliação da eficiência e dos resultados alcançados em decorrência dos gastos públicos, e na apuração de como eles impactam na qualidade de vida dos cidadãos, conferindo a tais entes um papel de grande importância para o alcance dos objetivos da República Federativa do Brasil, previstos no artigo 3º da chamada Constituição Cidadã.

Dessa forma, as competências dos Tribunais de Contas, em seu sentido contemporâneo, seguem tendência de afirmação em todo o mundo com um enfoque proativo, culminando na busca permanente pela execução dos gastos públicos com qualidade e efetividade. Para isso, é imprescindível que as entidades responsáveis pelo controle externo das contas públicas aprofundem os mecanismos que tornem mais eficiente o controle prévio dos atos da Administração, com foco na fiscalização dos gastos públicos de forma preventiva e/ou concomitante à sua incidência.

Além do mais, importa ressaltar que o papel exercido pelos Tribunais de Contas dialoga diretamente com a teoria constitucional dos "freios e contrapesos", no sentido de que, por vezes, sua atuação deve se pautar pela colaboração com o administrador; noutras, pela necessária ação "repressiva". É o equilíbrio entre essas duas formas de atuação que fortalece o exercício do Controle Externo enquanto defesa do interesse público.

Esta obra, coordenada pelo Conselheiro e Professor Dr. Eduardo Tuma, ao reunir notáveis especialistas no tema, traz importante contribuição para os estudos acerca do Tribunal de Contas do Município de São Paulo e sua atividade de controle externo, além de estar devidamente em consonância com a recente Lei de Licitações e Contratos Públicos.

Entre os complexos temas enfrentados em profundidade pelos autores, destacamos: a desestatização no Município de São Paulo e os seus principais casos; a fiscalização operacional, com ênfase na importância do Tribunal de Contas para a boa gestão pública e a garantia dos direitos fundamentais; os impactos do Plano Diretor e da legislação, vigentes no desenvolvimento de São Paulo como uma *Smart City*; a questão das licitações sustentáveis na Lei n. 14.133/2021; o tema das práticas ESG "Environmental, Social and Governance"; as vistorias técnicas de engenharia e arquitetura; a inexigibilidade de licitação em contratações artísticas, de profissionais ou de empresas com notória especialização, mediante análise comparativa entre os critérios de escolha na nova e na anterior Lei de Licitações e Contratações Públicas; a aceitação dos efeitos financeiros e jurídicos pelo TCMSP em julgamentos de acompanhamento de execução contratual; o estudo de caso sobre o acompanhamento do edital da concessão da Zona Azul de São Paulo à luz da atuação cautelar dos Tribunais de Contas, com ênfase no TCMSP; e a questão dos desafios e das inovações do teletrabalho no TCMSP e sua relação com o princípio constitucional da eficiência na Administração Pública.

Em mais de meio século de existência, o Tribunal de Contas do Município de São Paulo soube acompanhar as mudanças e os aperfeiçoamentos democráticos e institucionais que a sociedade paulistana experimentou. Como exemplos, além da inserção de novas tecnologias para o aprimoramento do controle externo e do enfoque voltado para uma atuação mais proativa e colaborativa com a Administração Pública, cumpre mencionar a ampliação do uso de medidas cautelares no bojo da fiscalização prévia de procedimentos licitatórios, a implementação das mesas técnicas como instrumento da interação dialógica com os órgãos fiscalizados, a criação e adoção de tecnologias e sistemas como Radar e IRIS, a utilização de drones e ensaios tecnológicos na fiscalização de obras e demais contratações públicas, bem como a implementação do processo eletrônico, garantindo uma maior eficiência do TCMSP em sua missão constitucional.

Este livro traz em muitos momentos esse registro de um percurso de serviços à sociedade no que tange à racionalidade e à eficiência dos gastos públicos em benefício da população paulistana, sem se descuidar da discussão sobre novos instrumentos, institutos e novas perspectivas para o futuro do Controle Externo promovido pelo Tribunal de Contas do Município de São Paulo que, nesse âmbito, saberá honrar a sua trajetória histórica de constantes aperfeiçoamentos e avanços.

JOÃO ANTONIO DA SILVA FILHO
Conselheiro Corregedor do Tribunal de Contas do Município de São Paulo – TCMSP

SUMÁRIO

CAPÍTULO 1
DESESTATIZAÇÃO NO MUNICÍPIO DE SÃO PAULO – CONSIDERAÇÕES GERAIS

Eduardo Tuma

1. Introdução

Neste capítulo inaugural, pretende-se analisar o processo de desestatização na cidade de São Paulo. Para tanto, inicia-se a abordagem sobre o próprio conceito do gênero desestatização, que, aliás, para o senso comum, muitas vezes foi e ainda é confundido com uma de suas espécies, a privatização. Na sequência, serão conceituadas e diferenciadas as outras modalidades mais comuns; em suma, o que vêm a ser concessão, permissão, privatização, terceirização e parcerias público-privadas (PPPs).

Depois, elabora-se estudo sobre os aspectos constitucionais que sustentam a desestatização, com menção aos artigos correspondentes da Constituição Federal de 1988 e das Emendas Constitucionais, além da legislação infraconstitucional em âmbito federal, para então chegar ao histórico das desestatizações no âmbito do município, com alusão aos principais comandos legislativos que propiciaram e propiciam a efetivação desse processo de reordenação da posição estratégica da Administração na economia, a fim de sanear as finanças do setor público municipal.

Assim sendo, por tratar-se de assunto atual e de grande relevância, que normalmente traz em seu debate alta carga valorativa e até paixões ideológicas, perpassando por variadas concepções de como deve ser estruturado o Estado, sendo ainda um processo político, econômico e jurídico de grande relevância tanto no cenário nacional quanto no internacional, utilizou-se do método de abordagem dedutivo, partindo-se de análise geral para particular, com suporte em estudo descritivo-analítico, desenvolvido por meio de pesquisa do tipo bibliográfica de natureza qualitativa, com pesquisa doutrinária e bibliográfica para melhor discorrer sobre o tema.

Para elucidar os passos que devem ser dados para a efetivação da desestatização, que traz em seu bojo dois momentos jurídicos distintos, ou seja, a verificação de sua possibilidade e a rotina de sua realização, serão apresentados como pano de fundo para a discussão dados sobre a concessão de áreas situadas no Vale do Anhangabaú, que será detalhada na parte final deste Capítulo.

Vale ainda ressaltar que neste texto serão considerados apenas os aspectos jurídicos, sem adentrar de forma efetiva nas questões ideológicas que o tema enseja.

2. Conceito e Modalidades

A Lei n. 9.491, de 9 de setembro de 1997, alterou procedimentos relativos ao Programa Nacional de Desestatização ao revogar a Lei nº 8.031, de 12 de abril de 1990, que anteriormente tratava do tema, bem como delimitou o que pode ser objeto de desestatização em seu art. 2º[1], e no §1º do mesmo artigo definiu desestatização, nos seguintes termos:

> § 1º Considera-se desestatização:
>
> a) a alienação, pela União, de direitos que lhe assegurem, diretamente ou através de outras controladas, preponderância nas deliberações sociais e o poder de eleger a maioria dos administradores da sociedade;

[1] "Art. 2º Poderão ser objeto de desestatização, nos termos desta Lei:
I – empresas, inclusive instituições financeiras, controladas direta ou indiretamente pela União, instituídas por lei ou ato do Poder Executivo;
II – empresas criadas pelo setor privado e que, por qualquer motivo, passaram ao controle direto ou indireto da União;
III – serviços públicos objeto de concessão, permissão ou autorização;
IV – instituições financeiras públicas estaduais que tenham tido as ações de seu capital social desapropriadas, na forma do Decreto-lei nº 2.321, de 25 de fevereiro de 1987.
V – bens móveis e imóveis da União."

b) a transferência, para a iniciativa privada, da execução de serviços públicos explorados pela União, diretamente ou através de entidades controladas, bem como daqueles de sua responsabilidade.
c) a transferência ou outorga de direitos sobre bens móveis e imóveis da União, nos termos desta Lei.

Por sua vez, Souto (2001, p. 30) conceitua o termo desestatização nos seguintes termos:

> A retirada da presença do Estado de atividades reservadas constitucionalmente à iniciativa privada (princípio da livre-iniciativa) ou de setores em que ela possa atuar com maior eficiência (princípio da economicidade); é o gênero, do qual são espécies a privatização, a concessão, a permissão, a terceirização e a gestão associada de funções públicas. [Acrescento aqui como espécie as parcerias público-privadas (PPPs), previstas na Lei n. 11.079, de 30 de dezembro de 2004].

A desestatização, portanto, é mecanismo jurídico e administrativo voltado a redimensionar o tamanho do Estado, a fim de que determinadas atividades prestadas pelos entes públicos possam ser executadas por sujeitos ligados à iniciativa privada. Tem como objetivos reordenar a intervenção do Estado na economia, concentrar esforços em áreas e setores em que seja fundamental a presença do Estado, reduzir ou melhorar o perfil da dívida pública, ampliar os investimentos da iniciativa privada e contribuir para o fortalecimento do mercado de capitais (SOUTO, 2001, p. 31-33).

Tendo em vista que o sistema jurídico-econômico do País é o de livre-iniciativa, Alves (1996, p. 14) assim dispõe sobre o equilíbrio entre as funções do Estado e do mercado:

> Como o sistema é de livre empresa, capitalista, a grande questão é saber como pode haver equilíbrio entre as funções do Estado, dirigidas ao bem-estar social e a capacidade da sociedade civil em mantê-las, visto que é esta que produz, dentro de critérios privados, os bens de mercado para a satisfação tanto das necessidades individuais quanto das sociais. Desse modo, o Estado, quando atua na manutenção das relações de mercado, não pode

deixar de consignar a polaridade do sistema entre capital e trabalho. E esta polaridade compreende a reprodução do capital e a da força de trabalho.

A questão central é viabilizar que o Estado concentre recursos e esforços em áreas nas quais sua participação seja essencial, abrindo espaço para que a iniciativa privada atue em âmbitos aos quais não se mostre indispensável a prestação de serviços diretamente realizada pelo ente público. A definição de atitudes que possam ou não ser objeto de projetos de desestatização é fator de considerável polêmica. Nesse sentido, pertinente a lição de Oliveira (2020, p. 153):

> A crítica que tem sido atribuída às formas de descentralização refere-se ao critério da transferência ou não da titularidade da atividade administrativa. Isto porque não se pode admitir que o Estado transfira a titularidade que lhe foi atribuída pela Constituição, considerada irrenunciável. Em verdade, a descentralização só pode abranger a execução da atividade. Por essa razão, em qualquer descentralização, operacionalizada por lei ou negócio jurídico, é possível ao Ente Federativo, titular da atividade descentralizada, retomar a sua execução, desde que seja respeitado o princípio da simetria das formas (ex.: a lei pode extinguir uma pessoa administrativa e, com isso, a atividade seria devolvida ao Ente; a extinção do contrato de concessão acarreta a devolução da execução do serviço ao Poder Concedente). Da mesma forma, a responsabilidade subsidiária dos Entes Federados, por danos causados pelas respectivas entidades administrativas, demonstra que a titularidade do serviço permanece com o Ente, pois, caso contrário, não haveria qualquer nexo causal capaz de gerar tal responsabilidade.

Outro modelo que tem sido adotado com frequência pelos entes públicos é o que se vale da prestação de serviços por entidades da sociedade civil. Nesse contexto, as atividades estatais passam a ser executadas por organizações sociais identificáveis à noção de terceiro setor. Em relação a tal modelo, pode-se afirmar que:

> O estágio atual de evolução do Estado demonstra que as tradicionais técnicas de organização estatal não correspondem, com exatidão, à complexidade e à diversidade de instrumentos jurídicos capazes de atender o interesse público. Mencionem-se, por exemplo, as novas parcerias entre o Estado e a

> sociedade civil, sem fins lucrativos, que não representam, a rigor, verdadeira descentralização de serviços, ainda que seja possível a utilização da expressão "descentralização social". No âmbito do Terceiro Setor, o Estado, sem delegar, propriamente, a atividade social (ex.: educação, saúde etc.), que já é desenvolvida autonomamente por fundação privada ou associação civil, formaliza parceria (ou atos de reconhecimento) para criar condições favoráveis ao alcance de metas socialmente adequadas (OLIVEIRA, 2020, p. 154).

É salutar destacar que, tendo em vista o fato de os projetos de desestatização impactarem a vida social, têm eles contado com a participação popular, sobretudo por meio da adoção de audiências públicas abertas a entidades da sociedade civil organizada e a todo cidadão com interesse no objeto do futuro contrato. Em caráter prévio ao delineamento do modelo a ser adotado, o ente da federação que pretende se valer de qualquer das hipóteses de desestatização, especialmente em relação àquelas que propiciam efetiva parceria com o setor privado, agendam esses eventos para transmitir informações relevantes e sanar possíveis dúvidas de interessados, primando pelos princípios da publicidade e transparência na atuação da Administração Pública.

A seguir, cabe destacar o art. 21 da Nova Lei de Licitações e Contratos Administrativos (Lei n. 14.133/2021), cujo texto revela a importância dessas consultas à sociedade:

> Art. 21. A Administração poderá convocar, com antecedência mínima de 8 (oito) dias úteis, audiência pública, presencial ou a distância, na forma eletrônica, sobre licitação que pretenda realizar, com disponibilização prévia de informações pertinentes, inclusive de estudo técnico preliminar e elementos do edital de licitação, e com possibilidade de manifestação de todos os interessados.
> Parágrafo único. A Administração também poderá submeter a licitação a prévia consulta pública, mediante a disponibilização de seus elementos a todos os interessados, que poderão formular sugestões no prazo fixado.

Vale aqui fazer breve relato das principais espécies de desestatização, principalmente a partir do advento da Lei n. 9.491/1997, como indicada na Introdução a este Capítulo, momento em que o panorama relativo à redução do âmbito de atuação estatal passou a abranger diversos instrumentos jurídicos, todos abarcados sob o gênero desestatização, rol em que inserta a privatização, em sua concepção mais precisa, de alienação de controle acionário, de empresas estatais, prestadoras de serviço ou de atividade econômica, à iniciativa privada, além de outros, como a concessão ou permissão de serviço público, que jamais poderia ser tratada sob a alcunha de privatização, ante a absoluta discrepância entre tais institutos. Com a divergência conceitual expressa no texto da lei, por mais que o legislador eleito esteja distante do ideário do legislador racional, não há razão para que não prestigiada a distinção ali positivada (MACHADO, 2015, p. 111-112).

a) Concessão e permissão

Concessões e permissões, por serem espécies de desestatização, caracterizam-se pela manutenção da titularidade do serviço prestado nas mãos do ente público. A previsão do uso desses institutos pela Administração Pública brasileira consta na letra do art. 175 da CF/1988, transcrito a seguir, cuja regulamentação foi efetivada por intermédio da Lei Federal n. 8.987, de 13 de fevereiro de 1995:

> Art. 175. Incumbe ao Poder Público, na forma da lei, diretamente ou sob regime de concessão ou permissão, sempre através de licitação, a prestação de serviços públicos.
> Parágrafo único. A lei disporá sobre:
> I – o regime das empresas concessionárias e permissionárias de serviços públicos, o caráter especial de seu contrato e de sua prorrogação, bem como as condições de caducidade, fiscalização e rescisão da concessão ou permissão;
> II – os direitos dos usuários;
> III – política tarifária;
> IV – a obrigação de manter serviço adequado.

Concessão, portanto, envolve uma atividade-fim do Estado, ou seja, a prestação de serviços públicos por intermédio de um contrato entre a administração pública e uma empresa privada, pelo qual a primeira transfere, à segunda, a gestão e a execução de um serviço público, para que exerça este em seu próprio nome e por sua conta e risco, mediante tarifa paga pelo usuário, em regime de monopólio ou não. No caso em tela, o "Estado figura como poder concedente, cabendo-lhe acompanhar a adequada execução do contrato e o atendimento do interesse público, podendo, a qualquer tempo, retomar a atividade" (SOUTO, 2001, p. 30).

No caso da permissão, é o ato pelo qual o Poder Público transfere ao particular a execução de um serviço público, para que este o exerça em seu próprio nome, por sua conta e risco, mediante tarifa paga pelo usuário. Vale ressaltar que parcela da doutrina defende a diferenciação entre as formas de delegação de serviços públicos, afirmando o caráter precário da permissão (arts. 2.º, II e IV, e 40, *caput*[2], da Lei 8.987/1995) que, ao contrário da concessão, não admitiria indenização ao permissionário na hipótese de extinção antecipada do contrato, especialmente pela inexistência de bens reversíveis. Tal ato seria, portanto, unilateral, discricionário e precário.

Também há outra parcela que entende que a precariedade não pode ser um critério diferenciador entre a concessão e a permissão, tendo em vista que a extinção dos negócios jurídicos antes do termo final pode suscitar o direito à indenização do particular, ainda que não existam bens reversíveis, tendo em vista os princípios da boa-fé, da segurança jurídica e da confiança legítima. Por essa razão, defendem não existir diferenças substanciais entre a concessão e a permissão de serviços públicos.

Araújo (1995, p. 286) é um dos que defendem a não existência do caráter "precário" nas permissões, nos seguintes termos:

> Ora, se o art. 1º e o parágrafo único do art. 40 [da Lei n. 8.987, de 13-2-1995] dizem que também na permissão o contrato é indispensável e que a lei se aplica "também" às permissões, o "contrato de permissão" deverá ter, necessariamente, uma cláusula de prazo. Vejam-se, também, os arts. 5º e 18, inciso I, sobre a obrigatoriedade da definição do prazo.

[2] Art. 40. A permissão de serviço público será formalizada mediante contrato de adesão, que observará os termos desta Lei, das demais normas pertinentes e do edital de licitação, inclusive quanto à precariedade e à revogabilidade unilateral do contrato pelo poder concedente.
(...).

Isto (...) retira o caráter precário da permissão, transformando-a em permissão "qualificada" ou "condicionada", e desnudando a incompatibilidade e impropriedade do art. 40, *caput*, o qual diz que o contrato de permissão, "que observará os termos desta lei, das demais normas pertinentes e do edital de licitação" deverá prever a precariedade e a revogabilidade unilateral pelo poder concedente (no caso, permitente), uma e outra impossíveis em se tratando de permissão condicionada, com prazo fixado (que é obrigatório), como vimos anteriormente. Na verdade, o art. 175, parágrafo único, da CF, alude também à "rescisão" da permissão (...).

b) Privatização

A privatização, também chamada de alienação de ativos, ocorre quando o Estado vende uma empresa, ou seja, passa definitivamente seus bens (ativos) para o setor privado. A empresa estatal pode, por exemplo, ser pública ou de sociedade de economia mista. No primeiro caso, um dos entes federativos (União, Estados-membros, Distrito Federal ou Municípios) é dono de toda a Companhia. Como exemplo, citem-se, no âmbito da União, os Correios, a Caixa Econômica Federal e a Infraero. Já no segundo caso, a empresa é de economia mista quando o Estado for o acionista majoritário, o que significa ser o ente com mais ações naquela companhia, o que lhe confere poder decisório. Também no âmbito da União, há como exemplos a Petrobras e o Banco do Brasil.

Por mais que ainda hoje haja confusão sobre o real significado do termo "privatização", principalmente por parte da mídia, já vinha ele definido pela legislação desde o final dos anos 1980.

O fato é que a própria legislação nacional relativa ao tema, no início, já dava indícios do que entendia por cada instituto. Veja-se, por exemplo, que a Lei n. 8.031/1990, que criou o Programa Nacional de Desestatização, prevendo, em seu artigo 2º, que poderiam ser "privatizadas" empresas "controladas, direta ou indiretamente, pela União e instituídas por lei ou ato do Poder Executivo", as estatais; ou as "criadas pelo setor privado e que, por qualquer motivo, passaram ao controle, direto ou indireto, da União", abrangendo, por exemplo, aquelas assumidas por órgãos estatais de financiamento e fomento como tentativa de recuperação de crédito concedido.

> O normativo segue estabelecendo, no parágrafo único do artigo 2º, que privatizar consiste na "alienação, pela União, de direitos que lhe assegurem, diretamente ou através de outras controladas, preponderância nas deliberações sociais e o poder de eleger a maioria dos administradores da sociedade" (...) (MACHADO, 2015, p. 111).

Como se vê, ao contrário daquilo que muitos, de acordo com o senso comum, reproduzem, desestatização e privatização não são palavras sinônimas. A privatização se apresenta como espécie de desestatização, ocupando esta a posição de gênero, do qual são espécies, além da privatização, a concessão, a permissão, as PPPs etc. A desestatização tem a função, portanto, como visto, de retirar a presença do Estado de atividades reservadas constitucionalmente à iniciativa privada ou de setores em que esta possa atuar com maior eficiência (SOUTO, 2001, p. 30).

Em matéria de privatização, ao contrário da maioria das outras espécies de desestatização, a titularidade de ativos deixa de ser do Estado, já que se dá a alienação de ativos ou empresas à iniciativa privada, que passa a ter o respectivo controle acionário e operacional. Em geral, a medida é aplicada a hipóteses em que o ativo sob titularidade do Estado não atinge resultados competitivos em determinado setor, havendo interesse de entes privados na aquisição de ativos ou empresas para aumentar a eficiência segundo lógica de mercado. É adotada, em regra, quando há necessidade de a administração pública obter recursos, o que se dá pela venda de ações, ou quando a empresa estatal passa por dificuldades, podendo ocorrer a soma dos dois objetivos, ou seja, para fazer caixa e sanar problemas das empresas que vão ser privatizadas.

A oposição a essa espécie de desestatização tem como principal argumento que ela acaba por restringir o acesso a serviços e bens considerados essenciais, minimizando o interesse público da atividade até então desenvolvida e priorizando os interesses de determinados grupos econômicos que passam a explorar algumas áreas que até então estavam sob a égide do poder público.

c) Terceirização

Apesar de ser, atualmente, muito difundida no setor público, foi no setor privado a fonte de origem da terceirização. "É uma abordagem de gestão que permite delegar a um agente externo a responsabilidade operacional por processos ou serviços até então realizados na empresa" (FRANCESCHINI *et al.*, 2004, p. 3).

Para Lima (2007), não se aplica a terceirização em relação à atividade-fim de cada órgão, salvo no que tange às hipóteses constitucionais e legais de concessão e permissão, entre outros institutos específicos. Nesses casos, a Administração transfere ao particular a gestão operacional e material do serviço público, ao passo que na terceirização o repasse é apenas da gestão material.

Bandeira de Mello (2016, p. 230-231) é quem de fato traz uma definição ampla sobre o termo, nos seguintes moldes:

> *Terceirização* significa, pura e simplesmente, passar para particulares tarefas que vinham sendo desempenhadas pelo Estado. Daí que este rótulo abriga os mais distintos instrumentos jurídicos, já que se pode repassar a particulares atividades públicas por meio de concessão, permissão, delegação, contrato administrativo de obras, de prestação de serviços etc. Com isto, é bem de ver, falar em *terceirização* não transmite ao interlocutor a mínima ideia sobre aquilo que está de direito a ocorrer. Isto é, não se lhe faculta noção alguma sobre a única coisa que interessa a quem trata com o Direito: a identificação de um regime jurídico incidente sobre a espécie cogitada.

A terceirização, portanto, na Administração Pública, refere-se, segundo Zockun (2017), ao

> trespasse do exercício – não da titularidade – de atividades jurídicas ou materiais, realizadas no exercício de função administrativa, ou seja, sob a égide de um regime de Direito Público, a pessoas físicas ou jurídicas que, de algum modo, estejam habilitadas a desempenhá-las, em consonância com o disposto na Constituição da República.

Uma das grandes discussões sobre o tema recai exatamente na substituição de "concursados" por "terceirizados", que muitos consideram uma afronta ao previsto nos incisos I e II do art. 37 da CF/88, a seguir colacionados:

> I – os cargos, empregos e funções públicas são acessíveis aos brasileiros que preencham os requisitos estabelecidos em lei, assim como aos estrangeiros, na forma da lei;
> II – a investidura em cargo ou emprego público depende de aprovação prévia em concurso público de provas ou de provas e títulos, de acordo com a natureza e a complexidade do cargo ou emprego, na forma prevista em lei, ressalvadas as nomeações para cargo em comissão declarado em lei de livre nomeação e exoneração;

Entretanto, em uma interpretação sistemática do texto constitucional, também se deve considerar o previsto no inciso XXI do referido artigo:

> XXI – ressalvados os casos especificados na legislação, as obras, **serviços**, compras e alienações serão contratados mediante processo de licitação pública que assegure igualdade de condições a todos os concorrentes, com cláusulas que estabeleçam obrigações de pagamento, mantidas as condições efetivas da proposta, nos termos da lei, o qual somente permitirá as exigências de qualificação técnica e econômica indispensáveis à garantia do cumprimento das obrigações (grifo nosso).

Com isso, ao responder à pergunta "quais serviços podem ser contratados por meio de licitação pública, sem violação ao disposto no art. 37, I e II, da Constituição, que assegura o princípio do concurso público?", Zockun (2017) aduz que só não poderiam ser objeto de terceirização os serviços de natureza interna e permanente; os demais podem ser terceirizados (interna e temporária; externa e permanente; externa e temporária).

> Por atividade interna, entenda-se aquela inserida no círculo de atribuições da Administração, ou seja, aquela relacionada à existência dos entes públicos. São as atividades intestinas para prover a própria subsistência dos entes públicos, as que são desenvolvidas pela e para a Administração, correspondentes a sua vida íntima. Logo, para as atividades internas e permanentes da Administração, há necessidade de observância do art. 37, I e II, da Constituição.
> (...)

Desse modo, os serviços do inciso XXI, passíveis de terceirização, são aqueles que não constituem atividade permanente e interna da Administração, uma vez que para estas, a Administração necessita contratar pessoal, nos termos dos incisos I e II, a fim de integrar seu quadro com os recursos humanos que exercerão as atividades administrativas. Logo, o inciso XXI do art. 37 da Constituição não é aplicável às atividades internas e permanentes da Administração (ZOCKUN, 2017).

d) Parcerias Público-Privadas – PPPs

Outro tipo de contrato, focado nas obras de infraestrutura, refere-se à forma distinta de gestão pública, também baseada na parceria, que são as Parcerias Público-Privadas (PPPs).

Ao contrário da terceirização, focada na parceria, ela corresponde à realização de investimentos em obras de infraestrutura pública, seja para viabilizar o fluxo de mercadorias e pessoas, seja para realizar uma exploração comercial pelo uso dos equipamentos, precedida de um contrato de concessão. É utilizada "principalmente nos setores de rodovias, ferrovias, hidrovias, portos, energia etc., como alternativa à falta de recursos estatais para investimentos nessas áreas" (MEIRELES, 2016, 502).

A Lei n. 11.079, de 30 de dezembro de 2004, que institui normas gerais para licitação e contratação de parceria público-privada no âmbito da administração pública, definiu-a em seu art. 2º como contrato administrativo de concessão, na modalidade patrocinada ou administrativa. Entretanto, trata-se de uma concessão especial, diferente da que trata a Lei n. 8.987/1995, como visto anteriormente, "porque o particular presta o serviço em seu nome, mas não assume todo o risco do empreendimento, uma vez que o Poder Público contribui financeiramente para sua realização e manutenção" (MEIRELES, 2016, 502).

No Brasil, portanto, existem dois tipos de parcerias que podem ser estabelecidas entre o ente público e o setor privado para realizar uma PPP: a patrocinada e a administrativa.

A legislação sobre as PPP's regulamenta que, na PPP patrocinada, parte dos recursos deve vir do governo e, o restante, dos usuários. Um exemplo é o contrato de parceria da Linha 4 do metrô de São Paulo, mais conhecida como Linha Amarela. Quando o usuário compra a passagem, ele está custeando uma parte do serviço.

Já na PPP administrativa, de outra forma, o pagamento realizado aos prestadores de serviço vem unicamente dos cofres públicos. Foi o caso do Projeto Porto Maravilha, correspondente à área de revitalização da zona portuária do Rio de Janeiro para os Jogos Olímpicos de 2016.

A Secretaria Executiva de Desestatização e Parcerias, da cidade de São Paulo, assim define o que vêm a ser as Parcerias Público-Privadas (PPPs):

> (...) são um tipo de concessão geralmente ligada a grandes projetos, nos quais ou não há possibilidade de implementação de tarifa (administrativa) ou que esta seja insuficiente para remunerar a prestação (patrocinada) e, portanto, necessita de algum tipo de pagamento pelo poder público.
>
> Nessas parcerias, cabe à iniciativa privada realizar os investimentos em construção ou melhoria do equipamento e sua gestão, e cabe ao governo o pagamento de contraprestação para amortização gradual.
>
> A propriedade dos bens em questão continua a ser do município, ainda que, durante a vigência do contrato, o setor privado cuide de sua operação[3].

3. Abordagem Constitucional da Desestatização

A partir do advento da CF/1988, a reformulação do papel e do tamanho do Estado brasileiro ganhou destaque, com alterações legislativas importantes no âmbito infraconstitucional que liberalizaram a economia e efetivaram a desestatização (OLIVEIRA, 2020, p. 147).

No âmbito federal, destacam-se como principais normas que regulam o processo de desestatização as seguintes legislações: Constituição Federal, de 5 de outubro de 1988; Lei n. 8.029, de 12 de abril de 1990, que dispõe sobre a extinção e dissolução de entidades da administração Pública Federal; Lei n. 9.491, de 9 de setembro de 1997, que altera procedimentos relativos ao Programa Nacional de Desestatização, e revoga a Lei nº 8.031, de 12 de abril de 1990, que criou o Programa Nacional de Desestatização; Decreto n. 2.594, de 15 de maio de 1998, que regulamenta a Lei n. 9.491, de 9 de setembro de 1997, que dispõe sobre o Programa Nacional de Desestatização; Lei n. 13.334, de 13 de setembro de 2016, que cria o Programa de Parcerias de Investimentos – PPI; Lei n.

[3] *Vide* https://www.prefeitura.sp.gov.br/cidade/secretarias/governo/projetos/desestatizacao/. Acesso em: 2 maio 2022.

13.448, de 5 de junho de 2017, regulamentada pelo Decreto n. 9.957, de 7 de agosto de 2019, que estabelece diretrizes gerais para prorrogação e para a relicitação dos denominados "Contratos de Parceria", definidos nos termos da Lei n. 13.334/2016, nos setores rodoviário, ferroviário e aeroportuário da administração pública federal; Instrução Normativa n. 81, de 20 de junho de 2018, do Tribunal de Contas da União, que dispõe sobre a fiscalização dos processos de desestatização; e Decreto n. 9.589, de 29 de novembro de 2018, que dispõe sobre os procedimentos e os critérios aplicáveis ao processo de liquidação de empresas estatais federais controladas diretamente pela União.

No que concerne ao texto constitucional, propriamente dito,

> apesar de enunciar princípios gerais aparentemente contrários ao predomínio e à expansão do estatismo econômico nacional (conforme, particularmente, o art. 173, *caput*), delimitou diversas áreas de monopólio do Poder Público, em relação ao bem econômico envolvido (arts. 20, incs. VIII e IX, e 176, *caput*) ou à sua exploração (arts. 177, 21, incs. XI e XXIII, e 25, § 2º) (MELLO, 1998, p. 65).

Além de artigos como o 173, supracitado, e o 175, que trata da prestação de serviços públicos sob regime de concessão ou permissão, destacam-se as Emendas Constitucionais ns. 5, 6, 7, 8 e 9, todas de 1995, que, com as alterações lançadas no texto constitucional, ampliaram as possibilidades de desestatização no âmbito do Estado brasileiro:

> Merecem menção a Emenda Constitucional n. 5/1995, que alterou o parágrafo 2º, do artigo 25, para permitir, em âmbito estadual, a concessão dos serviços de gás canalizado a empresas privadas, e não somente às estatais. No mesmo sentido, a Emenda Constitucional n. 6/1995 revogou o artigo 171 da Carga Magna, que conceituava as empresas brasileiras de capital nacional, bem como alterou a redação do artigo 176, §1º, para permitir a exploração de recursos minerais mediante autorização ou concessão de União, não mais exclusivamente a empresas de capital nacional, mas sim a brasileiros ou "empresa constituída sob as leis brasileiras e que tenha sua sede e administração no País".

A Emenda Constitucional n. 7/1995, por seu turno, alterou o parágrafo único do artigo 178 para permitir a realização de transportes de mercadorias na cabotagem por navios estrangeiros; a Emenda Constitucional n. 8/1995 modificou o parágrafo XI do artigo 21, passando a permitir a concessão de serviços de telecomunicações a empresas privadas, e a Emenda Constitucional n. 9/1995, que, alterando a redação do artigo 177, autorizou a União a contratar com empresas estatais ou privadas a realização das suas atividades de monopólio com relação ao petróleo, ao gás natural e aos outros hidrocarbonetos, isso sem falar nas posteriores leis regulamentadoras de dispositivos constitucionais com eficácia limitada, como as leis n. 9.427/1996 (energia elétrica) e 9.472/1997 (telecomunicações) (MACHADO, 2015, p. 107).

Segundo Mello (1998, p. 66), diante das alterações promovidas na Constituição pelas referidas emendas constitucionais, obteve-se o seguinte quadro normativo:

> a) objeto econômico monopolizado com exploração exclusiva por entidade da Administração Pública (direta ou indireta): atividades nucleares (art. 21, inc. XXIII c/c art. 177, V);
> b) objeto econômico monopolizado com exploração atribuível à iniciativa privada: potenciais de energia elétrica, recursos minerais, telecomunicações, serviço local de gás canalizado e petróleo (arts. 20, incs. VIII e IX; 21, inc. XI; 25, § 2º; e 177, § 1º).

Evidencia-se, portanto, que com exceção do item *a* da transcrição acima, os demais objetos econômicos podem ser passíveis de desestatização, que pode ocorrer por intermédio da atribuição de concessões ou permissões de serviço público, alienação de controle acionário das empresas estatais federais exploradoras dos respectivos serviços e também no caso de abandono da atividade pelo Estado, quando faz a liquidação ou extinção de determinado o órgão, empresa pública ou sociedade de economia mista (MELLO, 1998, p. 66-67).

Vale ressaltar que também a legislação infraconstitucional traz limites à desestatização, como ocorre com o previsto no art. 3º da Lei n. 9.491/1997:

> Art. 3º Não se aplicam os dispositivos desta Lei ao Banco do Brasil S.A., à Caixa Econômica Federal, e a empresas públicas ou sociedades de economia mista que exerçam atividades de competência exclusiva da União, de que tratam os incisos XI e XXIII do art. 21 e a alínea "c" do inciso I do art. 159 e o art. 177 da Constituição Federal, não se aplicando a vedação aqui prevista às participações acionárias detidas por essas entidades, desde que não incida restrição legal à alienação das referidas participações.

Outro ponto a ser considerado é que, a partir do princípio da simetria constitucional, a desestatização operada pelo ente federal também pode ser estendida aos outros componentes da federação, mais precisamente aos Estados-membros, Distrito Federal e Municípios, cuja base são os princípios dispostos no Programa Nacional de Desestatização (PND) e previstos no art. 1º da já citada Lei n. 9.491/1997:

> Art. 1º O Programa Nacional de Desestatização – PND tem como objetivos fundamentais:
>
> I – reordenar a posição estratégica do Estado na economia, transferindo à iniciativa privada atividades indevidamente exploradas pelo setor público;
>
> II – contribuir para a reestruturação econômica do setor público, especialmente através da melhoria do perfil e da redução da dívida pública líquida;
>
> III – permitir a retomada de investimentos nas empresas e atividades que vierem a ser transferidas à iniciativa privada;
>
> IV – contribuir para a reestruturação econômica do setor privado, especialmente para a modernização da infraestrutura e do parque industrial do País, ampliando sua competitividade e reforçando a capacidade empresarial nos diversos setores da economia, inclusive através da concessão de crédito;
>
> V – permitir que a Administração Pública concentre seus esforços nas atividades em que a presença do Estado seja fundamental para a consecução das prioridades nacionais;
>
> VI – contribuir para o fortalecimento do mercado de capitais, através do acréscimo da oferta de valores mobiliários e da democratização da propriedade do capital das empresas que integrarem o Programa.

Nesse ponto, cabe destacar como foi e está sendo, em termos legislativos, o processo de desestatização no município de São Paulo.

4. Desestatização no Âmbito Municipal – A Cidade de São Paulo

Tendo em vista que a desestatização no âmbito do município de São Paulo funciona de modo similar ao previsto para a União pela legislação federal, vale ressaltar as principais normas correspondentes para, na sequência, apresentar o formato adotado pela municipalidade ora em análise.

O Programa Nacional de Desestatização, conforme previsto no art. 5º da Lei Federal n. 9.491/1997, tem como órgão superior de decisão o Conselho Nacional de Desestatização - CND, diretamente subordinado ao Presidente da República, e a competência está prevista no art. 6º da referida lei. Entretanto, com o advento da Medida Provisória n. 727, de 12 de maio de 2016, convertida na Lei Federal n. 13.334, de 13 de setembro de 2016, as atribuições do Conselho Nacional de Desestatização - CND foram incorporadas pelo Conselho do Programa de Parcerias de Investimentos - CPPI, conforme previsto na alínea *c* do inciso V do art. 7º da referida lei; e as atribuições de secretaria, que incluem divulgar e elaborar as resoluções do CND, passaram a ser exercidas pela Secretaria Especial de Modernização do Estado, nos termos do art. 7º, Anexo I, do Decreto n. 9.982/2019.

Já em relação ao Fundo Nacional de Desestatização - FND, a Lei n. 9.491/1997, que substitui a antiga Lei n. 8.031/1990, instituiu, em seu art. 17, o Banco Nacional de Desenvolvimento Econômico e Social (BNDES) como o gestor legal do FND, competência que não estava formalizada na Lei n. 8.031/1990. A nova Lei também deu competência ao BNDES para atuar nos processos de desestatização de empresas detidas pelos governos estaduais e municipais, quando por estes solicitados.

Destaque-se a criação, no âmbito federal, do Programa de Parcerias de Investimentos (PPI), através da Lei n. 13.334/2016, com o objetivo de ampliar e fortalecer a interação entre o Estado e a iniciativa privada "por meio da celebração de contratos de parceria para a execução de empreendimentos públicos de infraestrutura e de outras medidas de desestatização" (art. 1º). Para tanto, criou duas estruturas importantes: o Conselho de Programa de Parcerias de Investimentos da Presidência da República - CPPI (art. 7º) e a Secretaria Especial do Programa de Parcerias de Investimentos da Presidência da República - SPPI (art. 8º), cuja atuação busca melhor interação entre o setor privado e o Estado, no que concerne aos investimentos em infraestrutura, com o objetivo de estabelecer novo fluxo de governança e priorização de agendas quando se trata de privatizações, concessões ou PPPs (OLIVEIRA FILHO, 2020, p. 252), estando atualmente subordinada à Casa Civil da Presidência da República.

Em relação à cidade de São Paulo, insta ressaltar que o processo de desestatização e celebração de parcerias público-privadas ganhou fôlego principalmente após a edição da Lei Municipal n. 16.651, de 16 de maio de 2017, que criou o Conselho Municipal de Desestatização e Parcerias, que será detalhado adiante. Editado no mesmo mês, merece destaque o Decreto n. 57.678, de 4 de maio de 2017, que antecede a Lei aqui referida e dispõe sobre o Procedimento de Manifestação de Interesse (PMI) para a apresentação de projetos, levantamentos, investigações ou estudos, por pessoa física ou jurídica de direito privado, a serem utilizados pela Administração Pública Municipal. O Decreto em comento também regula o Procedimento Preliminar de Manifestação de Interesse (PPMI), que é lançado por meio de edital de chamamento público quando for considerado útil para obtenção de subsídios preliminares específicos nos projetos de desestatização (inciso I, §1º, art. 1º). Sua utilização não é passível de ressarcimento (§4º, art. 1º), sendo considerada contribuição técnica, com a transferência da propriedade intelectual dos autores para a Prefeitura de São Paulo (art. 20).

Quanto ao Procedimento de Manifestação de Interesse (PMI), instrumento pelo qual a Prefeitura de São Paulo pode solicitar opinião e sugestões técnicas à iniciativa privada, com a finalidade de subsidiar a Administração Pública na estruturação de empreendimentos objeto de concessão ou permissão de serviços públicos, de parceria público-privada, de permissão, concessão, arrendamento ou concessão de direito real de uso de bens públicos (art. 1º), é também lançado por intermédio de edital de chamamento público, no qual é possibilitado aos interessados o credenciamento para apresentação de subsídios aprofundados, em matérias específicas, ou mesmo para viabilizar uma estruturação integrada de projeto, mediante ressarcimento, na medida do aproveitamento para o edital final do projeto. Os estudos são publicados assim que o edital da licitação do projeto é lançado. Conforme previsto no artigo 18 do Decreto em comento, o edital do procedimento licitatório para contratação do empreendimento conterá obrigatoriamente cláusula que condicione a assinatura do contrato pelo vencedor da licitação ao ressarcimento dos valores relativos à elaboração de projetos, levantamentos, investigações e estudos utilizados na licitação, ou seja, os estudos utilizados na modelagem do projeto devem ser pagos pela empresa vencedora ao final do processo licitatório.

Já a Lei Municipal n. 16.651, de 16 de maio de 2017, além de incumbir à Secretaria Municipal de Desestatização e Parcerias – SMDP a implementação e o acompanhamento das desestatizações (art. 4º), criou o Conselho Municipal de Desestatização e Parcerias (art. 1º) e o Fundo Municipal de Desenvolvimento – FMD (art. 5º), que tem o objetivo de receber as receitas provenientes dos projetos constantes no Plano Municipal de Desestatização[4]. Determinou-se que tais receitas obtidas só podem ser destinadas para as áreas de saúde, educação, segurança, habitação, transporte, mobilidade urbana, assistência social e investimento nas ações das prefeituras regionais (art. 6º).

Na mesma data, 16 de maio de 2017, houve a publicação do Decreto Municipal n. 57.693, que disciplina o funcionamento do Conselho Municipal de Desestatização e Parcerias, e estabeleceu entre suas competências (art. 2º):

> I – gerir e supervisionar o Programa Municipal de PPP e demais processos de desestatização de bens e serviços municipais;

[4] Art. 7º O FMD será constituído por recursos e receitas provenientes de:
I – desestatização de bens e serviços;
II – alienação das participações societárias;
III – dotações orçamentárias e créditos adicionais suplementares a ele destinados;
IV – contribuições ou doações de pessoas físicas ou jurídicas ou ainda entidades internacionais;
V – rendimentos obtidos com a aplicação do seu próprio patrimônio, bem como retornos e resultados de suas aplicações;
VI – multas, correção monetária e juros recebidos em decorrência de suas aplicações;
VII – outras receitas eventuais.
§ 1º Poderão igualmente ser vinculados ao FMD os direitos, bens e serviços a serem objeto de desestatização.
§ 2º As receitas previstas nos incisos I, VI e VII do "caput" deste artigo não abrangem aquelas que se encontrem vinculadas a outros órgãos, fundos ou despesas por lei anterior.

II – definir os bens, serviços e participações societárias do Município que serão objeto de desestatização, bem como aprovar os projetos de alienação, concessão, permissão e parceria público-privada, inclusive quanto a sua modelagem, nos termos da legislação;
III – propor a destinação dos recursos provenientes da desestatização, observado o disposto na Lei Federal n. 101, de 4 de maio de 2000, a legislação orçamentária municipal e o artigo 6º da Lei n. 16.651, de 16 de maio de 2017;
IV – acompanhar permanentemente a execução dos projetos de alienação, concessão, permissão e parceria público-privada para avaliação de sua eficiência, por meio de critérios objetivos previamente definidos;
V – decidir sobre a alteração, revisão, rescisão, prorrogação ou renovação dos contratos de concessão, permissão e parceria público-privada e acompanhar a execução destes contratos pelos órgãos e entes da Administração Municipal;
VI – requisitar aos entes da Administração Pública Direta e Indireta responsáveis pelos bens, serviços ou participações societárias sob análise do CMDP as informações necessárias à execução dos processos de desestatização;
VII – aprovar os estudos de viabilidade técnica, jurídica e econômico-financeira realizados, incluídas as diretrizes constantes das minutas de edital e de contrato respectivas, nos termos da legislação;
VIII – editar e alterar os atos normativos necessários ao exercício de sua competência, inclusive o seu regimento interno;
IX – deliberar sobre outras matérias relativas aos processos de desestatização que venham a ser encaminhados pelo Presidente do Conselho.
(...).

Por fim, destaca-se o Plano Municipal de Desestatização, cujos objetivos fundamentais encontram-se previstos no art. 1º da Lei n. 16.703, de 4 de outubro de 2017, que tabulou inúmeros serviços e ativos municipais a serem desestatizados.

O Plano consiste em uma lista de serviços e ativos que podem ser alvos de desestatização, ou seja, que possam através de concessão, Parceria Público Privada ou privatização, ser geridos pela iniciativa privada, desonerando a prefeitura.

Em um levantamento inicial, foram mapeados 55 serviços e ativos municipais que podem ser desestatizados. Eles passaram por um processo de estudo inicial e priorização.
(...)
Dentre os 55 projetos que integram o PMD, 10 são vistos como prioritários:
- Bilhetagem de transportes - concessão;
- Terminais de Ônibus - concessão;
- Cemitérios, crematórios e serviços funerários - concessão;
- Mercados municipais - concessão;
- Parques - concessão;
- Pacaembu - concessão;
- Imóveis - privatização/ alienação;
- Complexo Anhembi (SPTuris) - privatização/ alienação;
- Autódromo de Interlagos - privatização/ alienação;
- Moradia Social - PPP[5].

Ressalte-se que as propostas de desestatização não se resumem aos 55 projetos do PMD, haja vista que outros projetos estão em desenvolvimento.

4.1. Legislação sobre desestatização do município de São Paulo

Após ter explanado no item anterior sobre as principais normas que regem a desestatização na cidade de São Paulo, cumpre traçar, de forma breve, um histórico sobre as principais normas (leis e decretos) que tratam do tema no âmbito municipal:

LEIS

Lei n. 12.523, de 28 de novembro de 1997 - Autoriza o Executivo a outorgar, mediante licitação, concessão para exploração de estacionamento em vias e logradouros públicos, e dá outras providências;
Lei n. 13.278, de 7 de janeiro de 2002 - Dispõe sobre normas específicas em matéria de licitação e contratos administrativos no âmbito do Município de São Paulo;

[5] *Vide*: https://www.prefeitura.sp.gov.br/cidade/secretarias/governo/noticias/index.php?p=270727.

Lei n. 13.399, de 1º de agosto de 2002 – Dispõe sobre a criação de Subprefeituras no Município de São Paulo, e dá outras providências;
Lei n. 14.141, de 27 de março de 2006 – Dispõe sobre o processo administrativo na Administração Pública Municipal;
Lei n. 14.517, de 16 de outubro de 2007 – Institui o Programa Municipal de Parcerias Público-Privadas, cria a Companhia São Paulo de Parcerias – SPP e dá outras providências;
Lei n. 15.400, de 6 de julho de 2011 – Dispõe sobre desafetação de área municipal e autoriza o Executivo a alienar, mediante licitação, na modalidade concorrência, imóvel situado na Avenida Alceu Maynard Araújo, Distrito de Santo Amaro, Subprefeitura de Santo Amaro;
Lei n. 16.050, de 31 de julho de 2014 – Aprova a Política de Desenvolvimento Urbano e o Plano Diretor Estratégico do Município de São Paulo e revoga a Lei n. 13.430/2002;
Lei n. 16.211, de 27 de maio de 2015 – Dispõe sobre a concessão, precedida ou não de execução de obra pública, para administração, manutenção e conservação, a exploração comercial e requalificação de terminais de ônibus vinculados ao Sistema de Transporte Coletivo Urbano de Passageiros e do Sistema de Transporte Público Hidroviário na Cidade de São Paulo;
Lei n. 16.651, de 16 de maio de 2017 – Criação do Conselho Municipal de Desestatização e Parcerias e o Fundo Municipal de Desenvolvimento;
Lei n. 16.665, de 24 de maio de 2017 – Autoriza o Poder Executivo a instituir serviço social autônomo denominado São Paulo Negócios – SP Negócios;
Lei n. 16.696, de 05 de setembro de 2017 – Disciplina a concessão do Pacaembu;
Lei nº 16.703, de 04 de outubro de 2017 – Disciplina as concessões e permissões realizadas no âmbito do PMD;
Lei n. 16.766, de 20 de dezembro de 2017 – Autoriza a alienação da participação societária detida pelo Município de São Paulo na São Paulo Turismo S.A.;
Lei n. 16.811, de 1º de fevereiro de 2018 – Dispõe sobre a autorização para a outorga de concessão do Mercado Municipal Santo Amaro e do Sacolão Santo Amaro, no âmbito do Plano Municipal de Desestatização;
Lei n. 16.873, de 22 de fevereiro de 2018 – Reconhece e regulamenta a instalação de Comitês de Prevenção e Solução de Disputas em contratos administrativos continuados celebrados pela Prefeitura de São Paulo;

Lei n. 16.886, de 4 de maio de 2018 – Define índices e parâmetros de parcelamento, uso e ocupação do solo a serem observados na elaboração de Projeto de Intervenção Urbana – PIU para a Zona de Ocupação Especial – ZOE do Anhembi;
Lei n. 16.996, de 6 de novembro de 2018 – Desincorpora da classe de bens de uso comum do povo e transfere para a classe de bens dominiais o imóvel municipal situado na Rua João Burjakian, Distrito de Mandaqui, bem como autoriza a sua alienação, mediante licitação;
Lei n. 16.997, de 6 de dezembro de 2018 – Dispõe sobre a desincorporação da classe dos bens de uso comum do povo de áreas municipais situadas no Distrito de Guaianases e autoriza sua concessão de uso ao Governo do Estado de São Paulo; autoriza a doação, à Companhia Metropolitana de Habitação de São Paulo – COHAB-SP;
Lei n. 17.131, de 12 de julho de 2019 – Altera o art. 9º da Lei n. 16.703, de 4 de outubro de 2017, que disciplina as concessões e permissões de serviços, obras e bens públicos que serão realizadas no âmbito do Plano Municipal de Desestatização – PMD;
Lei n. 17.180, de 25 de setembro de 2019 – Altera a Lei n. 16.703, de 4 de outubro de 2017, que disciplina as concessões e permissões de serviços, obras e bens públicos que serão realizadas no âmbito do Plano Municipal de Desestatização – PMD; modifica a Lei n. 8.383, de 19 de abril de 1976, que reorganiza o Serviço Funerário do Município de São Paulo, bem como estabelece providências correlatas quanto à prestação dos serviços cemiteriais e funerários; revoga os dispositivos legais que especifica;
Lei n. 17.216, de 18 de outubro de 2019 – Dispõe sobre a desestatização dos bens municipais que especifica, no âmbito do Plano Municipal de Desestatização e estabelece providências correlatas;
Lei n. 17.258, de 7 de janeiro de 2020 – Autoriza a concessão administrativa de uso à Associação dos Amigos do Museu Judaico no Estado de São Paulo de área pública municipal situada na Avenida Nove de Julho;
Lei n. 17.324, de 18 de março de 2020 – Institui a Política de Desjudicialização no âmbito da Administração Pública Municipal Direta e Indireta;
Lei n. 17.332, de 24 de março de 2020 – Cria o Triângulo SP, polo singular de atratividade social, cultural e turística;
Lei n. 17.433, de 29 de julho de 2020 – Dispõe sobre a reorganização da Administração Pública Municipal Indireta, na forma que especifica, incluindo a

criação e extinção de entidades e a criação, transferência, alteração e extinção de cargos de provimento efetivo e em comissão e de funções admitidas, bem como a criação de empregos públicos;
Lei n. 17.552, de 18 de janeiro de 2021 – Dispõe sobre a desafetação de áreas públicas municipais da classe dos bens de uso comum do povo localizadas nos seguintes núcleos urbanos informais: Basílio Teles, Jardim Fraternidade;
Lei n. 17.731, de 6 de janeiro de 2022 – Estabelece as diretrizes gerais para a prorrogação e relicitação dos contratos de parceria entre o Município de São Paulo e a iniciativa privada, e dá providências correlatas;
Lei n. 17.735, de 11 de janeiro de 2022 – Autoriza a concessão administrativa de uso de áreas municipais situadas no Distrito de Vila Mariana, Subprefeitura de Vila Mariana, à União Cultural Brasil-Líbano – UCBL, à Casa Hunter – Associação Brasileira dos Portadores da Doença de Hunter e outras doenças raras e à Associação de Assistência à Criança Deficiente – AACD, e dá outras providências.

DECRETOS

Decreto n. 37.292, de 27 de janeiro de 1998 – Autoriza o Executivo a outorgar, mediante licitação, concessão para exploração de estacionamento em vias e logradouros públicos, e dá outras providências;
Decreto n. 40.384, de 3 de abril de 2001 – Dispõe sobre a doação de bens e serviços e o estabelecimento de parcerias com a iniciativa privada;
Decreto n. 44.279, de 24 de dezembro de 2003 – Dispõe sobre o processo de licitação e regulamenta dispositivos da Lei n. 13.278, de 7 de janeiro de 2002;
Decreto n. 48.042, de 26 de dezembro de 2006 – Institui a consulta pública nas licitações realizadas pelos órgãos da Administração Direta, Autárquica e Fundacional, bem como pelas Empresas Públicas e Sociedades de Economia Mista, nas hipóteses que especifica;
Decreto n. 52.689, de 28 de setembro de 2011 – Licitações realizadas no âmbito da Administração Municipal;
Decreto n. 57.678, de 04 de maio de 2017 – Dispõe sobre o Procedimento de Manifestação de Interesse para a apresentação de projetos, levantamentos, investigações ou estudos, por pessoa física ou jurídica de direito privado, a serem utilizados pela Administração Pública Municipal. Procedimentos de Manifestação de Interesse (PMI);

Decreto n. 57.693, de 16 de maio de 2017 – Funcionamento do Conselho Municipal de Desestatização e Parcerias;
Decreto n. 57.824, de 09 de agosto de 2017 – Dispõe sobre a reorganização da Secretaria Municipal de Desestatização e Parcerias, bem como altera a denominação e a lotação dos cargos de provimento em comissão que especifica;
Decreto n. 58.226, de 15 de maio de 2018 – Aprova o Projeto de Intervenção Urbana para a Zona de Ocupação Especial do Complexo do Pacaembu;
Decreto n. 58.320, de 13 de julho de 2018 – Dispõe sobre os contratos de prestação de serviços nos parques municipais em parceria com particulares;
Decreto n. 58.332, de 20 de julho de 2018 – Institui o Regime Especial de Atendimento Prioritário – REAP, aplicável a processos administrativos relativos a projetos, ações e iniciativas de investimento realizados no âmbito do Plano Municipal de Desestatização – PMD;
Decreto n. 58.355, de 3 de agosto de 2018 – Revoga o § 2º do artigo 2º do Decreto que aprova o Projeto de Intervenção Urbana para a Zona de Ocupação Especial do Complexo do Pacaembu;
Decreto n. 58.368, de 16 de agosto de 2018 – Aprova o Projeto de Intervenção Urbana para o perímetro específico do Terminal de Ônibus Princesa Isabel;
Decreto n. 58.412, de 13 de setembro de 2018 – Dispõe sobre a organização da Secretaria Municipal de Desestatização e Parcerias;
Decreto n. 58.632, de 19 de fevereiro de 2019 – Dispõe sobre a subordinação das unidades que especifica, das extintas Secretarias Municipais de Desestatização e Parcerias – SMDP;
Decreto n. 58.637, de 22 de fevereiro de 2019 – Regulamenta o procedimento administrativo a ser adotado com vista à alienação de bens imóveis no âmbito do Plano Municipal de Desestatização – PMD.
Decreto n. 58.727, de 26 de abril de 2019 – Regulamenta a permissão de uso de baixos de viadutos, pontes e adjacências incluídos no Plano Municipal de Desestatização;
Decreto n. 59.196, de 29 de janeiro de 2020 – Regulamenta os serviços funerários, cemiteriais e de cremação no Município de São Paulo;
Decreto n. 59.283, de 16 de março de 2020 – Declara situação de emergência no Município de São Paulo e define outras medidas para o enfrentamento da pandemia decorrente do coronavírus;

Decreto n. 59.658, de 4 de agosto de 2020 – Regulamenta o procedimento administrativo a ser adotado com vista à alienação de bens imóveis no âmbito do Plano Municipal de Desestatização – PMD;
Decreto n. 60.050, de 7 de janeiro de 2021 – Prorroga até 19 de janeiro de 2021 os períodos de suspensão dos prazos a que se referem o inciso VII do "caput" do artigo 12 e o artigo 20 do Decreto n. 59.283, de 16 de março de 2020, altera os Decretos n.59.283, de 2020, e n. 59.337, de 7 de abril de 2020, bem como dispõe sobre parcerias e concessões como setor privado;
Decreto n. 60.069, de 10 de fevereiro de 2021 – Dispõe sobre permissão de uso à São Paulo Turismo S.A. – SPTuris, a título precário e gratuito, de áreas públicas municipais situadas nos alinhamentos da Avenida Olavo Fontoura, da Marginal Tietê e da Avenida Assis Chateaubriand, Subprefeitura Santana/Tucuruvi;
Decreto n. 60.173, de 13 de abril de 2021 – Dispõe sobre a organização e o funcionamento da Agência Reguladora de Serviços Públicos do Município de São Paulo – SP Regula;
Decreto n. 60.230, de 11 de maio de 2021 – Confere nova regulamentação à composição do Conselho Municipal de Desestatização e Parcerias – CMDP.

Há ainda uma série de Portarias e procedimentos licitatórios que tratam do tema, mas não é o caso de relacioná-los aqui, diante do que se propõe neste capítulo.

4.2. Principais desestatizações no município de São Paulo

Além da desestatização de áreas situadas no Vale do Anhangabaú, cujo objeto é a concessão de uso, a título oneroso, para sua gestão, manutenção, preservação e ativação sociocultural, que será tratada detalhadamente no próximo item, destacam-se os processos de desestatização da concessão dos serviços de modernização, gestão, operação e manutenção do Complexo do Pacaembu, composto pelo Estádio Municipal Paulo Machado de Carvalho e pelo seu Centro Poliesportivo; da concessão onerosa para exploração, por particulares, do Serviço de Estacionamento Rotativo em vias e logradouros públicos do Município de São Paulo (Zona Azul); da concessão, com outorga onerosa, para a prestação dos serviços de gestão, operação e manutenção dos parques Ibirapuera, Jacintho Alberto, Eucaliptos, Tenente Brigadeiro Faria Lima,

Lajeado e Jardim Felicidade, bem como a execução de obras e serviços de engenharia; da concessão onerosa de uso do Complexo Anhembi para reforma, gestão, manutenção, operação e exploração, por particulares, entre vários outros exemplos.

Destacam-se, ainda, as concorrências 001, 002 e 003/2015-SMT, cujo objeto é a concessão da prestação e exploração do serviço de transporte coletivo público de passageiros; edital – Parceria Público-Privada para concessão administrativa destinada à implantação de habitações de interesse social e mercado popular, acompanhada de infraestrutura urbana, equipamentos públicos, empreendimentos não residenciais privados e prestação de serviços que especifica; concessão administrativa para a prestação de serviços de modernização, otimização, expansão, operação, manutenção e controle remoto e em tempo real da infraestrutura da rede de iluminação pública; concorrência 010/2022, da São Paulo Obras, que tem por objeto a concessão a título oneroso para confecção, instalação e manutenção de lote de 200 (duzentos) sanitários fixos públicos e 200 (duzentos) bebedouros; edital – Abertura de Consulta e realização de Audiência Pública Virtual – Concessão dos serviços de gestão, operação, manutenção, exploração, revitalização e expansão dos 22 (vinte e dois) cemitérios e crematórios públicos e da prestação de serviços funerários no município de São Paulo; Parcerias Público-Privadas – PPP na modalidade de concessão administrativa, que possui como escopo a delegação da implementação e da prestação dos serviços de gestão predial, gestão operacional, trabalhos técnicos sociais e gestão de carteira de 3 (três) Empreendimentos Habitacionais, com fachada ativa, que serão destinados à ampliação da oferta de imóveis em locação social na cidade de São Paulo – PPP Serviços Gestão Predial / Operacional 2488-8; Parceria Público-Privada, na modalidade concessão administrativa para a requalificação, operação, manutenção, conservação de 4 (quatro) reservatórios de águas pluviais existentes e a construção, operação, manutenção e conservação de intervenções de drenagem em 5 (cinco) microbacias; concessão para recuperação, reforma, requalificação, operação, manutenção e exploração do Mercado Municipal de Santo Amaro; Concorrência n. 20/2020, que trata da concessão para prestação dos serviços de gestão, operação e manutenção dos parques municipais Prefeito Mário Covas e Tenente Siqueira Campos (TRIANON); concessão onerosa de uso do Complexo de Interlagos para reforma, gestão, manutenção, operação e exploração; além de várias consultas públicas em andamento, como a 009/2021/SGM-SEDP, tendo por objeto a Parceria Público-Privada (PPP) na modalidade concessão administrativa para a implantação, administração, manutenção e conservação de Centros Educacionais Unificados (CEUs) cuja audiência pública foi realizada em 10 de janeiro de 2022.

4.3. O caso da concessão de áreas situadas no Vale do Anhangabaú

A desestatização de áreas do Vale do Anhangabaú teve como objetivo principal trazer desenvolvimento para aquele setor da cidade e garantir espaço seguro à população. Para tanto, aposta em atividades de interesse coletivo, com foco em eventos, esportes, cultura e incentivo ao comércio e à gastronomia, além das obras de revitalização.

O contrato de concessão de uso assinado entre a Administração Pública e a Concessionária Viva o Vale Ltda., em 22 de julho de 2021, é caracterizado como contrato administrativo, de regime público. Meirelles assim o conceitua:

> *(...) concessão de direito real de uso* é o contrato pelo qual a Administração transfere o uso remunerado ou gratuito de terreno público a particular, como direito real resolúvel, para que dele se utilize em fins específicos de regularização fundiária de interesse social, urbanização, industrialização, edificação, cultivo da terra, aproveitamento sustentável das várzeas, preservação das comunidades tradicionais e seus meios de subsistência ou outras modalidades de interesse social em áreas urbanas (2016, p. 649).

No mesmo sentido, Bandeira de Mello (2016, p. 737) define-o como "o contrato pelo qual a Administração transfere, como direito real resolúvel, o uso remunerado ou gratuito de terreno público ou do espaço aéreo que o recobre, para que seja utilizado com fins específicos por tempo certo ou por prazo indeterminado".

No caso da contratação de concessão de uso para ativação sociocultural, zeladoria e exploração comercial das áreas situadas no Vale do Anhangabaú, no Município de São Paulo, a concessão de uso apresenta natureza jurídica obrigacional, não tem caráter precário e ocorreu na modalidade onerosa, sendo precedida de licitação sob a modalidade de concorrência pública que selecionou a proposta mais vantajosa. Além das regras previstas no Edital específico, a concessão em comento deu-se em conformidade com a Lei Orgânica do Município de São Paulo, a Lei Municipal n. 16.703/2017 e, subsidiariamente, com a Lei Federal n. 8.666/1993, a Lei Federal n. 8.987/1995, a Lei Municipal n. 14.652/2007, o Decreto Municipal n. 44.279/2003, o Decreto Municipal n. 52.201/2011 e demais normas que regem a matéria.

Meirelles (2006, p. 79) destacava, antes do advento da Lei n. 14.133/2021 (Nova Lei de Licitações e Contratos Administrativos) que a utilização da modalidade concorrência se torna obrigatória, independentemente do valor do contrato, nas hipóteses estabelecidas no artigo 23, §3º, da Lei n. 8.666/1993, ou seja, nas concessões de direito real de uso. É que, até então, o inciso II do artigo 2º da Lei n. 8.987/1995 assim determinava:

> II – concessão de serviço público: a delegação de sua prestação, feita pelo poder concedente, mediante licitação, na modalidade de concorrência, à pessoa jurídica ou consórcio de empresas que demonstre capacidade para seu desempenho, por sua conta e risco e por prazo determinado; (...).

Com a nova redação do inciso em comento, proposta pela Lei n. 14.133/2021, surgiu também a possibilidade, além de concorrência, da utilização de diálogo competitivo, nos seguintes termos:

> II – concessão de serviço público: a delegação de sua prestação, feita pelo poder concedente, mediante licitação, na modalidade concorrência ou diálogo competitivo, a pessoa jurídica ou consórcio de empresas que demonstre capacidade para seu desempenho, por sua conta e risco e por prazo determinado; (...).

O contrato de concessão de áreas do Vale do Anhangabaú, situado no centro da cidade de São Paulo, foi firmado em 22 de julho de 2021, pelo prazo de 10 anos, fruto de amplo projeto da Prefeitura para a revitalização do centro histórico da cidade. Foi realizada uma obra de requalificação do espaço público comumente caracterizado como parque, onde historicamente foi palco dos mais variados tipos de eventos, como manifestações públicas, comícios, espetáculos populares shows etc.

O valor do contrato foi de R$ 55.460.878,33 (cinquenta e cinco milhões, quatrocentos e sessenta mil oitocentos e setenta e oito reais e trinta e três centavos) e contempla a gestão, manutenção, preservação e ativação sociocultural, visto que a concessionária poderá gerar receitas com o espaço, buscando no mercado patrocinadores, além de locações, mantendo o espaço público para livre circulação de paulistanos e turistas.

O Tribunal de Contas do Município de São Paulo, como órgão de controle externo, realizou a fiscalização contábil, financeira, orçamentária, operacional e patrimonial dos atos praticados pelo Executivo, no caso em tela, participando ativamente no desenvolvimento do processo de concessão, inclusive apontando irregularidades que foram posteriormente sanadas.

A revitalização de áreas do Vale do Anhangabaú é considerada uma das principais obras da gestão do ex-prefeito de São Paulo, Bruno Covas (PSDB). Aliás, abarca uma área de alto valor histórico para os munícipes e teve como primeiro grande evento o Festival do Baixo Augusta, evento realizado no dia 24 de abril de 2022 e que fez parte do Carnaval fora de época da cidade, adiado devido à pandemia do coronavírus.

Conclusões

Ao analisar de forma sucinta o processo de desestatização na cidade, o quinto maior orçamento da federação, sendo inclusive superior ao de inúmeros países, propôs-se iniciar o debate trazendo a lume o conceito de desestatização, que, para o senso comum, muito influenciado por questões ideológicas, ainda hoje é confundido com uma de suas modalidades, a privatização, pois esta é, em realidade, uma das espécies do gênero desestatização.

Diante de assunto atual e de grande relevância, buscou-se uma análise destituída de carga valorativa e paixões ideológicas, sem adentrar, obviamente, na análise das concepções de como deve ser estruturado o Estado, com foco principal nos aspectos jurídicos do tema, ou seja, após breve análise da estrutura legislativa federal da desestatização, a partir do princípio da simetria constitucional, apontaram-se as semelhanças da legislação da cidade de São Paulo com aquela, destacando como foi e está sendo, em termos legislativos, o referido processo de desestatização do município.

Ademais, os dois arcabouços legislativos analisados possuem como objetivos principais reordenar a posição estratégica do Estado na economia, contribuir para a reestruturação econômica dos setores públicos e privados e permitir que a Administração Pública concentre seus esforços nas atividades em que a presença do Estado seja fundamental para a sociedade.

A análise da concessão, pela municipalidade, de áreas do Vale do Anhangabaú à iniciativa privada demonstra que é possível transferir atividade-fim do Estado, ou seja, a prestação de serviços públicos por intermédio de um contrato entre a administração pública e uma empresa privada. O caso analisado, firmado em 22 de julho de 2021, pelo prazo de 10 anos, entre a Administração Pública e a Concessionária Viva o Vale Ltda., faz parte de amplo projeto da Prefeitura para a revitalização do centro histórico da cidade de São Paulo. A concessão de uso estabelecida, que apresenta natureza jurídica obrigacional, contempla a gestão, manutenção, preservação e ativação sociocultural do espaço concedido, sendo uma das inúmeras desestatizações levadas a cabo pelo Município nos últimos anos, como noticiado no item 4.2 deste texto.

Referências

ALVES, Alaôr Caffé. A privatização dos serviços públicos. **Revista da Procuradoria Geral do Estado de São Paulo**. n. 45/46, p. 13–23, jan./dez., 1996.

ARAÚJO, Edmir Netto de. A nova Lei Federal de concessões e permissões de serviços públicos e obras públicas. **Revista da Faculdade de Direito**, Universidade de São Paulo, *90*, p. 267-292, 1995. Recuperado de https://www.revistas.usp.br/rfdusp/article/view/67298.

BANDEIRA DE MELLO, Celso Antônio. **Curso de direito administrativo**. 33. ed. São Paulo: Malheiros, 2016.

FRANCESCHINI, F.; GALETTO, M.; VARETTO, M.; PIGNATELLI, A. Um modelo para a terceirização: como uma empresa pode monitorar e administrar seu terceirizado em todas as etapas que requer tomada de decisões. **HSM Management**, São Paulo, n. 42, p. 1-7, jan./fev. 2004.

LIMA, Denise Hollanda Costa. As cooperativas de trabalho e a terceirização na administração pública. **Fórum de contratação e gestão pública – FCGP**, n. 62, ano 6. Belo Horizonte, fev., 2007.

MACHADO, Fernando Moreno. Desestatização e privatização no Brasil. **Revista Digital de Direito Administrativo**, USP, Ribeirão Preto, v. 2, n. 1, p. 99-119, 2015. DOI: https://doi.org/10.11606/issn.2319-0558.v2i1p99-119.

MEIRELLES, Hely Lopes. **Direito administrativo brasileiro**. 42. ed. São Paulo: Malheiros, 2016.

—. **Licitação e contrato administrativo**. 14. ed. São Paulo: Malheiros, 2006.

MELLO, Rodrigo Pereira de. Privatização: cenário jurídico. **Revista CEJ**, *2*(6), 65-70, 1998.

OLIVEIRA, Rafael Carvalho Rezende. **Licitações e contratos administrativos** – teoria e prática. 8. ed. São Paulo: Método, 2020.

OLIVEIRA FILHO, Luiz Chrysostomo de. Etapas da desestatização no Brasil: 30 anos de história. In GIAMBIAGI, Fabio; FERREIRA, Sergio Ferreira; AMBRÓZIO, Antônio Marcos (Coords.). **Reforma do Estado brasileiro – transformando a atuação do Governo**. São Paulo: Grupo Gen, 2020.

SOUTO, Marcos Juruena Villela. **Desestatização**: privatização, concessões, terceirizações e regulação. 4. ed. Rio de Janeiro: Lumen Juris, 2001.

ZOCKUN, Carolina Zancaner. **Terceirização na Administração Pública**. Enciclopédia jurídica da PUC-SP. Celso Fernandes Campilongo, Alvaro de Azevedo Gonzaga e André Luiz Freire (coords.). Tomo: Direito Administrativo e Constitucional. Vidal Serrano Nunes Jr., Maurício Zockun, Carolina Zancaner Zockun, André Luiz Freire (coord. de tomo). São Paulo: Pontifícia Universidade Católica de São Paulo, 2017. Disponível em: https://enciclopediajuridica.pucsp.br/verbete/5/edicao-1/terceirizacao-na-administracao-publica. Acesso em: 2 maio 2022.

CAPÍTULO 2
FISCALIZAÇÃO OPERACIONAL – A IMPORTÂNCIA DO TRIBUNAL DE CONTAS PARA A GESTÃO PÚBLICA E A GARANTIA DE DIREITOS FUNDAMENTAIS

Alexandre Ferreira Mathias Junior
Jônatas Junqueira de Mello

1. Introdução

O presente estudo está assentado na atuação e nas competências do controle no ordenamento jurídico brasileiro, a partir da estrutura do controle externo e das particularidades da estrutura federativa, levando-se em consideração a força normativa e a natureza jurídica das decisões emanadas pelos Tribunais de Contas. Apresenta, inicialmente, a história dos Tribunais de Contas, abrangendo suas origens, alternância de competências, chegando aos dias atuais com a evolução constitucional configurada pela Constituição da República Federativa do Brasil de 1988. Aborda a organização, as funções e as competências das Cortes de Contas para, conhecendo melhor o funcionamento desses órgãos, verificar seu atual enquadramento constitucional, com o intuito de analisar a importância da fiscalização operacional para a salvaguarda dos direitos fundamentais dos cidadãos.

Buscou-se analisar o papel assumido pelas Cortes de Contas em defesa da afirmação dos direitos fundamentais, em especial, por meio de um tipo específico de fiscalização, a operacional. A função de controle externo exercida por um Tribunal de Contas possui atualmente dimensão ampliada, pois, além do exercício da auditoria contábil e financeira, passou-se a avaliar também a operacionalidade e os resultados e impactos sociais da gestão pública, ou seja, a importância da auditoria operacional e suas possíveis contribuições para as boas práticas de governança pública.

Dessa forma, apresenta-se como objetivo geral investigar não somente o papel desempenhado pelo controle externo a partir de suas competências constitucionalmente definidas ao longo da história, verificando quais são as possibilidades de aperfeiçoamento e limites desse controle realizado pelos Tribunais de Contas, mas também verificar a ampliação de atribuições constitucionais, passando de um controle de contas *a posteriori*, de verificação da aplicação dos recursos, para um controle preventivo e concomitante, capaz de interferir a tempo na gestão dos recursos e, por conseguinte, na efetividade do gasto público. Com isso, será analisada a atuação referente aos critérios da legitimidade e da economicidade, nos termos do artigo 70 da CF/1988, para identificar se a fiscalização operacional tem função de salvaguarda dos direitos fundamentais dos cidadãos e, em caso afirmativo, quais são esses direitos.

Assim sendo, aborda-se neste capítulo um assunto atual e de grande relevância, tendo sido utilizado o método de abordagem dedutivo, qual seja, a partir de análise geral para particular, mediante estudo descritivo-analítico, desenvolvido por meio de pesquisa do tipo bibliográfica de natureza qualitativa, com pesquisa doutrinária e bibliográfica para melhor discorrer sobre o tema.

No item 5 e subitens seguintes, busca-se identificar se as Cortes de Contas, por meio de suas auditorias operacionais, mediante avaliação do desempenho das políticas públicas quanto aos critérios de eficiência, efetividade, economicidade, entre outros, podem atuar de forma ativa e relevante na defesa dos direitos fundamentais dos cidadãos.

2. Os Tribunais de Contas na Constituição Federal – Parte Histórica

Antes de discorrer acerca do surgimento dos Tribunais de Contas no Brasil sob a perspectiva histórico-constitucional, recorde-se que, ainda durante o período colonial, o controle dos recursos públicos passou a ser efetuado mediante escrituração contábil pela Coroa portuguesa. A intitulada "Casa de Contos" – criada, na verdade, por D. Dinis no longínquo século XIII, destinada à fiscalização das contas portuguesas – seria instituída em 1782, no reinado de D. José I, como órgão de ordenação e fiscalização das receitas e despesas do Estado (SIMÕES, 2014, p. 53).

Enquanto isso, no desenrolar da Revolução Francesa e do advento da Declaração dos Direitos do Homem e do Cidadão de 1789, registrou-se neste diploma, pela primeira vez na história, a formalização jurídica sobre o controle dos gastos públicos, haja vista que se previu o direito[1] de os cidadãos conhecerem a respeito dos fatos da Administração Pública e exigirem prestação de contas dos administradores.

Em relação aos acontecimentos marcantes em Portugal envolvendo nossos colonizadores, mencione-se a fuga da família real em 1807 para o Brasil, por temor de D. João à iminente invasão do exército francês pelas tropas do general Jean-Andoche Junot, sob as ordens de Napoleão Bonaparte (SIMÕES, 2022, p. 369-370), e, na sequência, a instalação do Erário Régio no Brasil em 1808, que somente se transformaria em Tesouro Nacional após a Independência, precisamente com o advento da Carta outorgada de 1824, cujos arts. 170 a 172 passaram a dispor sobre os primeiros orçamentos e balanços gerais, um "simulacro de Tribunal de Contas" (SIMÕES, 2014, p. 55).

Mas somente na vigência da República, por iniciativa do então ministro da Fazenda, Rui Barbosa[2], foi criado o Tribunal de Contas da União, por meio do Decreto n. 966-A/1890, assinado pelo então chefe do governo provisório, Marechal Manuel Deodoro da Fonseca, até que, por meio de uma Emenda à Constituição Federal de 1891, o art. 89 dispôs, nestes termos:

[1] "Art. 14. Todos os cidadãos têm o direito de verificar, pessoalmente ou por meio de representantes, a necessidade da contribuição pública, bem como de consenti-la livremente, de fiscalizar o seu emprego e de determinar-lhe a alíquota, a base de cálculo, a cobrança e a duração.
Art. 15. A sociedade tem o direito de pedir, a todo agente público, que preste contas de sua administração."

[2] Rui Barbosa manifestou-se sobre a criação de um Tribunal de Contas: "(...) corpo de magistratura intermediária à sua administração e à sua legislatura que, colocado em posição autônoma, com atribuições de revisão e julgamento, cercado de garantias contra quaisquer ameaças, possa exercer as suas funções vitais no organismo constitucional, sem o risco de converter-se em instituição de ornato aparatoso e inútil".

> É instituído um Tribunal de Contas para liquidar as contas da receita e despesa e verificar a sua legalidade, antes de serem prestadas ao Congresso. Os membros deste Tribunal serão nomeados pelo Presidente da República, com aprovação do Senado, e somente perderão os seus lugares por sentença (SIMÕES, 2014, p. 62-63).

Com a edição sucessiva de normas regulamentadoras, definiram-se várias medidas de alcance para o cumprimento das atribuições pelo TCU, sendo criada a primeira Lei Orgânica do Tribunal de Contas da União por meio do Decreto Legislativo n. 392/1896. O órgão passa a realizar a fiscalização da administração financeira e atuar como um Tribunal de Justiça com jurisdição voluntária e contenciosa, tendo prevalecido o sistema fiscalizador belga, qual seja, com exame prévio e o registro sob reserva, combinado com o feito *a posteriori*. O Tribunal de Contas da União passou, ainda, a dispor da função consultiva, em que podia emitir parecer sobre abertura de crédito suplementar e extraordinário apresentada pelo Poder Executivo (SIMÕES, 2014, p. 64-66).

Nesse contexto de inovações no âmbito fiscalizatório, diversos Estados acabaram criando seus Tribunais de Contas nas respectivas Constituições Estaduais, à luz do vigente ordenamento constitucional de 1891. Por exemplo, o Tribunal de Contas do Estado do Piauí surgiu em 1892; o Tribunal de Contas do Estado de São Paulo, em 1921; o Tribunal de Contas dos Estados do Ceará, Minas Gerais e Rio Grande do Sul, em 1935; o Tribunal de Contas do Estado do Maranhão, em 1946 (SIMÕES, 2014, p. 69).

A Constituição de 1934 ampliou a competência do Tribunal de Contas da União, incluindo, por exemplo, a de julgar as contas dos responsáveis por dinheiros ou bens públicos (art. 99); acompanhar a execução do orçamento e o registro dos contratos de interesse da receita ou da despesa (só assim considerados perfeitos ou acabados), nos termos do art. 101 da Carta. Além disso, o Texto Constitucional (art. 100) determinou que seus membros gozariam das mesmas garantias dos ministros do Supremo Tribunal Federal (SIMÕES, 2014, p. 70).

Em 1937, no contexto de nova ordem constitucional, durante a ditadura de Getúlio Vargas com o Estado Novo, cujo regime autoritário se estendeu até 1945, a atividade fiscalizadora *a posteriori* do Tribunal de

Contas não se submetia à apreciação do Parlamento, uma vez que este se encontrava fechado. Acrescente-se o fato de que a Lei Orgânica do novo Tribunal de Contas da União, nos termos do Decreto-lei n. 426/1938, impôs restrições à ação fiscalizadora do Órgão, visto que o seu parecer consistia numa apreciação geral sobre o exercício e a execução do orçamento (SIMÕES, 2014, p. 73).

Com o restabelecimento do Estado de Direito em 1946, pois Vargas era atacado publicamente por todos os lados e recebera o ultimato dos militares para que se retirasse pacificamente da Presidência, a nova Constituição tornou o Tribunal de Contas um órgão especial, externo da administração, colegiado, independente, cabendo-lhe exercer funções fiscalizadoras dos atos da administração financeira do Poder Executivo, em auxílio ao Poder Legislativo. Frise-se que o art. 24 da Carta possibilitou, de forma implícita, a criação, pelos Estados, de órgãos de controle de contas dos Municípios: "É permitida ao Estado a criação de órgão de assistência técnica aos Municípios".

Em 1964, iniciado o Golpe Militar, o regime autoritário da época patrocinou a edição da Carta de 1967, cujo art. 71 previa: "A fiscalização financeira e orçamentária da União será exercida pelo Congresso Nacional mediante controle externo e dos sistemas de controle do Poder Executivo, instituídos por lei".

O Tribunal de Contas manteve-se como órgão vinculado ao Legislativo, e a cada Estado cabia disciplinar o seu próprio Órgão de Contas. Entre as inovações da época, destacam-se as seguintes:

> a fiscalização financeira e orçamentária da União passou a ser exercida pelo Congresso Nacional e por um sistema de controle interno do Poder Executivo. O Congresso deveria contar com o auxílio do Tribunal de Contas, ao qual caberia "a apreciação das contas do presidente da República, o desempenho das funções de auditoria financeira e orçamentária, e o julgamento das contas dos administradores e de responsáveis por bens e valores públicos", bem como o julgamento da "legalidade das concessões de aposentadoria, reformas e pensões". Outras inovações importantes foram a instituição do Sistema de Controle Interno e da fiscalização *in loco* (SIMÕES, 2014, p. 76).

Nesse ambiente, o Tribunal de Contas do Município de São Paulo foi criado em 1968, com base nos arts. 106 e 107 da Constituição do Estado de São Paulo de 1967, respectivamente:

> (...) o município de São Paulo e os que tiverem renda superior a cinco por cento da arrecadação deste, poderão ter regime administrativo especial e Tribunal de Contas próprio, na forma que a Lei Orgânica dos municípios estabelecer.
>
> (...) os municípios da mesma região, que, em conjunto, atingirem o limite de renda estabelecido no artigo anterior, poderão ter Tribunal de Contas próprio[3].

Ocorre que o advento da Emenda Constitucional n. 1/1969 acabou por reduzir a competência jurisdicional dos Tribunais, impondo o exame das contas pela via formal e global. Além disso, a Corte de Contas deixou de analisar os atos de concessão de aposentadoria, reformas e pensões, permanecendo impedida de apurar eventuais ilegalidades, tampouco adotar quaisquer providências para regularização ou sustação, a exemplo do que previa o § 5º do art. 73 da Constituição Federal de 1967 (SIMÕES, 2014, p. 77)[4].

Finalmente, em 1988, em conformidade com os avanços do constitucionalismo moderno e nos rumos da consolidação de um Estado democrático, a Constituição Cidadã ampliou as competências institucionais dos Tribunais de Contas, na medida em que garantiu o aperfeiçoamento

[3] A Emenda Constitucional n. 1/1969, ao alterar todo o texto da Constituição então vigente, previu no § 3º do art. 16: "somente poderão instituir Tribunais de Contas os municípios com população superior a dois milhões de habitantes e renda tributária acima de quinhentos milhões de cruzeiros novos".

[4] "§ 5º O Tribunal de Contas, de ofício ou mediante provocação do Ministério Público ou das Auditorias Financeiras e Orçamentárias e demais órgãos auxiliares, se verificar a ilegalidade de qualquer despesa, inclusive as decorrentes de contratos, aposentadorias, reformas e pensões, deverá: *a)* assinar prazo razoável para que o órgão da Administração Pública adote as providências necessárias ao exato cumprimento da lei; *b)* no caso do não atendimento, sustar a execução do ato, exceto em relação aos contratos; *c)* na hipótese de contrato, solicitar ao Congresso Nacional que determine a medida prevista na alínea anterior, ou outras que julgar necessárias ao resguardo dos objetivos legais."

da ação do controle externo, garantindo-lhes uma atuação mais efetiva e concreta. Nesse sentido, o correspondente art. 70 conferiu-lhes o controle da legitimidade e da economicidade dos atos administrativos praticados pelos gestores do dinheiro público, inclusive no que diz respeito à razoabilidade, à moralidade e à eficiência dos atos, inovação esta trazida pela Emenda Constitucional n. 19/1998 (SIMÕES, 2014, p. 80).

Considerando que, na maior parte, a sociedade financia o Estado ante o pagamento de tributos, os Tribunais de Contas, como são conhecidos hoje, desempenham, em essência, a função de órgão fiscalizador, cuja importância merecerá ser tratada a seguir.

3. A Importância dos Tribunais de Contas para a Gestão Pública

Conforme exposto no item anterior, o exercício das funções dos Tribunais de Contas em território nacional, ao longo da vigência das Constituições anteriores, condicionou-se ao arbítrio de uma diversidade de acontecimentos políticos, econômicos e sociais, conformando-os de acordo com as vicissitudes de cada época, até que, à luz da Constituição de 1988, sob a égide do Estado Democrático de Direito, fosse revelada, nos arts. 70 a 75, a importância das Cortes de Contas como órgão fiscalizador, em auxílio ao Poder Legislativo, este representado pelas Câmaras de Vereadores, Assembleias Legislativas e Congresso Nacional, sendo-lhes incumbida a tarefa de exercer o controle externo mediante a fiscalização contábil, financeira, orçamentária, operacional e patrimonial dos atos praticados pelo Executivo em sede de prefeituras, governos estaduais / distrital e federal / União, com autonomia e sem qualquer vínculo com os poderes estatais.

As Cortes de Contas são, portanto, desvinculadas da estrutura de qualquer dos três Poderes, caracterizando-se essencialmente como instituições estatais independentes, como leciona Medauar (2020, p. 205):

> Se a função é de atuar em auxílio ao legislativo, sua natureza, em razão das próprias normas da Constituição é a de órgão independente, desvinculado da estrutura de qualquer dos três poderes. A nosso ver, por conseguinte, o Tribunal de Contas configura instituição estatal independente.

Aliás, nesse panorama, diante da ampliação de jurisdição e competência das Casas de Contas, o controle externo, como explicitam Morini, Carvalho e Lima (2020), dada a sua importância, destinou-se a

> examinar se os recursos públicos são aplicados de maneira eficaz, eficiente, econômica e em conformidade com as regras, leis e com os objetivos localmente estabelecidos, de maneira a contribuir para o desenvolvimento sustentável, reduzir a ocorrência de fraudes, a pobreza e a auxiliar as instituições públicas a operar da melhor forma possível.

No contexto das inovações trazidas pela Constituição Cidadã, cite-se, como exemplo, a introdução do princípio da universalidade na atividade dos Tribunais de Contas, impondo-se a toda e qualquer pessoa física ou jurídica, pública ou privada, que utilize, arrecade, guarde, gerencie ou administre dinheiros, bens e valores públicos, o dever de prestar contas ao órgão de controle externo (SIMÕES, 2014, p. 81).

Para se ter ideia da dimensão do papel exercido pelos 32 Tribunais de Contas da Federação[5], atendo-nos apenas ao caso do Município de São Paulo, cujo orçamento em 2022 atingiu a cifra de R$ 82,7 bilhões[6], ressalte-se a complexidade da organização da cidade paulista, na medida em que a Prefeitura presta os serviços de iluminação, coleta de resíduos sólidos, saúde, educação, habitação, urbanismo, transportes, assistência social, entre outros, e que a sua estrutura administrativa, a submeter-se ao controle externo, conta com 28 Secretarias, 32 Subprefeituras, 18

[5] No Brasil há 26 Tribunais de Contas dos Estados: Piauí, Bahia, São Paulo, Ceará, Minas Gerais, Rio Grande do Sul, Maranhão, Alagoas, Goiás, Pará, Paraná, Rio de Janeiro, Amazonas, Mato Grosso, Santa Catarina, Espírito Santo, Rio Grande do Norte, Pernambuco, Sergipe, Paraíba, Mato Grosso do Sul, Rondônia, Acre, Amapá, Tocantins e Roraima. Além destes, o País conta com o Tribunal de Contas do Distrito Federal, três Tribunais de Contas dos Municípios, no caso, Bahia, Pará e Goiás. Por fim, dois Tribunais de Contas do Município, que são os de São Paulo e do Rio de Janeiro.

[6] Nos termos da Lei n. 17.728, de 27-12-2021, orçamento publicado no *DOC*, 28 dez. 2021, p. 1.

fundos e 13 entidades da administração indireta (autarquias, fundações e empresas estatais dependentes)[7].

Como destacam Morini, Carvalho e Lima (2020), para cumprir a atividade de controle externo das contas públicas, os Tribunais contam com a atuação dos auditores, competindo-lhes a "instrução dos processos fiscalizatórios nos seus mais variados tipos (levantamentos, inspeções, acompanhamentos [em fases de contratação e execução], auditorias, monitoramentos, representações, dentre outros)", de forma que, ao final, concluída a instrução do processo, as contas serão julgadas pelos conselheiros (em sede de Tribunais de Contas dos Estados, dos Municípios e do Município de São Paulo e do Rio de Janeiro) ou ministros (terminologia aplicável no âmbito do Tribunal de Contas da União).

Em síntese, conforme se consignou neste item, há registros anteriores da história nacional de que a competência dos Tribunais de Contas foi mitigada, quando lhes foram afastadas as atribuições de exame e julgamento prévio dos "atos e contratos administrativos geradores de despesas", mas acabaram restituídas pela Constituição de 1988. Nesse passo, como assevera Lemos (2011, p. 20),

> é inconcebível se pensar em administração pública sem um controle ou fiscalização na concepção mais ampla que se possa atribuir ao termo, sobretudo quando diante de um Estado democrático de direito que tem seus principais pilares fincados na persecução do bem comum. (...) Se nos primórdios da instituição a fiscalização se restringia basicamente ao exame e julgamento das operações concernentes à receita e despesa da República, nos tempos atuais a competência alcança a análise da legalidade, da legitimidade e, sobretudo, da economicidade.

Além disso, os Tribunais de Contas, a partir da nova ordem constitucional, atingiram um estágio em que lhes foi permitido "apontar e desenvolver gestões de políticas públicas no julgamento de contas", isto é, tornaram-se habilitados a exercer a competência de também sinalizar gastos

[7] Disponível em: https://legislacao.prefeitura.sp.gov.br/leis/lei-17728-de-27-de-dezembro-de-2021/anexo/62138c4314119209b472b700/Despesa%20por%20%C3%B3rg%C3%A3o%20-%20Lei%20n%C2%BA%2017.728_2021.pdf. Acesso em: 14-3-2022.

que "poderiam obter os mesmos resultados por meios menos onerosos para a Administração Pública", em clara aderência ao princípio constitucional da eficiência, visto que o administrador público tanto está a cumprir a execução de políticas públicas quanto a garantir que elas atinjam plenamente as finalidades maiores de valorização do bem comum, com menos esforço, com menos custo e com melhores resultados (LEMOS, 2011, p. 20-21).

Nesse contexto, pleiteia-se, por assim dizer, anular a má gestão administrativa, evidenciando-se a importância dos Tribunais de Contas, cujas ações de orientação e prevenção são capazes de propiciar benefícios financeiros para o Erário, trazendo como resultado final a proteção do bem jurídico maior, que é a sociedade, pois haverá recursos públicos disponíveis para serem direcionados em benefício de seu interesse, em atendimento ao princípio da economicidade, isto é, cria-se a expectativa de que os recursos sejam aplicados com zelo e eficiência, por isso os Tribunais de Contas acabam por interferir, como se analisará adiante, em opções políticas tomadas pelas autoridades governamentais de todos os Poderes (LEMOS, p. 21).

4. A Função Social dos Tribunais de Contas no Brasil na Ordem Constitucional e os Direitos Fundamentais

4.1. Quanto ao tipo (controle técnico ou político?) e ao momento (controle prévio ou posterior?)

Como apontado anteriormente, os Tribunais de Contas não são órgãos dos respectivos Poderes Legislativos que fazem parte do pacto federativo brasileiro. O art. 44 da CF/1988 é preciso ao dispor sobre o Poder Legislativo Federal e afirmar que "é exercido pelo Congresso Nacional, que se compõe da Câmara dos Deputados e do Senado Federal". Logo, o Parlamento brasileiro não se compõe do Tribunal de Contas da União e, pelo princípio da simetria, tal distinção aplica-se "no âmbito das demais pessoas estatais de base territorial e natureza federada" (BRITTO, 2017).

Como dispõe parte do *caput* do art. 70 da CF/1988, a fiscalização contábil, orçamentária, financeira, operacional e patrimonial será exercida pelo Congresso Nacional e, nessa lógica, condiz ao Poder Legislativo de cada ente federativo. Entretanto, nos termos do art. 71, o texto constitucional determinou "que o controle externo será de incumbência do Congresso Nacional, mas com o auxílio do Tribunal de Contas da União, passando a discriminar a atuação e a competência de cada um" (CHADID, 2018, p. 196).

Os Tribunais de Contas, portanto, são órgãos independentes e possuem a função única de controle externo, mas diluída em várias competências, como a opinativa, a judicante, a consultiva e informativa, a sancionadora e a corretiva. E no exercício de suas competências, ao não constar como órgãos dos Poderes Legislativos, auxiliam estes no controle externo, mas sem estar a eles em condição de subalternidade, tendo em vista ser

> inconcebível o exercício da função estatal de controle externo sem o necessário concurso ou o contributo obrigatório dos Tribunais de Contas. Mas esse tipo de auxiliaridade nada tem de subalternidade operacional, vale a repetição do juízo. Traduz a coparticipação inafastável de um dado Tribunal de Contas no exercício da atuação controladora externa que é própria de cada Poder Legislativo, no interior da respectiva pessoa estatal-federada (BRITTO, 2017).

Um órgão, para exercer a contento sua função, que é a atividade-fim, atividade típica, precisa, portanto, exercer suas competências, "que são poderes instrumentais àquela função. Meios para o alcance de uma específica finalidade" (BRITTO, 2017).

Evidenciam-se, a partir do texto constitucional, atuações distintas e coordenadas entre Poder Legislativo e Tribunais de Contas, tendo em vista que "o controle externo exercido pelo Poder Legislativo se desdobra em duas vertentes: o controle político, realizado pelas Casas Legislativas, e o controle técnico, que abrange a fiscalização contábil, financeira e orçamentária" (ZYMLER, 2012, p. 264), exercido com o auxílio dos Tribunais de Contas.

O que se discute é a possibilidade de o controle externo, que é político e administrativo (técnico), ser exercido também dessa forma pelos Tribunais de Contas ou se a estes só cabe o âmbito técnico. Como afirma Gomes (2016, p. 73):

Com efeito, a não imiscuição entre a técnica jurídica e motivações políticas é um dos preceitos mais difundidos no estudo do Direito, e muitas vezes se traduz na posição de que, no âmbito da apreciação técnica (seja ela jurídica, contábil, econômica etc.) não há espaço para posições politicamente motivadas, ou para pretensão de revisão de tais posições a pretexto de aplicação de critérios técnicos. Contudo, tal realidade nem sempre se verifica. Contrariamente, há, na tradição jurídica brasileira, uma constante sobreposição entre ambas as esferas de atuação, consubstanciada em recorrentes situações em que o controle pretensamente técnico adentra no campo político sob a pretensão de promover alguma retificação técnica.

Evidencia-se cada vez mais que não é condizente com o texto constitucional, seja a partir de uma interpretação histórica ou teleológica, que se faça uma separação estanque entre o controle técnico e o controle político. Afinal, tanto o Poder Legislativo quanto o Tribunal de Contas, no âmbito de suas respectivas esferas da federação, "realizam um controle misto. A diferença entre ambos é o caráter preponderante de cada um: ao passo que o Poder Legislativo realiza um controle político tecnicamente informado, o Tribunal de Contas realizará um controle técnico politicamente informado" (GOMES, 2016, p. 77).

Como infere o ex-ministro do STF, Ayres Britto (2017), ao destacar a natureza jurídica de toda pessoa estatal federada, consoante o disposto no *caput* do art. 18 da CF/1988, "as Casas de Contas se constituem em tribunais de tomo político e administrativo a um só tempo. Político, nos termos da Constituição; administrativo, nos termos da lei".

E continua:

> E salta à razão que se os Tribunais de Contas não ostentassem dimensão política não ficariam habilitados a julgar as contas dos administradores e fiscalizar as unidades administrativas de qualquer dos três Poderes estatais, nos termos da regra insculpida no inciso IV do art. 71 da Carta de Outubro (salvante as contas anualmente prestadas pelo Chefe do Poder Executivo). Sequer receberiam o nome de "Tribunais" e nunca teriam em órgãos e agentes judiciários de proa o seu referencial organizativo-operacional (BRITTO, 2017).

Ao considerar a possibilidade de que ao controle técnico exercido pelos Tribunais de Contas perpassa também o político, em uma interpretação teleológica do texto constitucional é possível concluir pela efetiva existência de um sistema de controle prévio, "assim entendido como aquele em que o Tribunal de Contas aprecia seu objeto antes da realização do ato da Administração" (GOMES, 2016, p. 81).

Ademais, tendo em vista a realização de auditorias operacionais, a serem detalhadas no item 5, que avaliam as políticas públicas a partir do disposto no *caput* do art. 37 da CF/1988, em especial à luz dos critérios da economicidade, eficiência e efetividade, atuam os Tribunais de Contas de forma intensa, a partir de seu leque de competências, no intuito não só de impedir a má administração, mas também de atuar para que as gestões públicas sejam eficazes. Deixam tais órgãos de controle externo, portanto, de ser meros aplicadores da lei para se transformar, segundo Britto (2017):

> (...) em órgãos de aplicação do Direito, pois o certo é que o artigo constitucional em causa [art. 37] estabeleceu para o Direito Positivo um tamanho maior do que o da lei (visto ser o princípio da legalidade um necessário ponto de partida para a Administração, mas não um necessário ponto de chegada).

Depreende-se, até aqui, que o controle técnico exercido pelos órgãos de controle externo é permeado pela política, assim como há possibilidade de controle prévio, fatos que permitem que os Tribunais de Contas atuem em busca da concretização do previsto no Título I da CF/1988, que trata dos princípios fundamentais. No caso específico deste texto, destacam-se a dignidade da pessoa humana, a partir de prestações mínimas dos entes estatais, e os objetivos fundamentais da República Federativa do Brasil, previstos no art. 3º, quais sejam:

> I – construir uma sociedade livre, justa e solidária;
> II – garantir o desenvolvimento nacional;
> III – erradicar a pobreza e a marginalização e reduzir as desigualdades sociais e regionais;
> IV – promover o bem de todos, sem preconceitos de origem, raça, sexo, cor, idade e quaisquer outras formas de discriminação.

4.2 A função social dos Tribunais de Contas

Com o advento do pós-positivismo, que ganhou maior relevância no Brasil a partir do início do século XXI, busca-se, além de atrelar o constitucionalismo à ideia de limitação do poder político, a eficácia da Constituição, deixando o texto de ter caráter meramente retórico e passando a ser mais efetivo, especialmente diante da concretização dos direitos fundamentais. Com isso,

> as Constituições, rematerializadas, não possuem mais apenas o objetivo de repartir os poderes do Estado e distribuir a competência própria dos órgãos deste, mas de estabelecer direitos fundamentais e, por meio destes, uma ordem de valores e de justiça que exigirá postura ativa dos órgãos estatais [inclusive dos Tribunais de Contas] e de toda a sociedade, no sentido da sua realização, especialmente quando se tratar de direitos prestacionais de cunho social (ROSSI, 2008, p. 3802-3803).

Luís Roberto Barroso resumiu o que vem a ser o pós-positivismo, importante ferramenta para a implantação de um Estado Democrático Social de Direito, entendendo-o como a

> designação provisória e genérica de um ideário difuso, no qual se incluem a definição das relações entre valores, princípios e regras, aspectos da chamada nova hermenêutica constitucional, e a teoria dos direitos fundamentais, edificada sobre o fundamento da dignidade da pessoa humana (2004, p. 300).

Afinal, como já mencionado, os objetivos fundamentais da República Federativa do Brasil (art. 3º da CF/1988) consistem em políticas, diretrizes, não só para o cidadão comum, mas principalmente para as políticas governamentais, que devem almejá-las sempre e concretizá-las o mais rápido possível. O fato de ser perceptível que o Estado, no desempenho de cada um de seus Poderes, não consegue cumprir plenamente com sua função social, não inibe o fato de possuir "mecanismos indicados na própria Constituição Federal para auxiliá-lo nessa tarefa por meio dos Órgãos de Controle" (CHADID, 2018, p. 202).

A existência de um controle externo atuante colabora para o fortalecimento da Democracia e tem como uma das suas consequências a garantia dos direitos fundamentais, afinal os Tribunais de Contas podem atuar de forma a se tornar órgãos participativos e importantes "no desenvolvimento do país e na consolidação do Estado Social de Direito, que deve levar à sociedade a melhor e mais eficiente política pública possível, diante das possibilidades reais que o orçamento pode proporcionar" (CHADID, 2018, p. 194).

O controle administrativo tem, em sua essência, "a preocupação com a regular movimentação da máquina pública e as suas consequências, já que decorre das ações governamentais a dignificação da pessoa humana através das prestações mínimas existenciais pelo Estado" (CHADID, 2018, p. 195). Evidencia-se, portanto, a importância da boa atuação não só dos gestores públicos, visto que a má atuação dos órgãos responsáveis pelo controle administrativo também tem potencial para atingir a estrutura política do País e, com isso, afetar a adoção de políticas que visam garantir o mínimo existencial à população.

Em que pesem as atribuições dos Tribunais de Contas vincularem-se, na maioria dos casos, ao controle posterior de atos de gestão da Administração Direta e Indireta, tendo por foco a análise dos aspectos de legalidade e regularidade dos atos administrativos executivos, também lhes cabe, evidente que de forma mais contida, atuar preventivamente,

> "como no caso do confronto das propostas das Leis Orçamentárias aos princípios norteadores da Administração Pública (...). Vale lembrar, que nos paradigmas atuais, não cabe aos Tribunais de Contas a verificação apenas da legalidade formal do ato. O grande desafio é superar a barreira da legalidade para aferir se o ato do administrador guarda conformidade com os princípios norteadores da administração" (CHADID, 2018, p. 196).

Nesse aspecto, pode-se inserir a auditoria operacional, entendida pelo Tribunal de Contas da União (TCU) como o procedimento

> de coleta e análise sistemáticas de informações sobre características, processos e resultados de um programa, atividade ou organização, com base em critérios fundamentados, com o objetivo de aferir o desempenho da gestão

governamental, subsidiar os mecanismos de responsabilização por desempenho e contribuir para aperfeiçoar a gestão pública[8].

Busca-se, com ela, a racionalidade tanto nas despesas quanto nas prioridades da coletividade, além do melhor custo-benefício, de forma a se obter economicidade e eficiência na gestão dos recursos públicos.

Na Constituição Federal de 1988, vale reforçar, os artigos 70 e 71 concentram em seus textos o cerne das competências dos Tribunais de Contas, órgãos que exercem a função de auxílio no cumprimento das demandas sociais e das execuções dos programas governamentais. Além disso,

> fazem a defesa do indivíduo, do patrimônio público, dos valores sociais, por meio de mecanismos que procuram incrementar a transparência na gestão, combater o desperdício e a corrupção, e detectam e impõem a correção dos rumos de implementação/consolidação de políticas públicas que possam concretizar benefícios à sociedade (CHADID, 2018, p. 202).

Os Tribunais de Contas, cujas competências são extraídas diretamente do Texto Maior, exercem o controle externo da administração pública por meio de fiscalização contábil, financeira, orçamentária, operacional e patrimonial, indo além do aspecto da legalidade, já que também analisam "os critérios da legitimidade e da economicidade, nos termos do artigo 70 do Magno Texto Federal" (LYRA, 2017, p. 322). Com o advento da Emenda Constitucional n. 19, de 4 de junho de 1998, ao acrescer, entre os princípios da administração pública que constam no art. 37 da CF/1988, o princípio da "eficiência", consolidou-se a legitimidade de a fiscalização alcançar níveis ainda maiores, ampliando a possibilidade de atuar em busca da concretização dos direitos fundamentais.

> Dentre essas atribuições fiscalizatórias das Cortes de Contas, um novo papel tem sido assumido por esses Tribunais, em nítida defesa da implementação dos direitos fundamentais, em especial por meio de um tipo específico de fiscalização, a auditoria operacional, também conhecida como a auditoria

[8] *Vide* https://portal.tcu.gov.br/controle-externo/normas-e-orientacoes/normas-de-fiscalizacao/auditoria-operacional.htm. Acesso em: 22 fev. 2022.

> dos três "e", porque ela investiga a eficácia, a eficiência e a efetividade das políticas públicas (LYRA, 2017, p. 322).

Os Tribunais de Contas, além da função de fiscalização, detêm o poder de determinar a correção dos atos públicos que acarretem prejuízo ou má aplicação do Erário, buscando atender ao critério da economicidade, que consiste, principalmente, na minimização dos custos dos recursos utilizados na consecução de uma atividade, sem comprometimento dos padrões de qualidade. E para que a economicidade seja um fato, o Controle Externo deve também atuar de maneira preventiva e concomitante, orientando e corrigindo eventuais equívocos que impedem o desenvolvimento das Políticas Públicas.

Nesse sentido,

> a interpretação dos arts. 70 e 71 da Constituição Federal de 1998 e das Constituições Estaduais e Leis Orgânicas Municipais reclamam dos Tribunais de Contas o desenvolvimento de uma atividade que assegure o cumprimento de sua função social, superando o controle meramente formal e documental, e passando a se ocupar da gestão administrativa, pois somente essa abrangência é capaz de se fazer compreender e controlar a eficiência dos atos de Administração Pública e, por consequência direta, da eficiência na implantação, manutenção e desenvolvimento das Políticas Públicas e devem levar à paz social e à satisfação das necessidades da população, não apenas de maneira mínima, mas satisfatória para se fazer cumprir o fundamento da dignidade da pessoa humana (CHADID, 2018, p. 208).

4.3. Direitos fundamentais na atuação dos Tribunais de Contas

A partir do momento em que se reconheceu que o indivíduo antes possui direitos e, depois, deveres perante o Estado, os direitos fundamentais ganharam destaque. Lembre-se de que direitos fundamentais são aqueles em geral atribuídos à pessoa humana, reconhecidos e positivados pela Constituição de determinado Estado. Podem ser considerados, portanto, como sendo os direitos humanos positivados em um dado texto constitucional, o que os caracterizam como territoriais.

A atual Constituição brasileira, em sintonia com a tendência dominante, considerou os direitos e as garantias fundamentais como gênero, que abarca as diversas espécies de direitos, mais precisamente, como consta no Título II, os direitos e deveres individuais e coletivos, os direitos sociais (inclusos os dos trabalhadores), direitos de nacionalidade e os direitos políticos, que abrangem os partidos políticos.

Sarlet, Marinoni e Mitidiero (2021, p. 258) consideram que os princípios fundamentais, na "condição de espécie das normas constitucionais, são dotados (...) de eficácia e aplicabilidade, sendo normas jurídicas vinculativas".

No aspecto subjetivo, os direitos fundamentais correspondem à exigência de uma ação negativa ou positiva de outrem, estando atrelados à noção de direitos subjetivos atribuídos ao indivíduo enquanto pessoa. Quanto à perspectiva objetiva, resulta do significado dos direitos fundamentais como princípios básicos da ordem constitucional, sendo responsáveis por direcionar ações positivas dos poderes públicos, funcionando como limite do poder e participando da essência do Estado Democrático Social de Direito.

A dimensão objetiva permite entender os direitos fundamentais além da perspectiva individualista, legitimando a possibilidade de restrição aos direitos subjetivos individuais, sempre em benefício dos seus próprios titulares ou de outros bens constitucionalmente valiosos. Os direitos fundamentais, portanto, formam a base do ordenamento jurídico de um Estado democrático, indo além das garantias individuais, já que pautam os valores básicos da sociedade política, expandindo-se para todo o direito positivo.

Enquanto deveres atribuídos ao Estado para com o particular, os direitos fundamentais, tanto quando exigem a não intervenção daquele na esfera de liberdade dos indivíduos, quanto no sentido de postulados de proteção, possuem uma eficácia vertical, regulando as relações entre os Poderes Públicos e as pessoas. Nesse sentido, Jellinek (1912, p. 92 e ss.) reconheceu três espécies de direitos fundamentais: de defesa, de participação e prestacionais. Quanto a estes últimos, são aqueles que exigem do Estado atuação positiva, prestações jurídicas e materiais, como segurança, saúde e educação. E nesse sentido a relevância dos direitos fundamentais no Estado Democrático e Social de Direito é incontestável.

Portanto, como titular dos direitos fundamentais, os cidadãos devem ter sua dignidade respeitada pelo Estado e demais concidadãos em sentido amplo. A cidadania, além de ser um vínculo político que gera para o nacional deveres e direitos políticos, uma vez que o liga ao Estado, também requer as participações jurídico-moral, social e econômica, ao garantir a proteção da dignidade, a realização da autonomia e a possibilidade de produzir e usufruir dos recursos socialmente produzidos.

Há de ir-se além da garantia dos direitos fundamentais, buscando tornar efetiva sua implantação na sociedade como um todo. Não basta ter tais direitos declarados e formalmente assegurados, se ainda não são efetivamente usufruídos, em sua plenitude, pelo povo, detentor primário desses direitos. É aqui que entram os órgãos de Controle Externo, afinal

> (...) os Tribunais de Contas têm um papel fundamental a exercer, posto que a implementação efetiva de quaisquer direitos demanda gastos públicos a serem aplicados por meio de políticas públicas, cujos gestores devem prestar contas àquelas Cortes, as quais devem analisar e julgar tais contas, bem como têm a competência constitucional de fiscalizar as políticas públicas, inclusive, de forma concomitante, vislumbrando sua efetividade (LYRA, 2017, p. 332).

Podem os Tribunais de Contas atuar como verdadeiros instrumentos de cidadania, utilizando-se das chamadas auditorias operacionais, previstas tanto no *caput* do artigo 70[9] quanto no inciso IV do artigo 71 da CF/1988[10], em busca da efetiva concretização dos direitos fundamentais, ao exigirem a otimização dos recursos auditados, mediante análise das

[9] "Art. 70. A fiscalização contábil, financeira, orçamentária, operacional e patrimonial da União e das entidades da administração direta e indireta, quanto à legalidade, legitimidade, economicidade, aplicação das subvenções e renúncia de receitas, será exercida pelo Congresso Nacional, mediante controle externo, e pelo sistema de controle interno de cada Poder."

[10] "Art. 71. O controle externo, a cargo do Congresso Nacional, será exercido com o auxílio do Tribunal de Contas da União, ao qual compete:

(...);

IV – realizar, por iniciativa própria, da Câmara dos Deputados, do Senado Federal, de Comissão técnica ou de inquérito, inspeções e auditorias de natureza contábil, financeira, orçamentária, operacional e patrimonial, nas unidades administrativas dos Poderes Legislativo, Executivo e Judiciário, e demais entidades referidas no inciso II;

atividades fiscalizadas quanto aos critérios da eficiência, eficácia e da economicidade (ORIÁ FILHO, 2009, p. 197). Afinal, tais auditorias estão em consonância com o previsto no *caput* do art. 37 da CF/1988, ou seja, reger-se-ão, no âmbito administrativo, sob o primado da impessoalidade, moralidade, publicidade e eficiência (BRITTO, 2017).

5. A Contribuição da Auditoria Operacional para a Consecução dos Direitos Fundamentais

5.1. A auditoria operacional

Reconhecido como princípio fundamental da Administração Pública, o Controle pode ser definido como "conjunto de mecanismos jurídicos e administrativos por meio dos quais se exerce o poder de fiscalização e de revisão da atividade administrativa em qualquer das esferas de Poder" (CARVALHO FILHO, 2012, p. 929).

Neste item será abordada uma modalidade específica de fiscalização, que é a auditoria operacional, conceituada pelo Tribunal de Contas da União (TCU) como

> o exame independente, objetivo e confiável que analisa se empreendimentos, sistemas, operações, programas, atividades ou organizações do governo estão funcionando de acordo com os princípios de economicidade, eficiência, eficácia e efetividade e se há espaço para aperfeiçoamento (ISSAI 3000/17) (TCU, 2020, p. 14).

Saliente-se que a auditoria aqui tratada pode, em um mesmo trabalho, examinar um ou mais dos princípios que constam na definição trazida a lume neste parágrafo.

> A AO [Auditoria Operacional] surge como instrumento de avaliação sistemática de atividades, programas, projetos, órgãos, entidades e sistemas governamentais, e constitui-se em ferramenta essencial para uma boa administração, afinal, ultrapassa a fronteira de análise dos aspectos contábeis, orçamentários, financeiros e patrimoniais, incluindo em sua análise as dimensões de eficiência, eficácia, economicidade e efetividade (ARAÚJO, 2008, p. 24).

Apesar de, como aponta Oriá Filho (2009, p. 199), essa modalidade de auditoria possuir diversas denominações na doutrina (auditoria de desempenho; auditoria dos três "e"; auditoria de otimização de recursos; auditoria de eficácia ou de resultados; auditoria de custo-benefício; auditoria de economia e eficiência; auditoria de eficácia ou de resultados; auditoria de efetividade; auditoria de gestão; auditoria de performance etc.), optou-se por utilizar a denominação que atualmente é a mais comum, ou seja, auditoria operacional.

Suas principais características podem se assim delineadas:

> a) É uma modalidade de Auditoria; b) Compreende um exame e avaliação abrangente das operações, procedimentos e/ou atividades de uma organização; c) Procura confrontar as situações atuais da organização com o que dela é esperado ou determinado, pelas normas e políticas internas e/ou externas; d) Utiliza técnicas e métodos específicos, através de profissionais especializados; e) Age independentemente, direcionada para se alcançar maior economia, eficiência e eficácia na gestão operativa da organização; f) Assessora a Administração da entidade, com a apresentação de relatório, contendo comentários e recomendações para a solução ou minimização dos problemas, deficiências, falhas e/ou riscos encontrados (ORIÁ FILHO, 2009, p. 199).

A auditoria operacional tem como principal objetivo contribuir para a melhoria da gestão pública, ao analisar os quesitos economia, eficiência, eficácia e efetividade. O papel do auditor é avaliar o desempenho, a partir de uma abordagem que tem como pano de fundo as ciências sociais e a análise das políticas públicas adotadas, usando como critérios normas legais, boas práticas, valores profissionais, modelos e experiências que tenham relação com o objeto a ser auditado. Ressalte-se que também é possível a realização de auditorias que combinem, em um mesmo trabalho, aspectos operacionais, financeiros e de conformidade (ISSAI 100/23). No TCU, quando ocorre tal combinação, recebe o nome de auditoria integrada.

> As auditorias operacionais possuem características próprias que as distinguem dos outros tipos de auditoria. Ao contrário das auditorias de confor-

midade e financeiras, que adotam padrões relativamente fixos, as auditorias operacionais, devido à variedade e complexidade das questões tratadas, possuem maior flexibilidade na escolha de temas, objetos de auditoria, métodos de trabalho e forma de comunicar as conclusões de auditoria. Empregam ampla seleção de métodos de avaliação e investigação de diferentes áreas do conhecimento, em especial das ciências sociais. Além disso, esse tipo de auditoria requer do auditor flexibilidade, imaginação e capacidade analítica (TCU, 2020, p. 20).

Com foco na economicidade[11] e na eficiência[12], as auditorias operacionais devem "contribuir para garantir o atendimento das necessidades do cidadão, tendo como base a melhoria da gestão pública e dos serviços prestados, focando nos resultados, bem como no exercício de um controle capaz de promover e incentivar boas práticas de gestão, inclusive a inovação, tendo, portanto, um caráter corretivo, em vez de apenas punitivo" (CLEMENTE e CRUZ, 2019, p. 126).

Os relatórios de auditoria operacional podem variar consideravelmente em escopo e natureza, informando, por exemplo, sobre a adequada aplicação dos recursos, sobre o impacto de políticas e programas e propondo mudanças destinadas a aperfeiçoar a gestão. Pela sua natureza, as auditorias operacionais são mais abertas a julgamentos e interpretações e seus relatórios, consequentemente, são mais analíticos e argumentativos (TCU, 2020, p. 20).

5.2. A auditoria operacional e os direitos fundamentais

Ao se realizar a auditoria operacional, os auditores devem "considerar a materialidade em todas as fases do processo de auditoria, incluindo

[11] "A economicidade é a minimização dos custos dos recursos utilizados na consecução de uma atividade, sem comprometimento dos padrões de qualidade (GUID 3910/38). Os recursos usados devem estar disponíveis tempestivamente, em quantidade suficiente, na qualidade apropriada e com o melhor preço (ISSAI 300/11). Refere-se à capacidade de uma organização gerir adequadamente os recursos financeiros colocados à sua disposição" (TCU, 2020, p. 16).

[12] "A eficiência é definida como a relação entre os produtos (bens e serviços) gerados por uma atividade e os custos dos insumos empregados para produzi-los, em um determinado período, mantidos os padrões de qualidade" (TCU, 2020, p. 17).

os aspectos financeiros, sociais e políticos do objeto, com o objetivo de agregar tanto valor quanto seja possível" (TCU, 2020, p. 47). No relatório conclusivo deve-se buscar agregar valor significativo para a área auditada, principalmente àquelas que têm por base os direitos fundamentais sociais, como saúde e educação. Segundo o TCU, as seguintes situações são indicativas de que foram produzidos novos conhecimentos e perspectivas sobre o objeto da auditoria:

> a. discussão sobre nova política pública ou mudança significativa na implementação de programa ou organização de ente governamental;
> b. identificação de lacunas, incoerências, intersecções, fragmentação, sobreposição ou duplicação de ações e/ou competências dos atores envolvidos, por meio de visão do governo como um todo sobre o objeto de auditoria;
> c. surgimento de novas ou urgentes atividades ou mudanças de situação;
> d. escassez de auditorias anteriores ou trabalhos de outros órgãos de pesquisa ou de controle sobre o objeto de auditoria;
> e. pouco conhecimento sobre a relação de causa e efeito entre a ação de governo e a solução de problemas (TCU, 2020, p. 47).

A Entidade de Fiscalização Superior (EFS) dos respectivos Tribunais de Contas deve garantir que a equipe de auditoria possua, coletivamente, a competência profissional necessária para realizar a auditoria estabelecida (ISSAI 3000/63). Afinal, é um trabalho de equipe, não sendo recomendável sua realização por um único auditor. Especialmente nas auditorias operacionais, espera-se que a equipe possua sólidos conhecimentos em ciências sociais, políticas públicas, administração pública, técnicas de investigação e avaliação quantitativa e qualitativa, em projetos e metodologia de pesquisa e técnicas de coleta e análise de dados (ISSAI 300/30) (TCU, 2020, p. 37).

O TCU há décadas utiliza-se das auditorias operacionais de forma sistematizada, inclusive com elaboração de manual específico sobre o tema, sistematicamente atualizado, com a última edição tendo sido lançada em 2020. Como aponta Lyra (2017, p. 338-339),

> os Tribunais de Contas de todo o país, não apenas o TCU, atuam ou deveriam atuar por meio das auditorias operacionais que, ao avaliar as políticas

públicas utilizando-se como parâmetro diversos critérios de desempenho, tais como economicidade, eficiência, eficácia e efetividade, possibilitam melhorias na qualidade e no desempenho das políticas públicas, o que direta ou mesmo indiretamente influencia positivamente no avanço da implementação dos direitos fundamentais já amplamente declarados e garantidos pelo nosso Magno Texto Federal.

A maioria das Cortes de Contas do País têm implantado, no âmbito de suas competências, e de forma estruturada, a auditoria operacional, como foi o caso do "Tribunal de Contas do Estado do Ceará (TCE/CE), que em dezembro de 2015 também aderiu a tal modalidade de auditoria" (LYRA, 2017, p. 337).

No caso específico do Tribunal de Contas do Município de São Paulo (TCMSP), há estudos que apontam que realiza a auditoria operacional desde 1998:

> No âmbito do Município de São Paulo foi encontrada apenas uma dissertação intitulada **O Descompasso entre os Modelos de Gestão e Controle na Prefeitura de São Paulo**: Um Estudo Exploratório, de Alves e Homerin (2016), que identifica a realização, nos anos de 1998, 2003 e 2010, respectivamente, de 390, 48 e 23 auditorias, das quais quatro, 14 e nenhuma foram auditorias operacionais.
> (...)
> Contudo, ainda que não existam bibliografias específicas que tratem da AO em âmbito do TCM-SP, foi possível concluir que o estudo de Alves e Homerin (2016) aponta para o fato de que o TCM-SP realiza AOs pelo menos desde 1998 (CLEMENTE e CRUZ, 2019, p. 132).

Entretanto, foi só por intermédio da Resolução 14/2019[13] que o TCMSP disciplinou a realização de auditorias operacionais – AOs no seu âmbito, dispondo, em seu art. 1º, que têm elas

[13] *Vide* https://portal.tcm.sp.gov.br/Pagina/18932. Acesso em: 2 mar. 2022.

(...) por finalidade a verificação, o acompanhamento e a avaliação da gestão das unidades da Administração Pública Municipal, das políticas públicas, dos programas governamentais, bem como das ações realizadas pela iniciativa privada sob delegação, contrato de gestão ou congênere, quanto aos aspectos da economicidade, eficiência, eficácia e efetividade, entre outros (...).

E se encontra disposto no art. 3º, parágrafo único:

Art. 3º O planejamento anual das auditorias operacionais será compatibilizado com as diretrizes gerais para elaboração do Plano Anual de Fiscalização e orientado por critérios de seleção previamente definidos.
Parágrafo único. Na seleção das auditorias, serão considerados critérios para análise da viabilidade de realização, **da relevância social**, econômica, ambiental e/ou técnica dos assuntos a serem abordados, da oportunidade de execução dos trabalhos, materialidade dos recursos envolvidos, agregação de valor em termos de novos conhecimentos e vulnerabilidade a risco inerente às atividades envolvidas na consecução dos objetivos dos órgãos, entidades e programas governamentais (grifo nosso).

Em demanda junto à Ouvidoria do TCMSP (número de atendimento: 20220031), foi solicitado, no dia 21 de fevereiro de 2022, que informassem quantas e quais auditorias operacionais foram realizadas no âmbito do Tribunal desde o advento da Resolução 14/2019. Em resposta, encaminhada por e-mail no dia 23 de fevereiro de 2022, informaram que apenas 4 (quatro) AOs haviam sido realizadas desde então, visto que apenas uma delas havia sido finalizada, nos seguintes termos:

Em resposta a solicitação de V.Sa., sobre Auditorias Operacionais desde a Resolução n. 14/2019, informamos a existência dos TC's abaixo descritos:

TC 011505/2019

Relator: Conselheiro Eduardo Tuma.

Objeto: Operacional – Aquisição, estoque, fluxo de distribuição e controle de medicamentos da rede municipal de saúde. (Auditoria Operacional de Medicamentos- PAF/2019).

Relatório Consolidado pela Coordenadoria IV, localizado atualmente na Assessoria Jurídica de Controle Externo, **sem julgamento.**

TC 012803/2019

Relator: Conselheiro Maurício Faria.

Objeto: Operacional – P.A.N.E.L.A. – Programa de alimentação e nutrição escolar limitado à auditoria.

Relatório Consolidado pela Coordenadoria II, localizado atualmente na Unidade Técnica de Cartório, Cadastro e Arquivo, cuja peça decisória do processo foi publicada na ata da 3.131ª S.O. (DOC de 15/04/2021, à página 82).

TC 005872/2019

Relator: Conselheiro Domingos Dissei.

Objeto: Operacional – Conhecer a dinâmica do sistema semafórico e avaliar as causas de falhas que prejudicam a segurança e fluidez no trânsito.

Relatório Consolidado pela Coordenadoria V, localizado atualmente na Unidade Técnica de Pauta Pleno, **sem julgamento.**

TC 015737/2020

Relator: Conselheiro Domingos Dissei.

Objeto: Meio Ambiente – Ocupações irregulares em áreas proteção ambiental ou em desconformidade com o Plano Diretor da cidade de São Paulo.

Em instrução, localizado atualmente no Gabinete do Relator, **sem julgamento.**

Das 4 (quatro) auditorias operacionais informadas, algumas conclusões podem ser retiradas, como o fato de que 3 (três) delas tiveram início em 2019 e apenas uma em 2020, visto que em 2021 e no início de 2022 nenhuma AO foi instaurada. Em comum está o fato que todas elas tratam de direitos fundamentais, mais precisamente: saúde (aquisição, estoque, fluxo de distribuição e controle de medicamentos da rede municipal de saúde); alimentação saudável (programa de alimentação e nutrição escolar limitado à auditoria); segurança (conhecer a dinâmica do sistema semafórico e avaliar as causas de falhas que prejudicam a segurança e fluidez no trânsito); e meio ambiente (ocupações irregulares em áreas de proteção ambiental ou em desconformidade com o Plano Diretor da cidade de São Paulo).

Clemente e Cruz (2019) abordaram a atuação do TCMSP exatamente no quesito das auditorias operacionais, e destacaram a "importância e o papel do TCMSP no fortalecimento da *accountability*, como ator importante na defesa do interesse público, na medida em que deve fiscalizar o dinheiro público e informar a população sobre a qualidade, os resultados e os impactos gerados pela atividade governamental" (2019, p. 126). Afirmaram ainda que as auditorias operacionais deviam ser aprimoradas, "para fornecer informações fidedignas a respeito do desempenho e dos resultados da gestão, que de fato contribuam para o atendimento das necessidades dos cidadãos, na medida em que consequentemente sejam capazes de fortalecer as instituições democráticas" (2019, p. 126).

Entretanto, desde o advento da Resolução 19/2019, verifica-se que a instauração de auditorias operacionais no TCMSP poderia ter sido de maior relevo, ampliando, dessa forma, a sua capacidade de fomentar a concretização dos direitos fundamentais e o alcance de sua atuação, em consonância com a função social que lhe cabe.

Conclusões

Evidenciou-se que o aperfeiçoamento da fiscalização, por meio de auditorias operacionais, é necessário para aprimorar a gestão pública, na medida em que pode subsidiar os mecanismos de responsabilização por desempenho e resultados, com capacidade de fortalecer as instituições democráticas.

Tendo em vista que a auditoria operacional objetiva contribuir para a melhoria da gestão pública, os Tribunais de Contas têm papel fundamental a exercer, haja vista que para tornar efetivos os direitos fundamentais, via políticas públicas, há gastos que devem ser analisados e julgados por aqueles, que possuem a competência constitucional de fiscalizá-las, inclusive, de forma concomitante, em busca da efetividade, além de considerar os aspectos financeiros, sociais e políticos do objeto em análise, com o intuito de agregar o máximo de valor possível.

Considerando-se que também cabe aos Tribunais de Contas, evidente que de forma mais moderada, atuar de forma preventiva, as auditorias operacionais são campos férteis para que atuem colaborativamente no fortalecimento da Democracia, que tem como uma das suas principais consequências a garantia dos direitos fundamentais, garantindo, de forma prática, esta que é uma das suas funções sociais.

Afinal, para que os cidadãos tenham a dignidade respeitada em sua inteireza, não basta que se garantam juridicamente os direitos fundamentais, sendo imprescindível a efetividade de sua implantação na sociedade como um todo. Nesse contexto, a auditoria operacional é ferramenta que serve exatamente para essa tarefa, apesar de ainda não ser plenamente por todos os nossos Tribunais de Contas.

Referências

ARAÚJO, Inaldo da Paixão Santos Araújo. **Introdução à Auditoria Operacional.** 4. ed. Rio de Janeiro: Editora FGV, 2008.

BARROSO, Luís Roberto. O começo da história: a nova interpretação constitucional e o papel dos princípios no direito brasileiro. In: **Direitos humanos e Globalização: fundamentos e possibilidades desde a teoria crítica**. Rio de Janeiro: Lumen Juris, p. 293-336, 2004.

BRITTO, Carlos Ayres. O regime constitucional dos Tribunais de Contas. **Fórum**, Belo Horizonte, 11 set. 2017. Disponível em: https://www.editoraforum.com.br/noticias/o-regime-constitucional-dos-tribunais-de-contas-ayres-britto/. Acesso em: 10 mar. 2022.

CAMARGO, Bibiana Helena Freitas. Abordagem constitucional dos tribunais de contas: uma análise acerca da evolução de suas competências para alcance da avaliação qualitativa. **Revista Controle: Doutrinas e artigos**, Fortaleza, v. 18, n. 1, p. 342-376, 2020.

CARVALHO FILHO, José dos Santos. **Manual de direito administrativo**. 25. ed. São Paulo: Atlas, 2012.

CHADID, Ronaldo. A função social dos tribunais de contas no Brasil na ordem constitucional. **Revista Brasileira de Filosofia do Direito**, Salvador, v. 4, n. 1, p. 193 – 221, jan./ jun. 2018.

CLEMENTE, Fernando Fernandes; CRUZ, Maria do Carmo M. Toledo. Auditorias Operacionais: uma análise da atuação do Tribunal de Contas do Município de São Paulo. **Revista Parlamento e Sociedade**, São Paulo, v. 7, n. 12, p. 119-146, jan./jun. 2019.

DINIZ, Gleison Mendonça; MUNIZ JÚNIOR, Juraci. **A contribuição da auditoria operacional executada nos tribunais de contas para as boas práticas de governança**. Extraído de: http://www.mp.ce.gov.br/ESMP/publicacoes/Edital-02-2013/Artigos/02-Gleison.Mendonca.Diniz.pdf. Acesso em: 25 jan. 2022.

GOMES, André Silva. Controle da administração pública pelo Tribunal de Contas: limites materiais de suas decisões e extensão de suas atribuições constitucionais. **RPGE**, Porto Alegre, v. 37, n. 77, p. 61-92, 2016.

INSTITUTO RUI BARBOSA (IRB). **Normas brasileiras de auditoria do setor público (NBASP)**: nível dois – princípios fundamentais de auditoria do setor público. Belo Horizonte: IRB, 2017. Disponível em: https://irbcontas.org.br/wp-content/uploads/2020/04/irb-nbasp-nivel2.pdf. Acesso em: 10 fev. 2022.

JELLINEK, Georg. **Sistema dei diritti pubblici subbiettivi**. Milão: Società Edtrice Libraria, 1912.

LEMOS, José Fernandes de. A importância do Tribunal de Contas para a gestão pública. **Revista TCE-PE**, Fortaleza, v. 18, n. 18, p. 19-23 jun. 2011.

LYRA, Lorena. Proteção dos direitos fundamentais pelos Tribunais de Contas. **Revista Controle: Doutrinas e artigos**, Fortaleza, v. 15, n. 2, p. 320-343, 2017.

MEDAUAR, Odete. **Controle da Administração Pública**. 4. ed. Belo Horizonte: Fórum, 2020.

MOREIRA NETO, D. de F. (2001). Algumas notas sobre órgãos constitucionalmente autônomos (Um estudo de caso sobre os Tribunais de Contas no Brasil). **Revista De Direito Administrativo**, *223*, 01–24. https://doi.org/10.12660/rda.v223.2001.48309.

MORINI, Fernando Celso; CARVALHO, Jorge de; e LIMA, João Roberto Fernandes de. O Tribunal de Contas do Município de São Paulo e o exercício do controle externo: um olhar para o futuro. **Estadão Blogs** – Gestão, Política & Sociedade, 15 jun. 2020. Disponível em: https://politica.estadao.com.br/blogs/gestao-politica-e-sociedade/o-tribunal-de-contas-do-municipio-de-sao-paulo-e-o-exercicio-do-controle-externo-um-olhar-para-o-futuro/. Acesso em: 14 mar. 2022.

ORIÁ FILHO, Humberto Ferreira. Auditoria Operacional: Um Enfoque Multidisciplinar. **Revista Controle – Doutrina e Artigos**, Fortaleza, v. 7, n. 1, 2009, p. 197-210. DOI:10.32586/rcda.v7i1.288.

—. MOREIRA NETO, Diogo de Figueiredo; SOUSA, Alfredo José de; CASTRO, Flavio Regis Xavier de M. et al. **O novo tribunal de contas: órgão protetor dos direitos fundamentais**. 3. ed. Belo Horizonte: Fórum, 2005, p. 60-61.

PAIXÃO, Judite Cavaleiro. Fontes do Tribunal de Contas de Portugal para a história do Brasil Colônia. **Acervo – Revista do Arquivo Nacional**, v. 10, n. 1, p. 57-70, 3 jan. 2012.

RODRIGUES, Ricardo Schneider. O jeito na cultura jurídica Brasileira e os tribunais de contas. **REDES – Revista Eletrônica Direito e Sociedade**, Canoas, v. 2, n. 2, p. 87-104, nov. 2014.

ROSSI, Amélia Sampaio. **Neoconstitucionalismo e direitos fundamentais**. 2008. Disponível em: http://www.publicadireito.com.br/conpedi/manaus/arquivos/anais/salvador/amelia_do_carmo_sampaio_rossi.pdf. Acesso em: 01 mar. 2022.

SARLET, Ingo Wolfgang; MARINONI, Luiz Guilherme; MITIDIERO, Daniel Francisco. **Curso de direito constitucional**. 10. ed. São Paulo: Saraiva, 2021.

SIMÕES, Edson. **A luta pela República e Democracia no Brasil** – do descobrimento à Revolução de 1930. Coleção Constituições e Democracia no Brasil e no Mundo – da antropofagia à autofagia. São Paulo: Almedina, 2022, v. 4.

SIMÕES, Edson. **Tribunais de Contas – controle externo das contas públicas**. São Paulo: Saraiva, 2014.

TRIBUNAL DE CONTAS DA UNIÃO (TCU). **Conhecendo o Tribunal**. 7. ed. Brasília: TCU, Seretaria-Geral da Presidência, 2019. Disponível em: https://portal.tcu.gov.br/data/files/68/51/91/D0/A741C710D79E7EB7F18818A8/Conhecendo_o_Tribunal%207aEd_WEB.pdf. Acesso em: 31 jan. 2022.

—. **Manual de auditoria operacional**. 4. ed. Brasília: TCU, Secretaria-Geral de Controle Externo (Segecex), 2020.

ZYMLER. Benjamin. **Direito administrativo e controle**. 3. ed. Belo Horizonte: Fórum, 2012.

CAPÍTULO 3
PLANO DIRETOR E LEGISLAÇÃO URBANA VIGENTES – IMPACTOS NO DESENVOLVIMENTO DA CIDADE DE SÃO PAULO COMO UMA *SMART CITY*

Beatriz Polizeli

1. Introdução

A cidade de São Paulo, ao longo da sua história, passou por importantes marcos regulatórios que ajudaram a moldar a sua atual estrutura urbana. Entre eles estão os Planos Diretores Estratégicos – PDEs, as Leis de Parcelamento, Uso e Ocupação do Solo, os Planos Regionais e os Códigos de Obras e Edificações.

Outro importante marco regulatório que não pode deixar de ser mencionado foi a promulgação do Estatuto da Cidade, Lei Federal n. 10.257/2001, que tornou obrigatória a adequação ou aprovação de Plano Diretor para cidades com mais de vinte mil habitantes.

A partir do Estatuto da Cidade, nasce o primeiro Plano Diretor Estratégico participativo da cidade de São Paulo, a Lei Municipal n. 13.430/2002. Antes do advento dessa inovação legislativa, encontrava-se em vigor a Lei n. 10.676, de 1988, que não trazia a riqueza das discussões públicas. Posteriormente, em 2004, houve a aprovação da Lei de Zoneamento, Lei n. 13.885/2004, e dos Planos Regionais Estratégicos no mesmo ano.

A mudança na legislação necessitava acompanhar a vocação da cidade de São Paulo, que já havia transitado de agrícola (cultivo de café em meados dos anos 1876 a 1910, quando ocorre o êxodo rural proporcionado pela crise cafeeira) para fabril (período a partir de 1930), alterando nas últimas décadas do século XX para a prestação de serviços. Como se observa, em pouco mais de 100 anos a cidade vivenciou mudanças consideráveis em sua vocação, por isso a necessidade de que as leis reflitam, sempre, a nova forma de morar e viver na cidade (CANO, 2007, p. 68).

Com grandes cidades surgindo, em sua grande parte de forma desordenada e até certo ponto excludente da classe menos abastada, o Estatuto da Cidade trouxe em sua essência o instrumento de "Função Social da Propriedade", que foi incorporado, por sua vez, ao Plano Diretor da cidade de São Paulo de 2002. Através de instrumentos urbanísticos, tais como Coeficiente de Aproveitamento mínimo do lote e IPTU progressivo, a legislação urbanística fez com que diversos lotes desocupados, e inúmeras áreas industriais abandonadas, fossem compelidos a dar nova destinação aos imóveis.

Em meio a um cenário de constante transformação da cidade e da necessidade de uma legislação urbanística que acompanhe esse desenvolvimento, o objetivo deste estudo é fazer uma reflexão mais ampla sobre as diferentes vertentes e inovações que o Plano Diretor de 2002 e de 2014 trouxeram e o que há de novo acontecendo ao redor do mundo, em termos de *Smart Cities*, que se pode tomar por base para favorecer o desenvolvimento urbano, tecnológico e sustentável da cidade de São Paulo, que está prestes a revisar o atual Plano Diretor, Lei n. 16.050/2014, principal instrumento de ordenação e planejamento da cidade. O momento é de extrema importância para incluir de forma prática e objetiva a direção que a cidade deve tomar nos próximos 7 anos para se tornar mais conectada, acessível e funcional, tendo como premissa a Sustentabilidade.

Pretende-se, portanto, estimular o diálogo sobre o impacto do Planejamento Urbano na Cidade de São Paulo e expor a importância das diretrizes do Plano Diretor e da Legislação Urbana vigente em direção aos avanços alcançados pelas *Smart Cities*. Pretende-se ainda versar sobre a importância da governança participativa e as contribuições que podem ser geradas a partir desse processo democrático, que traz à luz a realidade da cidade para as discussões em prol das melhorias necessárias.

Por fim, alude-se à contribuição do Tribunal de Contas do Município – TCMSP como Órgão de Controle Externo, para que as metas estabelecidas para a cidade, como planejadas, sejam cumpridas de forma satisfatória, sem desperdício de dinheiro público e de tempo. Nesse contexto, será abordado o trabalho que vem sendo desenvolvido pelo TCMSP por intermédio das "mesas técnicas", uma inovação em termos de método de trabalho, na medida em que o TCMSP tem desempenhado um papel de aproximar as Secretarias do Tribunal e antever problemas futuros, ganhando agilidade nos processos de contratação de serviços e otimização do investimento do poder público.

2. O "Legado" da Pandemia

O momento em que este capítulo foi escrito não pode deixar de ser contextualizado com o período histórico em que a sociedade atual se encontra. Nesta terceira década dos anos 2000 as vidas foram drasticamente afetadas pela pandemia da COVID-19, mesmo antes de ela ser oficialmente anunciada pela Organização Mundial da Saúde – OMS, no dia 11 de março de 2020. Isso posto, o enfoque sobre a organização, o planejamento e funcionamento da cidade guarda estrita conexão com o cenário pré e pós-pandemia.

No período "pré-COVID-19", a tecnologia já estava bastante presente na dinâmica da cidade, nos mais variados setores. Lojas, bancos, laboratórios, entre outros serviços, encontravam-se a um clique do celular, porém ainda como "opção" do cotidiano. Com a pandemia da COVID-19, segundo Priante (2021, p. 9 e 11), as pessoas foram forçadas a refletir como atrelar a tecnologia ao isolamento social e às novas regras de convivência:

> Como as cidades brasileiras podem responder aos desafios que os novos tempos lhes impõem? Como usar a tecnologia para interconectar a infraestrutura das cidades e impulsionar a capacidade humana de modo a melhorar as condições de vida de todos? Que tipo de educação deve preparar os cidadãos para as mudanças nos paradigmas de organização social, trabalho e produção? Como podem os nossos municípios, tão diversos entre si, encontrar seu próprio modelo de desenvolvimento urbano cooperativo, integrado, criativo, diversificado e sustentável?
>
> (...)
>
> A pandemia acelerou a transformação digital por que passam as cidades brasileiras na medida em que exigiu brusco estreitamento na relação entre as pessoas e os equipamentos tecnológicos. A imposição do distanciamento

> social para conter a disseminação do vírus transformou atividades essenciais da vida do brasileiro – como trabalhar, estudar, comprar, vender, cuidar da saúde, se informar e se divertir –, que passaram a ocorrer em ambiente virtual.
>
> (...)
>
> Por sua vez, as desigualdades sociais do nosso país tornaram-se ainda mais evidentes neste período. Milhões de pessoas sem acesso a água potável e saneamento básico estiveram mais vulneráveis à contaminação pelo novo coronavírus. Crianças sem acesso a Wi-Fi foram apartadas das aulas virtuais. O uso precário de transporte coletivo, em que predomina a aglomeração e a falta de ventilação, colocou em risco trabalhadores e suas famílias.

Com a pandemia, a tecnologia precisou acompanhar de forma rápida e eficaz a mudança quanto à forma de as pessoas se relacionarem entre si e com a cidade. A dinâmica do contato dos usuários com os mais variados serviços ofertados mudou de forma significativa. Um exemplo na prática foram as soluções alcançadas na área da saúde. A telemedicina tornou-se realidade do dia para a noite, e aplicativos como o e-saúde[1] foram essenciais para que as pessoas, quando possível, continuassem com seus tratamentos e consultas de forma remota. Pessoas com sintomas de Covid, sem necessidade de internação, podem ser consultadas à distância e orientadas de forma segura. Ademais, as estatísticas de vacinação da população são alimentadas quase em tempo real nos aplicativos, o que facilita o acesso a eventos públicos em que se exige o "passaporte da saúde", comprovante de vacina válido através de alguns aplicativos oficiais atrelados ao banco de dados da Secretaria Municipal da Saúde.

E em meio a tantos desafios que a pandemia trouxe, principalmente nos grandes centros urbanos onde há a maior concentração de pessoas, deve-se olhar com atenção a um dado estatístico importante: a Organização das Nações Unidas – ONU[2] prevê que cidades abriguem 70% da população mundial até 2050, e atualmente 55% da população vive

[1] Trata-se o e-saúde de plataforma da Saúde Paulistana da Secretaria Municipal da Saúde, que tem a implantação da telemedicina, do prontuário eletrônico e a integração dos dados clínicos dos cidadãos paulistanos.

[2] Dados extraídos do site https://news.un.org/pt/story/2019/02/1660701

em áreas urbanas. Essa projeção sugere que se deve, necessariamente, enfrentar os problemas urbanos de forma pragmática e célere.

Nesse cenário, desde a vigência do Plano Diretor Estratégico – PDE, Lei Municipal n. 16.050/2014, realizam-se diagnósticos, discussões temáticas e coleta de contribuições para dar continuidade ao processo de revisão que, aliás, está atrasado em relação ao que prevê a Lei, tendo em vista que deveria ter sido finalizado em 2021. Entre os assuntos mais discutidos, destaca-se o processo participativo dos cidadãos. Nesse sentido, apesar das dificuldades enfrentadas durante a pandemia, registre-se o "legado" das reuniões virtuais e híbridas para driblar o isolamento e permitir a continuidade dos trabalhos, ainda que à distância. Essa experiência replicada a audiências públicas tem feito com que o processo participativo não se "perca" tanto.

3. A Legislação Urbanística e a Cidade

O Plano Diretor Estratégico – PDE é o instrumento básico da política de desenvolvimento e de expansão urbana, conforme definido pela Constituição Federal de 1988, especificamente nos artigos 182 e 183.

Nos mencionados artigos, a Constituição traz instrumentos para que se cumpra a denominada Função Social da Propriedade, seja por intermédio de desapropriações, usucapião ou ainda IPTU progressivo, instrumentos estes presentes no Estatuto da Cidade, Lei n. 10.257/2001, e incorporados ao PDE de 2002 e 2014. O Estatuto estabelece as diretrizes gerais da política urbana e garante o direito à cidade como um dos direitos fundamentais da pessoa humana, para que todos tenham acesso às oportunidades que a vida urbana oferece (CEDES, 2021, p. 98).

Atualmente, a cidade de São Paulo está passando pela revisão do seu atual Plano Diretor Estratégico (PDE), Lei n. 16.050/2014, conforme previsto em seu artigo 4º:

> Art. 4º Os objetivos previstos neste Plano Diretor devem ser alcançados até 2029.
>
> Parágrafo único. O Executivo deverá encaminhar à Câmara Municipal proposta de revisão deste Plano Diretor, a ser elaborada de forma participativa, em 2021.

Cabe mencionar que o PDE-2004 foi o primeiro PDE participativo da cidade de São Paulo, conforme descrito pelo arquiteto e urbanista Jorge Wilheim (SEMPLA, 2004):

> São Paulo teve seu primeiro Plano Diretor aprovado em 1971 e não foi um documento originado de debate democrático: naquele tempo de regime militar, as câmaras aprovavam tudo o que o Executivo lhes enviava. Teve o segundo Plano em 1988, aprovado sem debate e por decurso de prazo.
>
> O Plano Diretor Estratégico de São Paulo (PDE) é o terceiro, e pode ser considerado um marco na história da metrópole, porque é fruto de elaboração, debate e aprovação democráticos. Fez-se depois da Constituição Federal de 1988, que ampliou os poderes dos municípios e consagrou a importância do Plano Diretor. Fez-se também depois da Constituição Estadual de 1989, da Lei Orgânica do Município de São Paulo de 1990 e do Estatuto da Cidade, Lei Federal de 2001.
>
> (...) Conforme prescreve a Constituição Federal, o Plano Diretor Estratégico do Município de São Paulo se apresenta verdadeiramente como um instrumento básico da política de desenvolvimento e de expansão urbana, prevendo o cumprimento da função social da propriedade.

Falando um pouco mais sobre o PDE vigente, PDE-2014, pode-se observar que ele trouxe alguns conceitos novos em relação ao anterior, de 2002. Entre eles, vale à pena destacar: ampliação das calçadas (alínea "a", inciso V, do art. 181; inciso X, do art. 241 da Lei 16.050/2014), para melhorar a qualidade do passeio público; fachada ativa (alínea "c", inciso VIII, do art. 23; inciso IV do art.176; e Quadro-1 da Lei 16.050/2014), que incentiva comércio no pavimento térreo dos edifícios; fruição pública (inciso IV do art. 13, alínea "b", inciso VIII, do art. 23; inciso II do art. 382 da Lei 16.050/2014), permeando os empreendimentos e facilitando a locomoção de pedestres entre os edifícios; e cota de solidariedade (Subseção IX, artigos 111 e 112 da Lei 16.050/2014), contrapartida exigida para empreendimentos com mais de 20.000 m^2 de área construída, destinada à construção de Habitação de Interesse Social. Estabeleceu, ainda, parcelamento compulsório para lotes maiores de 20.000 m^2 (inciso VII do art. 91 e § 8º do art. 96 da Lei 16.050/2014), resguardadas as exceções, mas evitando, assim, superquadras, que trazem insegurança para os bairros.

Nesse sentido, a Fachada Ativa também é um instrumento que traz mais segurança aos bairros, na medida em que, com mais pessoas transitando pelas ruas, incentivadas pelos comércios, são mais "olhos na cidade" em diferentes horários.

Em relação à Habitação de Interesse Social, o PDE-2014 trouxe grandes avanços, principalmente no tocante às Zonas Especiais de Interesse Social – ZEIS. Um bom exemplo é que antes, tendo um lote em ZEIS, o interessado poderia comprovar que havia edificação no lote, caracterizando uma reforma e, dessa forma, ser isento de atendimento naquele lote de habitação de interesse social. Com o novo PDE-2014, tendo em vista as experiências passadas, a exigência passou a ter uma linha de corte relacionada somente ao lote. Lotes maiores que 1.000 m^2, localizados em ZEIS (excetuado ZEIS-3, cuja linha de corte é de 500 m^2), devem atender aos percentuais mínimos estabelecidos em Lei para atendimento da Habitação de Interesse Social, claro que também ressalvadas algumas exceções (art. 55 da Lei n. 16.050/2014). Essa simples mudança gerou avanço e ganho para a produção habitacional.

Ainda em se tratando de HIS (Habitação de Interesse Social), houve a subdivisão do HIS em HIS-1 e HIS-2, abrangendo diferentes faixas de renda (HIS-1 abrange faixa de renda das famílias de 0 até 3 salários-mínimos; HIS-2 até 6 salários-mínimos – art. 46 da Lei 16.050/2014), e a obrigatoriedade, dentro das zonas ZEIS, de percentual mínimo para cada faixa de renda (Quadro 4 da Lei 16.050/2014). O PDE de 2002 só mencionava HIS e abrangia a faixa até 6 salários-mínimos, fazendo com que a faixa de renda mais baixa raramente fosse atendida.

Quanto a incentivos para implantação de HIS, o PDE-2014 propôs, também, não computar 20% da área destinada a usos não residenciais quando sujeita ao projeto de habitação de interesse social, incentivando assim a fachada ativa nos empreendimentos para a população de baixa renda (art. 57 e 60 da Lei n. 16.050/2014). No caso de empreendimentos de interesse social, a outorga onerosa do direito de construir permanece isenta (o Fator de Interesse Social é igual a 0, conforme quadro 5 da Lei n. 16.050/2014). Em empreendimentos de uso misto, aprovado, utilizando os benefícios da habitação de Interesse Social, só é permitida a emissão do Certificado de Conclusão, mais conhecido como "Habite-se", de outros usos, após a emissão do Certificado de Conclusão para as unidades de HIS, obrigando o empreendedor a finalizar prioritariamente as habitações sociais do projeto (art. 55 da Lei 16.050/2014).

Todos esses instrumentos supramencionados servem para demonstrar a importância do PDE como mecanismo de direcionamento dos recursos da cidade e de soluções nos mais variados setores a fim de ter uma cidade mais funcional e inclusiva.

No entanto, os instrumentos que o PDE traz como incentivos e novos conceitos só são passíveis de avaliação quando aplicados na prática. Daí a importância de um banco de dados bem consolidado com todos os tipos de documentos que estão sendo emitidos pela Prefeitura do Município de São Paulo – PMSP para saber o que está sendo produzido e quais conceitos estão colhendo bons frutos ao serem aplicados. O aperfeiçoamento da norma só é possível com sua aplicação e mediante a adoção de diagnósticos amparados em bancos de dados confiáveis e precisos.

A complexidade na aplicação da norma também deve ser considerada. Muitas vezes, acaba-se distorcendo o propósito desta, tendo em vista a aplicação conjunta com outros parâmetros e a associação de normas, o que só poderá ser percebido a longo prazo, após a promulgação e aplicação da Lei. Em termos práticos, o Plano Diretor é aplicado conjuntamente com a Lei de Parcelamento, Uso e Ocupação do Solo, Código de Obras e Edificações e Decretos Regulamentadores.

Toda essa legislação, somada no momento da análise técnica do projeto submetido a aprovação dos órgãos públicos competentes pela matéria, com tantas variáveis complexas, pode fazer com que a norma não atinja o seu objetivo final.

É interessante observar que o planejamento urbano ao longo da história acaba trazendo, em sua essência, os assuntos que permeiam o funcionamento das cidades em cada época. Para Ultramari e Silva (2017, p. 10), em que pese seu estudo ter levado em conta cidades de todo o Brasil, podem-se verificar as cinco expressões mais utilizadas por década e identificar uma homogeneidade no direcionamento do Planejamento Urbano. Nesse sentido, o gráfico a seguir é bem ilustrativo:

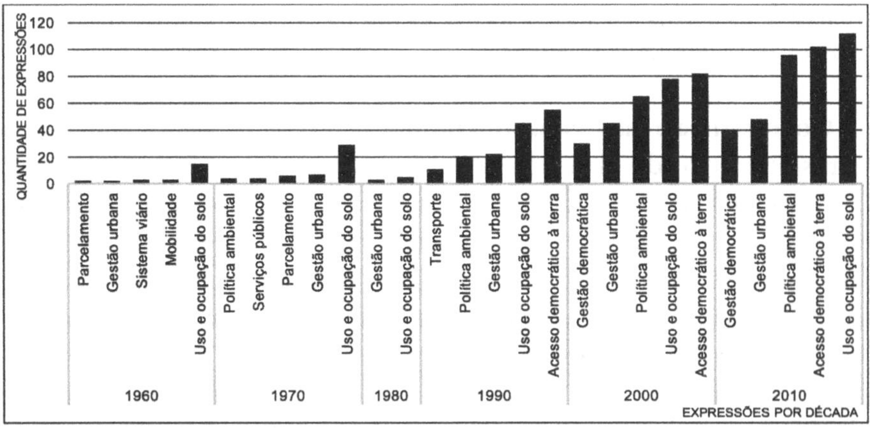

FONTE: elaborado pelo autor

Ultramari e Silva (2017, p. 12) analisam essas "expressões", e algumas conclusões são relevantes para uma reflexão mais específica no caso da cidade de São Paulo:

> A não consideração pelas leis dos planos diretores de questões emergentes ou outras consideradas relevantes para a "nova questão urbana" que ora se impõe significa críticas adicionais ao instrumento do plano diretor. A inexistência de uma preocupação financeira com aquilo que se quer ver implantado, por exemplo, pode confirmar, mais uma vez, o caráter de "discurso de ideias" dos planos diretores. De fato, na análise realizada, essa preocupação constitui uma quase inexistente parcela de prioridades. Do mesmo modo, a não inclusão de questões como a tecnologia, ou mesmo a inclusão digital, em prioridades urbanas, podem reiterar um anunciado anacronismo do instrumento plano diretor.

Vale à pena destacar que expressões como tecnologia, rede, conectividade, inclusão digital, entre outras, pertinentes a tecnologia, ainda não foram incorporadas em nenhum dos artigos do atual PDE, apesar de sua importância no contexto atual.

Diante do momento de revisão do PDE, cabe voltar o olhar um pouco para o que está sendo produzido em termos de literatura em relação aos

Planos Diretores em outras cidades e quais assuntos estão em alta no que diz respeito ao planejamento urbano.

4. Governança e Participação Popular

Em se tratando de planejamento urbano, a governança é instrumento fundamental para entender e atender as necessidades dos cidadãos. Com a governança, é possível reunir de forma prática e eficiente todos os dados existentes através de sistemas de tecnologia para interpretação de dados, diagnósticos precisos e propostas de melhorias nas mais diversas áreas em que atua o poder público.

O município de São Paulo, em termos populacionais, tem um grande desafio a ser enfrentado. Segundo estimativa do IBGE, em 2021 a população estava em torno de 12.396.372 habitantes[3], ou seja, uma densidade demográfica muita alta cujos problemas se revelam os mais variados e em proporções diversas. Por exemplo, a preocupante questão da mobilidade e da segmentação de bairros ainda existentes faz com que a cidade não consiga aproveitar todo o seu potencial.

Ao todo são 32 Subprefeituras no município de São Paulo[4], cada uma com característica própria, seja pela localização, pela concentração de serviços ofertados, pela predominância de área de proteção ambiental ou por áreas dotadas de infraestrutura, mas desabitadas dada a falta de incentivo e segurança, como no caso da Subprefeitura da Sé. São mundos distintos que convivem entre si, mas que merecem atenção e cuidado diferenciados no planejamento.

Com tantas diferenças e disparidades, a participação popular é de longe o que mais pode contribuir com informações das demandas específicas de cada região. A partir do envolvimento da sociedade, das lideranças políticas e da sociedade civil é possível fazer um diagnóstico mais pre-

[3] Dado extraído do *site* https://cidades.ibge.gov.br/brasil/sp/sao-paulo/panorama.

[4] Relação das 32 Subprefeituras: Aricanduva-Formosa-Carrão / Butantã / Campo Limpo / Capela do Socorro / Casa Verde / Cidade Ademar / Cidade Tiradentes / Ermelino Matarazzo / Freguesia-Brasilândia / Guaianazes / Ipiranga / Itaim Paulista / Itaquera / Jabaquara / Jaçanã-Tremembé / Lapa / M'Boi Mirim / Mooca / Parelheiros / Penha / Perus / Pinheiros / Pirituba-Jaraguá / Santana-Tucuruvi / Santo Amaro / São Mateus / São Miguel Paulista / Sapopemba / Sé / Vila Maria-Vila Guilherme / Vila Mariana / Vila Prudente.

ciso e detalhado das necessidades e particularidades de cada região para melhorar o direcionamento dos investimentos e melhorias necessárias.

O Centro de Estudos e Debates Estratégicos, o CEDES, em um estudo recente denominado "Cidades Inteligentes, uma abordagem humana e sustentável", apresenta importantes dados, reflexões e questões para o planejamento de uma cidade mais inteligente:

> (...) a governança pública tem sido encarada como uma das importantes questões que devem ser repensadas e reestruturadas dentro do paradigma de cidades inteligentes. Mais especificamente, diversos autores advogam para a tese de que uma cidade, para que possa ser considerada inteligente, deve ser capaz de utilizar os recursos tecnológicos existentes para colocar o cidadão e seus interesses e necessidades no centro de todas as iniciativas, sejam elas a formulação e implementação de políticas públicas, a concepção e execução de projetos de infraestrutura, a priorização de destinação de recursos financeiros, a forma de prestação de serviços etc. Por evidente, para que o cidadão seja verdadeiramente o centro das ações de governo, e para que seus interesses e necessidades sejam perseguidos, é imprescindível que a participação cidadã efetiva seja disponibilizada e estimulada. Essa participação, que sempre encontrou barreiras das mais diversas origens, passa a encontrar, na tecnologia, uma forma de superá-las, ampliando a conectividade e o alcance, tornando, assim, possível o tratamento dos mais diversos tipos de informação. Daí porque o conceito de cidades inteligentes envolve uma governança mediada pela tecnologia e pela participação cidadã (CEDES, 2021, p. 103).
>
> (...)
>
> Castelnovo (2019) apresenta a mesma visão. Para ele, conquanto as iniciativas de cidades inteligentes afirmem, de forma geral, que são centradas nos cidadãos, elas assumem, na realidade, uma postura que os considera principalmente – se não exclusivamente – usuários dos serviços ofertados pelas cidades. Nessa abordagem, a contribuição ativa dos cidadãos é simplesmente decidir pelo uso ou não uso dos serviços e dispositivos. Para o autor, a abordagem correta deve ser *bottom-up*, ou seja, orientada pela demanda, com foco nas pessoas, suas necessidades, prioridades e expectativas (CEDES, 2021, p. 106).

O estudo publicado pelo CEDES sobre *Smart Cities* faz uma proposição legislativa que veio a se tornar o projeto de lei PL 976-2021, referente à Política Nacional de Cidades Inteligentes, um importante passo para o Brasil como um todo.

5. Cidades Inteligentes (*Smart Cities*)

As denominadas "Cidades Inteligentes" (*Smart Cities*), em termos globais, nasceram da necessidade de se reunirem boas práticas das cidades ao redor do mundo sob a perspectiva da eficiência tecnológica, visando melhorar a qualidade de vida das pessoas. O CEDES propõe como conceito das cidades inteligentes:

> Cidade inteligente é o espaço urbano orientado para o investimento em capital humano e social, o desenvolvimento econômico sustentável e o uso de tecnologias disponíveis para aprimorar e interconectar os serviços e a infraestrutura das cidades, de modo inclusivo, participativo, transparente e inovador, com foco na elevação da qualidade de vida e do bem-estar dos cidadãos (CEDES, 2021, p. 21).

O termo *Smart Cities* ao redor do mundo está mais vinculado a tecnologia, porém essa acepção não funciona isoladamente. A tecnologia de nada adianta se não condizer com as demandas do planejamento urbano. Tecnologia e desenvolvimento urbano devem caminhar juntos.

Apesar do momento vivenciado durante a pandemia da COVID-19, em que foi reduzido o uso dos espaços públicos, e inúmeras pessoas acabaram se apoiando quase que totalmente na tecnologia para não precisar transitar pela cidade, essa realidade será transitória. Após dois anos de enfrentamento da pandemia, e com as medidas de restrição começando a ser abrandadas, percebe-se o quanto a população necessita de mais espaços de convivência. Também salta aos olhos a necessidade de otimizar ainda mais o tempo e direcioná-lo para o que realmente importa no dia a dia das pessoas. Para isso, é fundamental que haja espaços urbanos bem projetados, servidos de toda a infraestrutura necessária para o cotidiano e, o mais importante, que tudo isso seja construído junto com a população, para que as pessoas se apropriem da cidade e tenham prazer em "viver a cidade".

O CEDES (2021, p. 95) apresentou as seguintes reflexões sobre a temática:

Um dos pontos mais debatidos no assunto é o uso que se faz da cidade, ou seja, a utilização dos espaços e do território: como e para o quê é feita a sua ocupação. Há um certo consenso de que a diversificação do uso dos espaços dentro de uma mesma zona está intimamente ligada à sustentabilidade. Isso porque se o planejamento urbano priorizar certos modelos de ocupação, e se tivermos as funções principais do espaço urbano, tais como moradia, serviços, educação, trabalho e lazer, concentradas em algumas zonas, acredita-se que haverá mais qualidade de vida. Assim, tanto a mobilidade urbana quanto a acessibilidade são mais eficientes e efetivas, e a cidade, no que lhe diz respeito, tende a ser mais segura, uma vez que ela é verdadeiramente ocupada pelos seus moradores, o que leva a um maior cuidado dela pela própria população que a habita.

Nesse ponto, não podemos deixar de mencionar os ensinamentos de Jane Jacobs (JACOBS, 1993): a efetividade e a qualidade da concretização das funções essenciais do espaço urbano se relacionam intimamente com a variedade. Dessa maneira, para que sejam efetivas, as funções principais devem ser concretizadas da maneira mais diversificada possível. Elas necessitam ser mescladas, de forma a estarem presentes concomitantemente em diferentes locais da cidade. A diversificação de funções promove a variação do público que frequenta os espaços, o que mantém as ruas da cidade ocupadas em horários alternados do dia.

No contexto, entra uma questão-chave: é preciso que as pessoas se sintam motivadas a ocuparem as ruas; os espaços públicos da cidade. É essencial que os moradores se apropriem daquele local em que vivem. Então, a cidade deve oferecer mecanismos para que possa ser usufruída da melhor maneira. Cidades planejadas, bem desenhadas e equipadas, com um bom ordenamento, acessíveis e com oferta de diversidade, convidam seus habitantes a ocuparem os espaços públicos, pois proporcionam integração social e movimento contínuo de pessoas.

Estar conectado é importante, mas em face de tantas disparidades, como a falta de acesso à internet por grande parte da população, como falar em ser tecnológico sem haver planos de urbanização que sejam capazes de aproximar as pessoas de seus trabalhos, suas escolas e de toda a gama de serviços que a cidade oferece?

Cabe avaliar se os instrumentos utilizados até o presente momento fizeram a cidade chegar ao estágio a que se pretendia e embarcar em novas ideias e ensaios para um futuro em que se terá não só uma cidade funcional, mas também uma cidade agradável de se viver.

Em acréscimo, há a seguinte recomendação por parte do CEDES (2021, p. 9):

> (...) salientando que cidade inteligente não é aquela que simplesmente usa a tecnologia no meio urbano, mas aquela que investe em capital humano e social, em desenvolvimento econômico sustentável, em inovação e empreendedorismo e no uso de tecnologias disponíveis para aprimorar e interconectar os serviços e a infraestrutura das cidades, tudo isso de modo equânime e criativo, sempre com foco na cidadania, na qualidade de vida e no bem-estar dos cidadãos.

Tendo em vista a atual configuração do traçado da cidade de São Paulo e os problemas advindos do seu crescimento desordenado, não há que se falar em *Smart Cities* como um caminho de mão única em termos tecnológicos, até porque o fato de as cidades terem sido planejadas não significa, em regra, que elas conseguiram driblar todos os problemas advindos dos grandes centros urbanos. Em outros termos, nem mesmo a mais alta tecnologia, em alguns casos, foi capaz de construir uma cidade que atendesse aos anseios e às demandas da população que nela viria a viver. Há de se considerar que cidades são feitas de pessoas, com cultura, laços familiares e dinâmicas próprias.

Ainda sobre o conceito de cidade inteligente, sob o viés social e humano, o CEDES (2021, p. 18) aponta o seguinte:

> Um bom resumo dessas críticas é apresentado no projeto denominado Urbanismo Fantasma (*Phantom Urbanism*), desenvolvido na Universidade de Harvard pelos pesquisadores Reinier DeGraaf e Ricardo Solar (DE GRAAF; SOLAR, 2018). A iniciativa apresenta evidências corroborando com essa visão, demonstrando o fracasso de iniciativas emblemáticas de cidades inteligentes baseadas no paradigma tecnológico. Um dos casos documentados é o de Masdar (Emirados Árabes Unidos), que foi planejada para ser uma cidade inteligente e ecológica. A primeira cidade zero carbono custou aproxima-

damente 22 bilhões de dólares, mas possui apenas cerca de 300 habitantes (estimava-se inicialmente uma população de 50 mil habitantes). Outra cidade inteligente vitrine, Songdo (Coreia do Sul), também criada para ser uma cidade nativa inteligente, verde, baixo carbono, custou 40 bilhões de dólares e apresentou uma taxa de ocupação de apenas 45% do previsto inicialmente (previa-se uma população de 65 mil habitantes, mas a cidade conta atualmente com apenas 30 mil).

Esses primeiros modelos de cidades inteligentes, baseados no paradigma tecnológico, subestimaram os aspectos humanos, bem como as dinâmicas sociais e culturais que sustentam a formação de uma cidade. Uma face desse problema diz respeito ao despreparo da população em relação ao uso da oferta tecnológica das cidades inteligentes. Em outras palavras, parte dos benefícios da transformação digital dos serviços públicos ficou inacessível à parcela significativa da população. Por esse motivo, questões como alfabetismo digital passaram a integrar planos de desenvolvimento de cidades inteligentes, tendo em vista a necessidade de preparar os cidadãos para explorar os potenciais da vida urbana digital.

Somado a isso, outros aspectos sociais – ainda mais importantes para a realidade brasileira, tais como desigualdade de renda, educação e emprego, passaram a fazer parte dos questionamentos sobre o desenvolvimento das cidades inteligentes.

Observa-se que muitas cidades se apoiaram na tecnologia em busca de soluções a suas demandas. No caso dos aplicativos disponíveis, há aqueles que se destinam à mobilidade urbana, para compra de passagens de transporte público, que informam sobre itinerário e horários de partida e chegada.

No Brasil, quanto às iniciativas em andamento, registre-se o seguinte:

Dentre as cidades de maior porte, destacamos as experiências de São Paulo, Belo Horizonte e Goiânia, que são, respectivamente, a 1ª, 6ª e 10ª maiores cidades brasileiras em relação ao número de habitantes. Foi possível perceber um isomorfismo nas práticas e iniciativas promovidas por essas cidades, em consonância com as adotadas por pares internacionais.

Verificamos em São Paulo, por exemplo, uma miríade de soluções em uma visão robusta e compatível com a prática de outras cidades inteligentes com

> destaque global. Ressaltam-se ações relacionadas às soluções de mobilidade, na tentativa de oferecer informações mais precisas e comodidade ao transporte público (por exemplo, Olho Vivo, Itinerários SPTrans, Bilhete Único-App) e monitoramento em tempo real das vias (Trânsito Agora). Há também vários aplicativos para simplificar o acesso à saúde (Agenda Fácil, App Aqui tem remédio); soluções para articular ações de governo aberto e transparência (Portal de Dados da Prefeitura, São Paulo Aberta e Café Hacker); fomento à economia criativa e do conhecimento (SP Stars e Tech Sampa, Mulheres Tech em Sampa, Criado em Sampa); iniciativas relacionadas à preservação do meio ambiente (aplicativos Limpa Rápido e Calçada Verde); uso de tecnologias para melhoria da segurança pública (SP + Segura e City Câmeras); e ações de alfabetismo digital (digilab LIVRESP e fablab LIVRESP) (CEDES, 2021, p. 29).

Mas o caminho rumo a *Smart Cities* requer olhar crítico sobre o que realmente pode servir de aprendizado das boas práticas implantadas em outras cidades, dentro e fora do Brasil. Há de se ter mais cuidado com o planejamento e com as discussões acerca de todos os assuntos e áreas de interesse e incentivar a ampla participação de todos os Poderes. É necessário diagnosticar os diferentes cenários da cidade e antever todos os possíveis problemas de implantação que possam surgir, como a necessidade de contratação de mão de obra qualificada na operação de novos sistemas tecnológicos propostos para o sucesso das metas estabelecidas.

Nesse âmbito, cite-se metodologia e modelo propostos pelo CEDES (2021, p. 43):

> Mergulhando em casos práticos brasileiros, podemos ter outras perspectivas acerca dos acertos e dificuldades dos caminhos a serem seguidos. Nesse sentido, o CEDES ouviu representantes de diversas cidades. Antes de propor o seu plano, São Paulo realizou entrevistas e oficinas, integrou iniciativas e procedeu a diversas comparações nacionais e internacionais. Como resultado, apresentou sua visão de cidade inteligente e alocou cinco eixos temáticos centralizados por sua política de governança: desenvolvimento humano, espaço urbano, mobilidade, meio ambiente e desenvolvimento econômico (SÃO PAULO, 2019). Como visto, a metodologia paulistana despendeu especial atenção à etapa de planejamento, como forma de melhor

entender o que precisa ser feito. Essa abordagem guarda aderência com as melhores práticas aqui relatadas (CEDES, 2021, p. 43).

(...)

Observamos, ao longo das interações com os secretários de inovação de municípios de diversos portes, que havia um obstáculo em comum: o relacionamento com órgãos de controle. Por esse motivo, organizamos um encontro com setores-chaves no Tribunal de Contas da União (TCU), para compreender a visão que esse órgão de fiscalização tinha sobre as cidades inteligentes e sobre a contratação de inovação pelo governo. Na oportunidade, foi apresentado o trabalho em andamento acerca da Contratação de Inovação na Administração Pública Federal, com a participação de atores das três esferas de governo e da iniciativa privada. O objetivo do grupo, liderado pelo coLAB-i (TCU), é identificar como os órgãos de controle podem contribuir para facilitar a contratação bem-sucedida de soluções inovadoras.

Dentre os itens já diagnosticados pelo grupo, destacam-se, como fatores para o insucesso das contratações de inovação, a falta de integração e de proximidade entre órgãos de controle e gestores públicos; a inexistência de uma cultura de resultados; e a falta de priorização da inovação pelos gestores públicos. Por fim, ressalta-se a contratação pela definição da solução e não do problema, tendo em vista que muitas vezes os gestores não estão capacitados a descrevê-lo. Cabe ressaltar a aderência entre o diagnóstico mediado pelo TCU e a oitiva que realizamos no âmbito do Cedes, em relação às visões e dificuldades dos gestores para mobilizar processos inovadores (CEDES, 2021, p. 30).

(...) a defesa de uma sociedade altamente qualificada e inovadora como um dos eixos das cidades inteligentes encontrou eco também nas diversas reuniões realizadas pelo Cedes nas etapas iniciais deste estudo. A questão veio à tona como problema quando diversos gestores da administração pública municipal e estadual referiram a dificuldade na contratação de profissionais ou na organização de estrutura de tecnologias da informação e comunicação (TIC), para o desenvolvimento de projetos de melhoria urbana e transformação digital (CEDES, 2021, p. 49).

(...)

Capital humano qualificado e criativo está relacionado ao desenvolvimento urbano e está presente como componente estruturante de diferentes modelos de cidades inteligentes (CEDES, 2021, p. 60).

Uma cidade para ser inteligente precisa necessariamente de um Governo Inteligente. Quanto menos dinheiro gasto em excesso de burocracia, por exemplo, maior será o excedente de dinheiro público a ser aplicado no que realmente é necessário para a cidade. Quanto mais eficiência no serviço prestado pelo poder público, maior tempo e energia sobram para serem empregados em outras áreas (PEREZ, 2021).

Segundo o professor Marcos Perez (2021), para um Governo se tornar inteligente, ele precisa, acima de tudo, dispor de uma Administração Inteligente. É necessário investir em Centros de Armazenamento de Dados, *Big Data*, para controle das políticas públicas. O professor menciona que nos Estados Unidos, por exemplo, foi implantada, antes de 2021, a Lei de Redução do Papel ou Lei da Digitalização. Em São Paulo, tentou-se fazer algo parecido, mas, por falta de estudos, houve diversos problemas, desde a complexidade da legislação até a falta de treinamento tanto dos técnicos da PMSP que vão operar o sistema quanto daqueles que vão protocolar os processos na plataforma digital. Lembre-se de que o planejamento e a difusão do conhecimento são essenciais para o sucesso de qualquer inovação que venha a ser implantada.

Reitere-se que uma cidade, para ser considerada inteligente, precisa ser transparente, eficiente e econômica, além de estimular uma governança mais democrática e com participação mais intensa da sociedade.

Outro exemplo que o professor Marcos Perez (2021) traz é da cidade de Nova York, que desenvolveu um aplicativo de orçamento participativo e que conta hoje com aproximadamente um milhão de contribuições. Mas todos esses dados coletados através de inteligência artificial também necessitam de pessoas capacitadas para ler, interpretá-los e associá-los às melhorias que a cidade necessita.

É fundamental que indústrias, comércios e serviços instalados na cidade considerem a sua atual vocação. Quanto à cidade de São Paulo, por exemplo, é conhecida a sua vocação cultural; aliás, bastante expressiva. Antes da pandemia, todos os anos a cidade sediava importantes feiras dos mais variados setores, eventos, shows e exposições. Com a volta à normalidade, há importante nicho a ser explorado.

Uma deficiência da cidade de São Paulo hoje é que ela não possui nenhum Centro Tecnológico instalado em seu território. O mais próximo localiza-se na cidade de São José dos Campos. Os Centros Tecnológicos são de extrema importância para o desenvolvimento das cidades. A corrida tecnológica ao redor do mundo tem desenvolvido aplicativos para as pessoas, indústrias e os governos nos mais variados segmentos, como segurança, transporte, prédios, serviços públicos, gestão energética, manejo de água inteligente entre outros. Tecnologia alinhada a políticas públicas.

Sob a premissa de alinhar a tecnologia ao funcionamento das cidades, o planejamento urbano deve ter uma visão mais holística, visando a melhoria nas condições de vida, da infraestrutura e do meio ambiente.

No entanto, embora existam por parte do governo inúmeros programas de ampliação da conectividade e transformação digital, eles não capacitam pessoas de forma adequada. Por exemplo, há agentes públicos que cometem falhas em editais, e o processo licitatório é suspenso, atravancando o avanço de boas práticas essenciais ao avanço da cidade em termos tecnológicos. Logo, conforme apontado neste estudo, de nada adianta tecnologia se não houver também capacitação das pessoas para otimizar os processos de implementação de ideias.

Ainda sobre *Smart Cities*, ressalte-se que os conceitos não param de ser atualizados em decorrência da própria dinâmica do setor. O termo mais atual para cidades inteligentes é "Chics"[5], que significa Cidade Humana, ou seja, inteligente, criativa e sustentável.

A noção de sustentabilidade sempre esteve associada a *Smart Cities*; porém, Cidade Humana como conceito de inclusão e criatividade no campo de novas ideias, para vencer os mais variados desafios que a cidade impõe a sua população, deve sim fazer parte do ***roll*** de contribuições para alavancar a qualidade das cidades.

6. Sustentabilidade

O termo *Smart Cities* está diretamente ligado ao tema sustentabilidade. Uma cidade para ser considerada *Smart*, ou seja, eficiente, tecnológica e funcional, deve estar intimamente ligada ao tratamento adequado do meio ambiente. Questões relativas a preservação ambiental e otimização do uso dos recursos naturais, como tratar os resíduos sólidos da forma

[5] EXATI – https://blog.exati.com.br/modelo-chics/

correta, entre outras, devem ser feitas no dia a dia e estar presentes na legislação urbana, de maneira que os cidadãos sejam incentivados a se utilizar de tais instrumentos para o bem comum.

O PDE, em que pese trazer em seu art. 119 o tema sustentabilidade, ainda o faz de maneira muito tímida. Prevê incentivo de redução de outorga no caso de o projeto a ser aprovado contemplar procedimentos construtivos sustentáveis:

> **Art. 119.** De acordo com o art. 31 da Lei n. 14.933, de 5 de junho de 2009, que instituiu a Política de Mudança do Clima no Município de São Paulo, lei específica deverá estabelecer fator de redução da contrapartida financeira à outorga onerosa para empreendimentos que adotem tecnologias e procedimentos construtivos sustentáveis, considerando, entre outros:
> **I** – o uso de energias renováveis, eficiência energética e cogeração de energia;
> **II** – a utilização de equipamentos, tecnologias ou medidas que resultem redução significativa das emissões de gases de efeito estufa ou ampliem a capacidade de sua absorção ou armazenamento;
> **III** – o uso racional e o reúso da água;
> **IV** – a utilização de materiais de construção sustentáveis.

Mas não basta apenas a política de incentivos. As pessoas só se apropriam daquilo que traz benefícios diretos para a sua vida. É preciso aproximar esses conceitos dos cidadãos com campanhas que expliquem e demonstrem os benefícios na prática.

Um bom exemplo nesse sentido é a coleta seletiva, realizada ainda de forma precária na cidade. Para se ter uma ideia, em 2020, o índice de coleta seletiva na cidade de São Paulo era de apenas 2,61%[6]. Mas a coleta seletiva, por si só, sem a prévia adoção de medidas educativas no sentido de orientar a população a como separar o lixo e identificar quais são os materiais recicláveis, não consegue alcançar o sucesso almejado.

Os conceitos de sustentabilidade, portanto, devem sair dos livros e da academia e se aproximar da população. E ser amplamente divulgados e ensinados em benefício, a longo prazo, dos munícipes e da cidade. Dada

6 *Vide* http://observasampa.prefeitura.sp.gov.br/moradia-e-saneamento-basico.

a importância, o tema "sustentabilidade" deveria fazer parte do currículo escolar.

No entanto, o Brasil tem avançado em programas e discussões acerca do tema, e São Paulo alinhou-se às perspectivas em relação a *Smart Cities*, na medida em que foi instalada na Câmara Municipal a Comissão de Estudos para criação de Plano de Cidade Inteligente, alinhado com a Política Nacional de *Smart Cities* (CMSP, 2021).

Após o compromisso global com o desenvolvimento sustentável, assumido em 2015 pelos 193 países membros da Organização das Nações Unidas (ONU), incluindo o Brasil, a cidade de São Paulo aderiu voluntariamente, em 2018, ao compromisso com a Agenda 2030 através da Lei n. 16.817/2018, que institui, conforme descrito no art. 1º, o Programa Municipal de Implementação da Agenda 2030 para o Desenvolvimento Sustentável da Organização das Nações Unidas, subscrita pela República Federativa do Brasil, tendo por objetivo fomentar os 17 Objetivos de Desenvolvimento Sustentável (ODS), a serem implementados por todos os países do mundo até o ano de 2030, a fim de orientar políticas públicas em segurança alimentar e agricultura, saúde, educação, redução das desigualdades e erradicação da pobreza, energia, água e saneamento, padrões sustentáveis de produção e de consumo, mudança do clima, cidades sustentáveis, proteção e uso sustentável dos ecossistemas, crescimento econômico inclusivo, infraestrutura e industrialização, governança, e meios de implementação.

Este, com certeza, foi um importante passo para a cidade. A Comissão, formada em razão da mencionada Lei, dedicou-se até 2020 à adaptação dos 17 ODS e a 169 metas propostas pela ONU ao cenário específico de São Paulo, dando origem ao documento "Agenda Municipal 2030", que reúne 135 metas e 545 indicadores.

Em 2021, através de um Plano de Ação, foram propostas iniciativas de médio prazo a serem executadas pela PMSP entre 2021 e 2024, segundo informações do próprio *site* da PMSP[7].

No Brasil foi criada, através da **Connected Smart Cities**, plataforma multidimensional que acelera o processo de desenvolvimento das cida-

[7] *Vide* https://www.prefeitura.sp.gov.br/cidade/secretarias/upload/governo/SEPEP/arquivos/plano-acao-agenda2030-final.pdf

des inteligentes, reunindo os atores do ecossistema, com o propósito de proporcionar espaços para integração e estimular a inovação, o Ranking Connected Smart Cities. A plataforma faz o mapeamento das cidades com maior potencial de desenvolvimento e através de indicadores qualificam as cidades mais inteligentes do Brasil[8].

A cidade de São Paulo foi eleita, nos anos de 2020 e 2021, pelo Ranking Connected Smart Cities, como a cidade mais inteligente do País. "Além do título de cidade mais inteligente e conectada do Brasil, a capital paulista conquistou a primeira colocação entre as cidades com mais de 500 mil habitantes, a primeira no Sudeste e, ainda, no eixo Mobilidade e Acessibilidade"[9].

Segundo a plataforma Connected Smart Cities, a Educação é o único eixo em que a cidade está fora das 100 mais bem posicionadas, o que requer mais atenção por parte dos gestores públicos.

Entre os indicadores para a classificação das cidades estão mobilidade, urbanismo, meio ambiente, energia, tecnologia e inovação, economia, educação, saúde, segurança, empreendedorismo e governança. O *ranking* demonstra a sua importância ao exercer um papel de fiscalização de como a cidade está avançando e investindo para alavancar os negócios e ser mais atrativa para as pessoas.

7. O papel do Tribunal de Contas do Município de São Paulo – TCMSP

O Tribunal de Contas do Município de São Paulo – TCMSP foi criado pela Lei Municipal n. 7.213, de 20 de novembro de 1968, depois revogada pela Lei n. 9.167, de 3 de dezembro de 1980, a qual descreve no seu artigo 18 as competências a ele atribuídas:

> Art. 18 – A competência do Tribunal compreende a apreciação das contas do Prefeito Municipal e as da Mesa da Câmara Municipal, a apreciação da aplicação das parcelas ou quotas-partes transferidas ao Município, provenientes de recursos tributários arrecadados pela União, o desempenho das funções de auditoria financeira e orçamentária sobre as contas das unidades administrativas dos órgãos municipais, e o julgamento das contas dos administra-

[8] https://connectedsmartcities.com.br

[9] https://connectedsmartmobility.com.br

dores e demais responsáveis por bens e valores públicos e da legalidade das concessões iniciais de aposentadorias e pensões concedidas pelo Município, bem como o exame e o julgamento da aplicação de auxílios e subvenções concedidos pelo Município a entidades particulares de caráter assistencial.

Os Tribunais de Contas brasileiros, com fundamento na abertura normativa estabelecida pelo art. 71 da Constituição Federal, têm buscado o aprimoramento constante de sua função institucional, por meio de diversas iniciativas que contribuem para maior efetividade do controle externo e, consequentemente, para o aprimoramento das contratações públicas (MONTEIRO; BORDIN, 2021, p. 46).

Inovação em termos de procedimentos trata-se da iniciativa do TCMSP de ter deliberado através do artigo 6º da Resolução n. 18/19 a "realização de reunião técnica de trabalho com a participação de servidores do órgão ou ente fiscalizado e dos órgãos técnicos deste Tribunal", chamadas de Mesas Técnicas. Elas permitem que o Conselheiro Relator convoque reuniões de trabalho em situações que justifiquem a sua realização, muito embora não se trate de suspensão de procedimento licitatório.

> As mesas técnicas têm se mostrado bastante efetivas ao alcance dos seus objetivos de imprimir maior transparência e celeridade aos procedimentos de fiscalização, além de estarem bastante afinadas com as normas internacionais de controle externo.
>
> Nessa perspectiva, tanto a Agenda 2030 das Nações Unidas [10] quanto a Declaração de Moscou, *de 2019*, adotada no âmbito da Organização Internacional de Entidades Fiscalizadoras Superiores (Intosai), buscam promover maior proximidade entre o órgão controlador e seus jurisdicionados. A Declaração da Intosai é veemente quanto à necessidade de se estabelecer "interação produtiva" entre os órgãos de controle externo e os jurisdicionados: *"10. As EFS podem ampliar seu impacto positivo ao estabelecer uma interação produtiva com o ente auditado e reforçar a cooperação e comunicação com a comunidade acadêmica e o público em geral.*
>
> *Declarações principais:*
>
> *– A interação com o ente fiscalizado é crucial para explicar e tornar claras as recomendações das EFS e facilitar a sua implementação.*

> *– As EFS podem se beneficiar de uma comunicação eficaz entre a EFS e suas partes interessadas, que melhora a sua habilidade de identificar e analisar os problemas de interesse nacional para a tomada de decisões baseada em informações sobre um programa, projeto ou atividade (...)".*
>
> O estabelecimento de normas procedimentais relacionadas a essas reuniões atende à segurança jurídica e valoriza o próprio diálogo institucional que deve haver entre os diferentes órgãos e entes estatais, especialmente em prol do aperfeiçoamento da gestão municipal e da adequada destinação de recursos públicos (MONTEIRO; BORDIN, 2021, p. 46).

Esse importante avanço aproxima o Tribunal dos jurisdicionados, e quem ganha é a cidade, muitas vezes encurtando caminhos ou construindo conjuntamente soluções em benefício de todos.

Em 2022, houve algumas mesas técnicas importantes, por exemplo, a dos Contratos Emergenciais, realizada em 31 de março de 2022, que recebeu amplo destaque e cobertura da mídia, e a das PPPs (Parcerias Público Privadas) da Habitação, realizada em 19 de abril de 2022, ambas realizadas de forma híbrida no plenário do TCM-SP e *online*.

Na mesa técnica dos Contratos Emergenciais, estiveram presentes os representantes da Secretaria de Infraestrutura e Obras – SIURB, que é responsável pela matéria, além de vereadores e membros do TCMSP. Nela foram apresentados maiores detalhamentos das obras que estavam sendo executadas através dos contratos emergenciais. Foram levantados vários questionamentos a fim de se esclarecer o que de fato deveria ser encarado como obra de urgência ou obra de emergência. Ao final da mesa, a SIURB comprometeu-se a esclarecer dúvidas que ficaram pendentes.

Como se demonstra, o papel da mesa técnica consiste em aproximar os poderes envolvidos na matéria, dar mais transparência ao assunto em discussão e avaliar de perto como o dinheiro público está sendo aplicado na cidade.

Outra mesa técnica que merece destaque foi a que tratou das PPPs da Habitação. São Paulo conta com um déficit habitacional gigantesco, que só veio a se agravar com a pandemia da COVID-19, em que muitos perderam seus empregos e, por consequência, suas casas. A PMSP, através da COHAB, da Secretaria de Desestatizações e da SP-Parcerias, lançou no ano de 2021 seis programas habitacionais que visam gerar cerca de

51.497 habitações até 2024. Na mesa técnica, onde estiveram presentes os representantes de cada Secretaria envolvida no processo e vereadores e membros do TCMSP, foram levantadas várias questões, oportunidade em que se indagou sobre a origem do investimento proposto e quais as medidas na pós-ocupação, a fim de que os programas alcançassem o sucesso almejado e sem onerar o poder público.

Esses exemplos demonstram como as práticas internas do TCMSP podem conduzir a cidade na direção das *Smart Cities*, tendo em vista que a economia e a correta aplicação dos recursos da cidade a tornam mais eficiente.

Ao atuar dessa forma, o TCMSP inova no sentido de dar mais transparência do seu papel como órgão de controle externo das contas do Município. Além disso, proporciona decisões céleres e aproxima os diversos Poderes, a fim de que eles recebam informações precisas quanto aos investimentos na cidade e se estão sendo executados da forma mais eficaz e menos onerosa.

Conclusões

São Paulo avançou consideravelmente em relação a programas e discussões que compreendem o tema *Smart Cities*, mas necessita incorporar toda essa contribuição a sua legislação urbanística, ainda mais agora, cujo momento propicia a coleta de contribuições para a revisão do PDE de 2014 da cidade.

É de extrema importância que o planejamento da cidade esteja alinhado aos 5Ps da sustentabilidade, quais sejam, Planeta, Pessoas, Paz, Prosperidade e Parcerias, e alinhado também com as 17 metas traçadas pela ONU na Agenda 2030. Metas essas impossíveis de serem atingidas sem o auxílio da tecnologia. A tecnologia, aliás, deve servir de ponte entre o poder público e os anseios da população.

Cumpre destacar que o envolvimento dos cidadãos nesse processo é fundamental, e o poder público deve criar ferramentas para se alcançar esse objetivo, principalmente a partir da coleta de dados mais precisos da cidade, aprimorando, assim, as propostas de políticas públicas e um banco de dados único, bem consolidado e confiável, como principal ponto de partida para qualquer início de planejamento. Pode-se afirmar que a transição da gestão tradicional para um cenário de *Smart Cities* é fundamental.

A governança, por outro lado, deve fazer com que todos os setores públicos se comuniquem de maneira fluida, e antever problemas para que a cidade não se perca em burocracia, muitas vezes por falta de capacitação dos agentes públicos.

Indiscutivelmente, nesse processo se deve priorizar a educação. Sem educação de qualidade, pessoas habilitadas para uso das ferramentas digitais e geração de mão de obra qualificada para a economia digital não é possível falar em uma sociedade inovadora.

A tecnologia aplicável ao planejamento também deve ser mais bem estruturada e a legislação, simplificada. Não há como falar em eficiência e agilidade diante de uma legislação complexa de se aplicar e interpretar. No futuro, pleiteia-se que o licenciamento das edificações seja automatizado, acompanhando a agilidade que a cidade requer.

Referências

ARAÚJO, Douglas da Silva; GUIMARÃES, Patrícia Borba Vilar; XAVIER, Yanko Marcius de Alencar. Perspectivas sobre políticas públicas de inclusão digital e fomento às cidades inteligentes. **Revista do Direito**, Santa Cruz do Sul, v. 3, n. 56, jan. 2019.

CANO, Wilson. **Raízes da concentração industrial em São Paulo**. 5. ed. Campinas: Unicamp, 2007.

CEDES – Centro de Estudos e Debates Estratégicos. **Cidades inteligentes: uma abordagem humana e sustentável**. Brasília: Edições Câmara, 2021.

CONNECT SMART CITIES. **Ranking**. 2021. Disponível em: https://connectedsmartcities.com.br. Acesso em: 14 mar. 2022.

EXATI. **CHICS: o que é e por que o modelo é tendência para o futuro?** 2021. Disponível em: https://blog.exati.com.br/modelo-chics/. Acesso em: 18 abr. 2022.

IBGE – Instituto Brasileiro de Geografia e Estatística. **Panorama**. 2022. Disponível em: https://cidades.ibge.gov.br/brasil/sp/sao-paulo/panorama. Acesso em: 18 abr. 2022.

IRB – Instituto Rui Barbosa. **Tribunal de Contas do Município de São Paulo**. Disponível em: https://irbcontas.org.br/associado/tribunal-de-contas-do-municipio-de-sao-paulo/. Acesso em: 14 mar. 2022.

MONTEIRO, Egle dos Santos; BORDIN, Newton Antônio Pinto. Mesas Técnicas em Tribunais de Contas no aprimoramento das contratações públicas. **Revista Simetria**, Tribunal de Contas do Município de São Paulo, v. 1, n. 7, p. 46-50, (2021).

OBSERVASAMPA – Observatório de Indicadores da Cidade de São Paulo. **Moradia e saneamento básico**, 2022. Disponível em: http://observasampa.prefeitura.sp.gov.br/moradia-e-saneamento-basico. Acesso em: 18 abr. 2022.

ONU News. **ONU prevê que cidades abriguem 70% da população mundial até 2050**. 2019. Disponível em: https://news.un.org/pt/story/2019/02/1660701. Acesso em: 18 abr. 2022.

PEREZ, Marcos Augusto. **Ambiente Regulatório: Dificuldades e Possibilidades para Smart Cities**, palestra transmitida ao vivo em 07/12/2021, Escola de Gestão e Contas TCM-SP, 2021. Disponível em: https://www.youtube.com/watch?v=3nmcrNmJVPc. Acesso em: 18 abr. 2022.

PMSP – Prefeitura do Município de São Paulo. **Plano de Ação da Agenda 2030**. 2019. Disponível em: https://www.prefeitura.sp.gov.br/cidade/secretarias/upload/governo/SEPEP/arquivos/plano-acao-agenda2030-final.pdf . Acesso em: 21 mar. 2022.

PMSP – Prefeitura do Município de São Paulo. **Revisão Plano Diretor**, 2021. Disponível em: https://planodiretorsp.prefeitura.sp.gov.br/sobre-a-revisao-2021. Acesso em: 21 mar. 2022.

PMSP. Secretaria Especial de Comunicação. **Aplicativo e-saúdeSP traz informações sobre vacinação contra a Covid-19 na capital**. Disponível em: https://www.capital.sp.gov.br/noticia/aplicativo-e-saudesp-traz-informacoes-sobre-vacinacao-contra-a-covid-19-na-capital-1. Acesso em: 18 abr. 2022.

PRIANTE, José. **Cidades inteligentes** – uma abordagem humana e sustentável (Prefácio). Brasília: Edições Câmara, 2021.

SEMPLA – Secretaria municipal de Planejamento Urbano. **Plano Diretor Estratégico do Município de São Paulo 2002 – 2012**. São Paulo: Senac, 2004.

SILVA, Iara. **Comissão de Estudos para criação de Plano de Cidade Inteligente é instalada na Câmara**. CMSP – Notícias. Disponível em: https://www.saopaulo.sp.leg.br/blog/comissao-de-estudos-para-criacao-de-plano-de-cidade-inteligente-e-instalada-na-camara/. Acesso em: 18 abr. 2022.

ULTRAMARI, Clovis; SILVA, SILVA Roberto Carlos Evencio de Oliveira da. **Planos Diretores em linha do tempo: Cidade brasileira 1960- 2015**. XVII ENANPUR, São Paulo, 2017. Disponível em: http://anpur.org.br/xviienanpur/principal/

publicacoes/XVII.ENANPUR_Anais/ST_Sessoes_Tematicas/ST%2010/ST%2010.4/ST%2010.4-05.pdf. Acesso em: 27 abr. 2022.

WILHEIM, Jorge. **Plano Diretor Estratégico do Município de São Paulo 2002-2012**. Secretaria Municipal de Planejamento Urbano – SEMPLA. São Paulo: Senac, 2004 (trechos extraídos da contracapa).

CAPÍTULO 4
LICITAÇÕES SUSTENTÁVEIS NA LEI N. 14.133/2021 – NOVA LEI DE LICITAÇÕES E CONTRATOS ADMINISTRATIVOS

Rosangela de Jesus Barros

1. Introdução

A cada dia, com mais frequência, vivenciam-se discussões sobre os problemas ambientais que afligem as sociedades e até mesmo levantam questões quanto à manutenção da vida no planeta.

Nessas discussões observa-se que a causa da degradação ambiental é o desenvolvimento ecologicamente predatório, socialmente perverso e politicamente injusto, que promove a destruição progressiva da biodiversidade, o crescimento geométrico do volume de resíduos, o agravamento do aquecimento global e a escassez de água doce e limpa (BIDERMAN *et al.*, 2008, p. 12).

À vista disso, a Organização das Nações Unidas – ONU[1] promove discussões sobre desenvolvimento sustentável, dando origem a acordos

[1] Principais encontros e acordos mundiais: em 1972, na Conferência das Nações Unidas sobre o Meio Ambiente e Desenvolvimento, em Estocolmo, detectou-se a necessidade de revisão dos padrões de consumo e limitação do desenvolvimento, o que deu origem ao Programa das Nações Unidas para o Meio Ambiente – PNUMA. Em 1987, foi apresentado o relatório "Our Common Future (Nosso Futuro Comum)", também conhecido como "Relatório Bruntland", em alusão à primeira-ministra da Noruega, Gro Harlem Brundtland, que presidia a Comissão Mundial sobre Meio Ambiente e Desenvolvimento – CMMAD, ocasião em que o conceito de sustentabilidade foi adotado pela primeira vez; o paradigma do desenvolvimento sustentável lançado nessa oportunidade representa o

mundiais e mudanças na legislação interna dos países participantes, os quais têm procurado implementar mecanismos que interrompam ou amenizem o colapso previsto, pois, como grandes consumidores de recursos naturais, de materiais e de serviços que são, também contribuem para esse cenário negativo.

No Brasil, país participante desses encontros e das discussões mundiais, não se deu de forma diferente, e o tema do desenvolvimento sustentável tem, aos poucos, amadurecido, inclusive resultando em aprimoramento da legislação correspondente às licitações públicas.

Aliás, isso se justifica, pois os informes mais recentes, divulgados pelo Instituto de Pesquisa Econômica Aplicada – IPEA[2] através do documento "Caderno Brasil na OCDE (Organização para Cooperação e Desenvolvimento Econômico)", demonstram que as compras e contra-

conceito basilar de todas as negociações internacionais atuais sobre meio ambiente. Em 1990 foi estabelecido o "Comitê Intergovernamental de Negociação para a Convenção Quadro sobre Mudança do Clima" na Assembleia Geral das Nações Unidas, culminando com a elaboração da "Convenção Quadro das Nações Unidas sobre Mudança do Clima – UNFCCC", em 9 de maio de 1992, documento de formalização da consciência mundial quanto aos problemas relacionados às mudanças climáticas, à perspectiva de diminuição dos gases causadores do efeito estufa (GEE) e à influência antrópica. Ainda em 1992, foi realizada a Conferência das Nações Unidas sobre Meio Ambiente e Desenvolvimento (Cúpula da Terra de 1992-ECO 92), no Rio de Janeiro – Brasil, quando foi elaborado o documento oficial da RIO-92 denominado "Carta da Terra". Em 1997, durante a 3ª Sessão da Conferência das Partes (COP-3), em Quioto, Japão, foi produzido o Protocolo de Quioto, que entrou em vigor apenas em 2002. Em 2010, na 16ª Sessão da Conferência das Partes (COP-16), em Cancún – México, houve discussão para se manterem os objetivos do Protocolo ou estabelecer um novo acordo, visto que a primeira parte do Protocolo de Quioto estava terminando. México, Brasil e Reino Unido desempenharam um papel fundamental na negociação da segunda parte do Protocolo de Quioto. Em 2012, na 18ª Sessão da Conferência das Partes (COP-18), em Doha, no Catar, com participação de representantes de 190 países, teve como principal ponto acordado a extensão do Protocolo de Quioto até 2020, que se manteve como o único plano gerador de obrigações legais com o objetivo de enfrentar o aquecimento global (Guedes, 2021. Prefeitura do Município de São Paulo, 2021. Feldmann, 2002.)

[2] Fundação pública vinculada ao Ministério da Economia, o Ipea fornece suporte técnico e institucional às ações governamentais, possibilitando a formulação de inúmeras políticas públicas e programas de desenvolvimento brasileiros e disponibiliza para a sociedade pesquisas e estudos realizados por seus técnicos.

tações efetuadas por órgãos de governo movimentam aproximadamente 10% do PIB brasileiro (THORSTENSEN *et al.*, 2021, p. 38). Esse volume de gastos pode influenciar e até mesmo definir mercados, fazendo com que setores importantes da economia se ajustem às demandas constantes dos editais de licitação.

Nesse contexto, no Brasil ocorreu a publicação da Nova Lei de Licitações e Contratos Administrativos (Lei Federal n. 14.133, de 1º de abril de 2021), que, entre várias inovações, trouxe de forma mais expressa o princípio do "desenvolvimento sustentável", representando ótima oportunidade para estudo do tema.

Contudo, embora a Nova Lei de Licitações tenha contribuído com a exposição de regras mais objetivas para a adoção de critérios de sustentabilidade e estes sejam viáveis no processo de licitação, de acordo com a norma correlata, os órgãos públicos, em sua grande maioria, ainda estão se preparando para o avanço na implementação da referida Lei e, mais ainda, dos respectivos critérios de sustentabilidade, tendo sido encontradas, no entanto, poucas práticas de licitação sustentável. Assim, em que pese a expectativa inicial, não foi possível apresentar um rol de oportunidades viáveis de contratações sustentáveis, considerando-se as inovações no regramento pertinente, em especial a Nova Lei de Licitações.

A metodologia utilizada consistiu em um estudo descritivo-analítico, desenvolvido por meio de pesquisa do tipo bibliográfica de natureza qualitativa, que se deu através de pesquisa na *internet* dos acordos mundiais que impulsionaram as discussões para o desenvolvimento sustentável, das mudanças na legislação nos países participantes[3] com vistas à implementação da licitação sustentável e das narrativas já produzidas a respeito do tema.

A pesquisa fundamentou-se, ainda, sob a perspectiva jurídica, na análise da legislação brasileira correlata e nas experiências governamentais anteriores que estão buscando influenciar positivamente a ampliação do mercado que se dispõe a atender a essa demanda na produção de mate-

[3] Há notícias de aplicação de legislação específica para a prática de licitação pública sustentável na Bélgica, Dinamarca, Escócia, Espanha, Itália, Japão, Luxemburgo, México, Noruega, Nova York, Portugal, Reino Unido, Suécia, Países Baixos e União Europeia (BIDERMAN *et al.*, 2008, p.71-74; CARVALHO e PICARELLI, 2015, p. 15-17, 42-43, 47 e 49).

riais e serviços que causem menos impacto sobre o meio ambiente e possam ser reciclados ou reutilizados e/ou exijam o menor consumo de matéria-prima e energia.

2. A situação ambiental mundial e o desenvolvimento sustentável

Antes de adentrar especificamente no tema do capítulo em epígrafe, vale comentar sobre a questão da sustentabilidade. Para tanto é preciso ter cuidado na utilização das definições, visto que, por vezes, são utilizadas algumas sem relação com a questão estudada.

É o que se observa, por exemplo, em Dovers (1997, p. 306) *apud* Oliveira, Borinelli e Tridapalli (2011), ao trazer que "a definição de sustentabilidade está pautada na 'habilidade da natureza, do humano ou de ambos de resistir ou adaptarem-se, por tempo indeterminado, a mudanças endógenas ou exógenas provindas de ameaças'".

Na definição de Costa e Mungo (2019, p. 2), sustentabilidade significa "avanço econômico, social e ecológico, com o objetivo de sanar a necessidade da atual população, sem comprometer a população futura".

A análise do tema "contratações sustentáveis" deve ser iniciada com o estudo do "Desenvolvimento Sustentável", definido como a habilidade para satisfazer as necessidades do presente sem comprometer a habilidade de futuras gerações para satisfazerem suas necessidades. O conceito foi apresentado na Primeira Conferência das Nações Unidas sobre o Meio Ambiente e Desenvolvimento, em Estocolmo, na Suécia, promovida pela ONU em 1972 (STROH *et al.*, 1994, p. 17).

Em uma retrospectiva sobre o tema, verifica-se que, a partir da década de 1960, são encontrados estudos quanto aos impactos que ocorrem no meio ambiente, ocasião em que foi criado o "Clube de Roma"[4] e inicia-

[4] O Clube de Roma foi o nome dado a um grupo de pesquisadores, liderados por Dennis L. Meadows, que, em 1972, publicaram o estudo "Limites do crescimento", resultado de debates sobre os riscos da degradação do meio ambiente. De forma esparsa, as discussões começaram nos anos 1960 e ganharam no final dessa década e no início dos anos 1970 uma certa densidade, cuja primeira grande discussão internacional sobre o tema ocorreu durante a Conferência de Estocolmo em 1972. Para alcançar a estabilidade econômica e ecológica, Meadows *et al.* propõem o congelamento do crescimento da população global e do capital industrial, mostram a realidade dos recursos limitados e rediscutem a velha tese do perigo do crescimento desenfreado da população mundial (STROH, 1994).

ram-se as discussões sobre o futuro das condições humanas no planeta, culminando com a elaboração do relatório "Os Limites do Crescimento" no início dos anos 70 (STROH *et al.*, 1994, p. 15).

No entanto, a preocupação mundial agravou-se nas últimas décadas de Capitalismo Global, quando é detectada "a saturação dos mercados desenvolvidos, a ampliação do fosso entre ricos e pobres, o crescimento dos níveis de degradação ambiental" e a perda do controle do mundo desenvolvido "sobre sua própria densidade populacional" (MITTMANN e MONTEIRO, 2015, p. 41).

Nesse contexto, e mais precisamente após os ataques terroristas de 11 de setembro de 2001, percebe-se que o mundo está absolutamente interligado, e os problemas como "pobreza, desesperança e a consciência de exploração em uma parte do mundo" não ficam isolados em seu território, mas trazem consequências a todo o planeta; o Capitalismo é então "desafiado a incluir mais partes do mundo em sua generosidade e a proteger os sistemas naturais e as culturas", e o Desenvolvimento Sustentável começa a ser discutido como "um processo para se alcançar o desenvolvimento humano (...) de uma forma inclusiva, interligada, igualitária, prudente e segura" (NYE, 2004, p. 2-6; e GLADWIN, 1995, p. 878-907 *apud* HART e MILSTEIN, 2004, p. 66).

As empresas passam a ser convidadas a obter o título de "Empresa Sustentável", contribuindo "para o Desenvolvimento Sustentável ao gerar, simultaneamente, benefícios econômicos, sociais e ambientais, conhecidos como os três pilares do desenvolvimento sustentável" (ELKINGTON, 1994, p. 90-100, *apud* HART e MILSTEIN, 2004, p. 66). Contudo, a maioria delas ainda entende a necessidade de observação dos critérios de sustentabilidade como um "mal necessário para se manter a legitimidade e o direito de a empresa funcionar". Outras os encaram como "um mandato moral (...), uma exigência legal" ou como "custos inerentes ao fato de se fazer negócios". Acreditam "que a criação de um mundo mais sustentável irá exigir que as empresas sacrifiquem lucros e o valor ao acionista em nome do" bem-estar social (FRIEDMAN, 1970 e HOLLIDAY, 2004, p. 129-32, *apud* HART e MILSTEIN, 2004, p. 66).

E os governos, nessa mesma linha de raciocínio, entendem que a adoção de critérios sustentáveis encarece as contratações, e por isso tais critérios não são observados em nome do bem comum (KORKMAZ, 2010, *apud* OLIVEIRA, BORINELLI e TRIDAPALLI, 2011, p. 7 e BARROSO FILHO, 2012, *apud* SOARES, 2021, p. 401). Desse modo, o desafio para os governos modernos consiste em captar as oportunidades estratégicas, estimulando os fornecedores e prestadores de serviços a avançarem nessa linha, fazendo-os entender que a adoção de critérios de sustentabilidade em seus processos produtivos favorece os negócios, abrindo caminho para a diminuição de custos e riscos, ou até mesmo elevando seus rendimentos e sua participação de mercado por meio de inovações (HOLLIDAY, 2004, p. 129-32, *apud* HART e MILSTEIN, 2004, p. 66).

Em 1997, com a elaboração do Protocolo de Quioto[5], aos países desenvolvidos são estabelecidas metas de implementação de políticas para minimização dos efeitos adversos sobre o comércio internacional, dos impactos sociais, ambientais e econômicos sobre outras partes do globo terrestre (principalmente quanto aos países em desenvolvimento) e das mudanças climáticas.

Nas décadas seguintes, as discussões evoluíram em busca de que o conceito de sustentabilidade e os respectivos resultados práticos se tornassem mais palpáveis para o público geral. Nesse percurso, em 2005 foi consolidada a ideia de que a sustentabilidade é composta pelas dimensões social, econômica e ambiental, de onde surgiu o termo "*Environmental, Social and Governance – ESG*"[6] (SANTOS, 2022).

[5] Em 1997, durante a 3ª Sessão da Conferência das Partes (COP-3) promovida pela Organização das Nações Unidas – ONU, em Quioto – Japão, foi produzido o "Protocolo de Quioto", que entrou em vigor apenas em 2002. Através do protocolo, entre outras coisas, foi estabelecido que os países desenvolvidos não mais teriam que apenas voltar suas emissões combinadas de gases de efeito estufa aos níveis alcançados em 1990 (meta estabelecida na Convenção Quadro das Nações Unidas sobre Mudança do Clima – UNFCCC/1992), mas teriam que reduzir os níveis em 5% no período de 2008 a 2012. Para atingir o resultado esperado, foram estabelecidos três mecanismos: 1) Mecanismo de Desenvolvimento Limpo (Clean Development Mechanism); 2) Comércio de emissões (*emissions trading*); e 3) Mecanismo de Implementação Conjunta (Joint Implementation). (GUEDES, 2021; Prefeitura do Município de São Paulo, 2021; FELDMANN, 2002.)

[6] Após a "Cúpula Mundial para o Desenvolvimento Social" em 2005, foi lançado o relatório "*Who Cares Wins*", onde apareceu, pela primeira vez, o termo *ESG – Environmental, Social and Governance* (em português: ASG -Ambiental, Social e Governança), que destacava os seguintes fatores relacionados à sustentabilidade: fatores ambientais (E): têm a ver com o uso de recursos naturais e avaliação de riscos, como emissões de gases de efeito estufa

Ainda mais recentemente, a adoção da "Agenda 2030 para o Desenvolvimento Sustentável"[7], a partir de setembro de 2015, resultou em um compromisso de Direito Internacional Público através do qual foram

(CO2, gás metano), eficiência energética, poluição, gestão de resíduos e efluentes; fatores sociais (**S**): relacionados à construção de uma sociedade mais justa e equitativa. Considera temáticas como privacidade e proteção de dados, respeito à diversidade, iniciativas de acessibilidade e eliminação dos preconceitos na construção de políticas e relações de trabalho; e fatores de governança (**G**): dizem respeito à existência de estruturas de segurança, controle da corrupção e de comitês de auditoria e fiscal, além de canais e práticas para assegurar a ética e transparência (SANTOS, 2022).

[7] "Adotada em setembro de 2015 por 193 Estados Membros da ONU (UN General Assembly Resolution 70/1), a Agenda 2030 para o Desenvolvimento Sustentável resultou de um processo global participativo de mais de dois anos, coordenado pela ONU, no qual governos, sociedade civil, iniciativa privada e instituições de pesquisa contribuíram através da Plataforma 'My World'. Sua implementação teve início em janeiro de 2016, dando continuidade à Agenda de Desenvolvimento do Milênio (2000-2015), e ampliando seu escopo. Abrange o desenvolvimento econômico, a erradicação da pobreza, da miséria e da fome, a inclusão social, a sustentabilidade ambiental e a boa governança em todos os níveis, incluindo paz e segurança. É um Plano de Ação universal, integrado e composto de quatro partes principais:" 1) Declaração (que "contém a visão, os princípios e os compromissos da Agenda 2030"; a visão "prevê um mundo livre dos problemas atuais, como pobreza, miséria, fome, doença, violência, desigualdades, desemprego, degradação ambiental, esgotamento dos recursos naturais, entre outros"; os "princípios centrais são a soberania plena e permanente de cada Estado, a universalidade, o desenvolvimento integrado, que assegure uma implementação nacional consistente com as aspirações nacionais e a visão global, e não deixar ninguém para trás, o que implica no cumprimento dos objetivos e metas em todos os países e em todos os segmentos da sociedade"; os "compromissos estão presentes nos objetivos e metas, que devem ser compartilhados através de uma maior cooperação internacional. Com isso, ela reafirma também compromissos com os direitos humanos (incluindo o direito ao desenvolvimento) e o direito internacional". 2) "Objetivos de Desenvolvimento Sustentável (ODS): são 17 objetivos e 169 metas de ação global para alcance até 2030". 3) "O documento final da Terceira Conferência Internacional sobre o Financiamento para o Desenvolvimento, denominado Agenda de Ação de Adis Abeba, também é considerado como parte integrante da Agenda 2030. Da mesma forma, ela também apoia a implementação de estratégias e programas de ação relevantes, atualmente em curso pelo mundo, tais como: Declaração e Programa de Ação de Istambul, o Roteiro das Modalidades Aceleradas de Ação dos Pequenos Estados Insulares em Desenvolvimento, o Programa de Ação de Viena para os Países em Desenvolvimento sem Litoral para a Década 2014-2024, a agenda 2063 da União Africana e o programa da Nova Parceria para o Desenvolvimento da África (NEPAD)" (IBGE. 2022).

fixados 17 "Objetivos de Desenvolvimento Sustentável - ODS" que, por sua vez, são subdivididos em 169 "Metas de Ação Global" a serem atingidas até 2030 pelos 193 Estados Membros da Organizações das Nações Unidas - ONU. Essas metas e objetivos, em sua maioria, abrangem "as dimensões ambiental, econômica e social do desenvolvimento sustentável, de forma integrada e inter-relacionada" (IBGE, 2022).

Nesse sentido, conforme SANTOS (2022):

> (...) pode-se dizer que as práticas ESG contribuem para a implementação dos ODS na medida em que o tratamento de questões como ética, pegada ambiental e direitos humanos são integrados às decisões e estratégias de governança (...). Os ODS, por sua vez, podem servir como diretrizes de atuação (...) bem como instrumentos para avaliação do nível de comprometimento com as práticas ESG.

Assim, verifica-se que as diretrizes para a adoção de critérios de sustentabilidade derivam de uma discussão macro em que, objetivando maior cooperação internacional, têm se estabelecido objetivos e metas globais compartilhados pelos Estados Membros da ONU, que servirão de norte para que cada um dos países defina "as suas metas nacionais, de acordo com as suas circunstâncias, e as incorporem em suas políticas, programas e planos de governo" (IBGE, 2022).

Entre tais objetivos e metas globais mencionados, destaca-se o ODS "12.7 que estabelece a promoção de compras públicas sustentáveis, de acordo com as políticas e prioridades nacionais" (SILVA, 2020). As iniciativas nessa direção já têm sido percebidas e, segundo NIEBUHR (2019):

> No âmbito Europeu, em 2001, a Comissão Europeia editou a Comunicação Interpretativa sobre o direito comunitário aplicável aos contratos públicos e as possibilidades de integrar considerações ambientais nos contratos públicos – COM (2001) [...]. O documento indica como e quando se pode lançar mão de critérios ambientais em licitação e contratação pública. [...] o assunto culminou com incorporação de regras e critérios ambientais nos processos de adjudicação dos contratos de empreitada de obras públicas, dos contratos públicos de fornecimento e dos contratos públicos de serviços – Diretiva n. 2004/18.

Destaquem-se, ainda, as "Compras Públicas Sustentáveis", lançadas pelo governo da Suíça, em 2005, onde, conforme informado por Silva (2020):

> Vários países se propuseram a aderir a essa força-trabalho, que tinha como objetivo promover e apoiar a implementação de compras públicas sustentáveis (CPS). Os principais resultados se materializaram no desenvolvimento de uma abordagem em CPS, treinamentos e orientações, implementação e conscientização. Entre os anos 2009 e 2012 a abordagem foi testada em 11 países-piloto.

Conforme exposto por Niebuhr (2019):

> "É, portanto, à luz das experiências estrangeiras que as licitações ou contratações sustentáveis foram institucionalizadas no Brasil. Buscou-se incorporar a variável socioambiental como possibilidade (e em alguns casos, como um dever) do gestor em licitações, com o propósito de minimizar os impactos ambientais e sociais das atividades administrativas, induzir comportamentos do mercado e incentivar adoção de hábitos e rotinas sustentáveis nos particulares".

3. Licitação Sustentável

A licitação sustentável, também conhecida como compras verdes, compras públicas sustentáveis, ecoaquisição, compra ambientalmente amigável e licitação positiva, consiste na combinação dos conceitos de licitação e sustentabilidade.

O objetivo é utilizar o poder de compra da Administração Pública, que pode ser considerada a maior contratante no mercado interno para, conforme Niebuhr (2017, p. 25-48 *apud* NIEBUHR 2021, p. 96).

> (...) induzir o comportamento de seus fornecedores e prestadores de serviços em direção à adoção e/ou preferência por processos produtivos/comerciais e produtos/serviços menos poluentes e degradantes, bem como reduzir a pegada ecológica da própria Administração Pública.

No entanto, considerando que um dos motivos apontados para a expressiva baixa adesão nas contratações de bens e serviços em respeito a critérios de sustentabilidade pela Administração Pública seria a falta de conhecimento e de informação sobre políticas ambientais e sociais, bem como dos respectivos critérios a serem incluídos nas contratações, e muitos deles podem restringir a competitividade. Como resultado, se não houver fundamentação técnica, esta pode vir a ser questionada por órgãos de controle, e o estudo de sua viabilidade jurídica se mostra fundamental (SILVA, 2020).

3.1. Viabilidade jurídica

A obrigação de licitar encontra-se prevista no art. 37, inciso XXI, da Constituição Federal de 1988[8], cujo dispositivo foi regulamentado pela Lei Federal n. 8.666/1993, que instituiu as respectivas normas gerais para licitações e contratos da Administração Pública.

Na sequência, a complementar o ordenamento jurídico correspondente, foi editada a Lei Federal n. 10.520/2002, que, nos termos do art. 37, inciso XXI, da Carta Federal, instituiu a modalidade de licitação denominada "pregão" para aquisição de bens e serviços comuns, e a Lei Federal n. 12.462/2011, que instituiu, entre outras inovações, o Regime Diferenciado de Contratações Públicas – RDC.

A Lei Federal n. 8.666/1993, na redação original do seu art. 3º, não dispunha expressamente sobre a observação de aspectos ambientais na definição, elaboração e condução das licitações e contratações. Mas como resultado da consciência obtida das discussões internacionais em curso, de que o governo federal possui papel estratégico na revisão dos padrões de produção e consumo e na adoção de novos referenciais em busca da

[8] "Art. 37. A administração pública direta e indireta de qualquer dos Poderes da União, dos Estados, do Distrito Federal e dos Municípios obedecerá aos princípios de legalidade, impessoalidade, moralidade, publicidade e eficiência e, também, ao seguinte: (...) XXI – ressalvados os casos especificados na legislação, as obras, serviços, compras e alienações serão contratados mediante processo de licitação pública que assegure igualdade de condições a todos os concorrentes, com cláusulas que estabeleçam obrigações de pagamento, mantidas as condições efetivas da proposta, nos termos da lei, o qual somente permitirá as exigências de qualificação técnica e econômica indispensáveis à garantia do cumprimento das obrigações."

sustentabilidade socioambiental, no final de 2010 houve alteração do aludido *caput* pela Lei n. 12.349, de 15 de dezembro de 2010[9], que acrescentou a promoção do desenvolvimento nacional sustentável[10] como uma das finalidades da licitação pública, juntamente com a garantia da isonomia e seleção da proposta mais vantajosa.

No entanto, ainda não havia regra específica que tratasse o modo como a questão ambiental deveria ser considerada nas licitações e a previsão da sustentabilidade ainda era bastante genérica e abstrata (NIEBUHR *et al.*, 2021, p. 97-98).

[9] "Lei n. 12.349 de 15 de dezembro de 2010. Altera as Leis ns. 8.666, de 21 de junho de 1993, 8.958, de 20 de dezembro de 1994, e 10.973, de 2 de dezembro de 2004; e revoga o § 1º do art. 2º da Lei no 11.273, de 6 de fevereiro de 2006.
(...)
Art. 3º A licitação destina-se a garantir a observância do princípio constitucional da isonomia, a seleção da proposta mais vantajosa para a administração e a promoção do desenvolvimento nacional sustentável e será processada e julgada em estrita conformidade com os princípios básicos da legalidade, da impessoalidade, da moralidade, da igualdade, da publicidade, da probidade administrativa, da vinculação ao instrumento convocatório, do julgamento objetivo e dos que lhes são correlatos (Redação dada pela Lei n. 12.349, de 2010)."

[10] Segundo Justen Filho (2012), a promoção do desenvolvimento nacional sustentável significa: "consagrar uma função regulatória adicional para a licitação e a contratação administrativa. Não se trata apenas de obter a contratação economicamente e tecnicamente mais vantajosa, mas também de aproveitar a oportunidade da contratação para fomentar (...) o crescimento econômico norteado pela preservação do meio ambiente". Considera ainda que "(...) o critério do menor preço pode ser acompanhado da avaliação da vantajosidade sob o prisma do desenvolvimento nacional. Portanto, surge a possibilidade de sagrar-se vencedora uma proposta de valor mais elevado, desde que se evidencie ser ela mais adequada para promover o desenvolvimento nacional.
(...) Essa modificação afeta o modo de aplicar o princípio da isonomia e modifica a avaliação da vantajosidade das propostas. A isonomia é afetada porque se admite a estipulação de preferências em favor de bens e serviços relacionados à promoção do desenvolvimento nacional sustentável. Essas preferências não são arbitrárias e tampouco dizem respeito à nacionalidade do licitante, uma vez que um licitante estrangeiro que ofereça bens ou serviços produzidos no Brasil será beneficiado em face de licitante brasileiro que ofereça bens ou serviços estrangeiros, por exemplo. Trata-se de uma preferência de cunho impessoal, relacionada aos objetivos fundamentais da Nação."

E, como agravante, o Decreto Federal n. 7.746/2012, que regulamentou o artigo 3º da Lei n. 8.666/1993, previu em seu artigo 2º[11] apenas a **possibilidade** da consideração da variável ambiental na aquisição de bens e contratação de serviços, **que deveria ser justificada**. Assim, o regulamento ia de encontro à finalidade de a licitação promover o desenvolvimento sustentável, para o que deveria considerar como regra a utilização de critérios de sustentabilidade, exigindo motivação quando estes não fossem adotados, e não o inverso (NIEBUHR *et al.*, 2021, p. 99).

Com isso, vê-se que as licitações sustentáveis não eram claramente estimuladas, e critérios de economicidade eram ressaltados em detrimento de uma avaliação de longo prazo que considerasse a eficiência, a durabilidade e as externalidades negativas provocadas pelas soluções pretendidas.

A norma posta, então, poderia trazer dificuldades para que o Administrador, usando do seu poder discricionário, norteasse suas contratações por critérios ecológicos, visto que os órgãos de controle poderiam considerar sua iniciativa ilegal caso a opção adotada reduzisse o universo de potenciais competidores ou houvesse incremento do custo do produto/serviço a ser pago pela Administração (isso, ainda, é muito provável de acontecer quando se observam aspectos de sustentabilidade).

O que era um contrassenso, pois a própria Constituição Federal prevê em seu artigo 225[12] que todos têm direito ao meio ambiente ecologicamente equilibrado e essencial à sadia qualidade de vida e impõe ao Poder Público e à coletividade o dever de defendê-lo e preservá-lo para a presente e a futura gerações, o que também pode ser realizado por meio de compras públicas sustentáveis (SOARES, 2021, p. 398).

[11] "Art. 2º A administração pública federal direta, autárquica e fundacional e as empresas estatais dependentes **poderão adquirir bens e contratar serviços e obras considerando critérios e práticas de sustentabilidade** objetivamente definidos no instrumento convocatório, conforme o disposto neste Decreto."
Parágrafo único. **A adoção de critérios e práticas de sustentabilidade deverá ser justificada** nos autos e preservar o caráter competitivo do certame" (destaques nossos).

[12] "Art. 225. Todos têm direito ao meio ambiente ecologicamente equilibrado, bem de uso comum do povo e essencial à sadia qualidade de vida, impondo-se ao Poder Público e à coletividade o dever de defendê-lo e preservá-lo para as presentes e futuras gerações."

Assim, vislumbrando-se a necessidade de maior segurança jurídica para que os princípios defendidos pelo País nos acordos internacionais pudessem ser aplicados na prática, foi iniciado um movimento de atualização normativa para o alcance da devida fundamentação que garantisse a observância dos aspectos de sustentabilidade pela administração pública brasileira[13].

Nesse contexto, foi editada a da Lei Federal n. 14.133, de 1º de abril de 2021, que, segundo Niebuhr *et al.* (2021, p. 100):

> (...) para além de manter o desenvolvimento nacional sustentável como um dos princípios da licitação, endereça soluções para alguns dos entraves havidos na Lei n. 8.666/1993 nessa seara. A Lei n. 14.133/2021 tem o mérito de ser bem mais detalhado [sic] sobre o assunto que a Lei n. 8.666/1993, adotando um modelo parecido, pontualmente, ao Regime Diferenciado de Contratações e à Lei das Estatais.

[13] Evolução das normas brasileiras para a sustentabilidade nas licitações: 1999 – Governo Federal editou a Agenda Ambiental na Administração Pública (A3P); 2004 – a Lei Federal n. 11.079/2004 instituiu normas que continham a necessidade de apresentação prévia da licença ambiental ou expedição das diretrizes para o licenciamento ambiental do empreendimento, na forma do regulamento, sempre que o objeto do contrato exigir; 2008 – o Ministério do Meio Ambiente editou a Portaria n. 61/2008, que introduziu as licitações sustentáveis naquela pasta; 2009 – a Lei Federal n. 12.187/2009 instituiu a Política Nacional sobre Mudança do Clima – PNMC; 2010 – a Secretaria de Logística e Tecnologia da Informação do Ministério do Planejamento, Orçamento e Gestão editou a Instrução Normativa n. 01/2010, que estabelecia critérios de sustentabilidade ambiental na aquisição de bens, contratação de serviços ou obras; 2010 – a Lei Federal n. 12.349/2010 alterou as Leis ns. 8.666/1993, 8.958/1994 e 10.973/2004 e revogou o § 1º do art. 2º da Lei n. 11.273/2006; 2010 – a Lei Federal n. 12.305/2010 instituiu a Política Nacional de Resíduos Sólidos; 2011 – a Lei Federal n. 12.462/2011 instituiu o Regime Diferenciado de Contratações (RDC); 2012 – o Decreto Federal n. 7.746/2012 regulamentou o artigo 3º da Lei n. 8.666/1993; 2015 – o Ministério de Planejamento, Orçamento e Gestão editou a Portaria 23/2015, que estabeleceu boas práticas de gestão e uso de Energia Elétrica e de Água; 2016 – a Lei Federal n. 13.303/2016 incorporou o desenvolvimento nacional sustentável como princípio das licitações realizadas em seu âmbito; 2017 – o Decreto Federal n. 9.178 alterou o Decreto n. 7.746/2012, para definir critérios e práticas de sustentabilidade (Niebuhr, 2019; Soares, 2021; Costa e Mungo, 2019).

Ocorre que, com a publicação da Lei Federal n. 14.133/2021, as leis inicialmente citadas serão revogadas "a termo" a partir de 01/04/2023[14]. Durante os dois anos a partir da publicação dessa lei, a cada licitação o gestor precisa identificar em qual legislação está sendo baseada, de modo que os contratos firmados com base na legislação anterior continuarão sendo regidos por ela.

Saliente-se que, ainda que o **desenvolvimento nacional sustentável** já estivesse previsto na Lei Federal n. 8.666/1993, somente a partir da edição da Lei Federal n. 14.133/2021 é que o instituto ganhou força ao ser previsto no art. 11, inciso IV[15], como um dos objetivos do processo licitatório.

Ainda nesse sentido, importa apresentar os dispositivos da Nova Lei de Licitações enfatizados por Lima (2022) e Niebuhr *et al.* (2021, p. 100-111), que tratam de sustentabilidade de forma mais relevante e discorrem sobre:

i. A consideração dos custos indiretos relacionados a **impactos ambientais** no cômputo do menor dispêndio para a administração nas hipóteses de julgamento de menor preço ou maior desconto e, quando couber, por técnica e preço (**§ 1º do artigo 34**[16]). Dessa forma, o maior ou menor impacto ambiental de uma proposta, quando economicamente quantificado, poderá ser determinante para o resultado de um certame.

[14] Para municípios com até vinte mil habitantes, certas medidas, como a capacitação e formação dos agentes de contratação, serão exigidas apenas em 2027.

[15] "Art. 11. O processo licitatório tem por objetivos:
(...) IV – incentivar a inovação e o desenvolvimento nacional sustentável."

[16] "Art. 34. O julgamento por menor preço ou maior desconto e, quando couber, por técnica e preço considerará o menor dispêndio para a Administração, atendidos os parâmetros mínimos de qualidade definidos no edital de licitação.
§ 1º Os custos indiretos, relacionados com as despesas de manutenção, utilização, reposição, depreciação e **impacto ambiental** do objeto licitado, entre outros fatores vinculados ao seu **ciclo de vida**, poderão ser considerados para a definição do menor dispêndio, sempre que objetivamente mensuráveis, conforme disposto em regulamento" (destaques nossos).

ii. A incorporação, de forma definitiva, do **ciclo de vida do objeto da licitação/contrato** como importante variável de sustentabilidade das licitações[17], como explicitado por Niebuhr *et al.* (2021, p. 101):

> (...) como (i) um componente da vantajosidade da licitação, outro dos objetivos da licitação previstos no inciso I do artigo 11[18] e no inciso VIII do artigo 18[19]; além de (ii) variável que compõe os custos indiretos da proposta a serem considerados, a critério da autoridade administrativa, no julgamento pelo critério menor preço ou maior desconto, no §1º do artigo 34[20]. O artigo

[17] O ciclo de vida, na forma institucionalizada pela Lei Federal n. 12.305/2010 (institui a Política Nacional de Resíduos Sólidos), é a "série de etapas que envolvem o desenvolvimento do produto, [desde] a obtenção de matérias-primas e insumos, o processo produtivo, o consumo e a disposição final". Trata-se da trajetória, do berço ao túmulo, de um produto, serviço, processo ou material.

[18] "Art. 11. O processo licitatório tem por objetivos:
I – assegurar a seleção da proposta apta a gerar o **resultado de contratação mais vantajoso para a Administração Pública**, inclusive no que se refere ao **ciclo de vida** do objeto (...)". (destaques nossos).

[19] "Art. 18. A fase preparatória do processo licitatório é caracterizada pelo planejamento e deve compatibilizar-se com o plano de contratações anual de que trata o inciso VII do caput do art. 12 desta Lei, sempre que elaborado, e com as leis orçamentárias, bem como abordar todas as considerações técnicas, mercadológicas e de gestão que podem interferir na contratação, compreendidos:
(...) VIII – a modalidade de licitação, o critério de julgamento, o modo de disputa e a adequação e eficiência da forma de combinação desses parâmetros, para os fins de seleção da proposta apta a gerar **o resultado de contratação mais vantajoso para a Administração Pública**, considerado todo o **ciclo de vida** do objeto" (destaques nossos).

[20] "Art. 34. O julgamento por menor preço ou maior desconto e, quando couber, por técnica e preço considerará o menor dispêndio para a Administração, atendidos os parâmetros mínimos de qualidade definidos no edital de licitação.
§ 1º Os custos indiretos, relacionados com as despesas de manutenção, utilização, reposição, depreciação e **impacto ambiental** do objeto licitado, entre outros fatores vinculados ao seu **ciclo de vida**, poderão ser considerados para a definição do menor dispêndio, sempre que objetivamente mensuráveis, conforme disposto em regulamento" (destaques nossos).

6º[21] exige, em complemento, que todo o ciclo de vida do objeto seja considerado na descrição da solução, no termo de referência.

Nesse sentido, observa-se que a avaliação do ciclo de vida do produto tem a capacidade para influir na vantajosidade da aquisição, permitindo em algumas situações concluir que um produto de maior custo passe a ser o mais barato em longo prazo, considerando-se o impacto produzido no meio ambiente e os gastos derivados se comparados a outro de menor custo inicial. As considerações referentes ao ciclo de vida de produtos/ serviços são tecnicamente complexas e exigirão grande esforço por parte da Administração Pública e seus agentes, na medida em que o assunto ainda carece de regulamentação.

iii. **A preferência na contratação** para os licitantes que ofertarem **produtos reciclados, recicláveis ou biodegradáveis** "em relação a licitantes ofertantes de bens comuns, caso as propostas daqueles sejam até 10% superior à destes", conforme o previsto no **inciso II do artigo 26**[22]. Frise-se que o **inciso IV do §1º do artigo 60**[23] estabelece, entre os critérios de desempate, a preferência por empresas que comprovem a prática de mitigação, nos termos da Lei n. 12.187, de 29 de dezembro de 2009[24] e

[21] "Art. 6º (...).
XXIII – **termo de referência:** documento necessário para a contratação de bens e serviços, que deve conter os seguintes parâmetros e elementos descritivos:
(...)
c) descrição da solução como um todo, considerado todo o **ciclo de vida** do objeto; (...) (destaques nossos).

[22] "Art. 26. No processo de licitação, poderá ser estabelecida **margem de preferência para:**
(...) **II – bens reciclados, recicláveis ou biodegradáveis**, conforme regulamento" (destaques nossos).

[23] "Art. 60. Em caso de empate entre duas ou mais propostas, serão utilizados os seguintes critérios de desempate, nesta ordem: (...)
§ 1º Em igualdade de condições, se não houver desempate, será assegurada preferência, sucessivamente, aos bens e serviços produzidos ou prestados por: (...)
IV – empresas que comprovem a prática de mitigação, nos termos da Lei n. 12.187, de 29 de dezembro de 2009."

[24] A Lei Federal n. 12.187/2009 (Política Nacional sobre Mudança do Clima. Mitigação – PNMC), nos termos definidos no inciso VII do artigo 2º da Lei n. 12.187/2009, define como

que a forma de comprovação da adoção de medidas de mitigação encontra-se pendente de regulamentação. Contudo, para Niebuhr *et al.* (2021, p. 102/105) "a diferença entre o direito de preferência em caso de empate previsto no artigo 60 em relação à margem de preferência estatuída no artigo 26, todos da Lei n. 14.133/2021, é que no primeiro o empate deve ser real". Assim, é "possível antever um cenário de extrema dificuldade para os agentes encarregados da licitação em aplicar as sucessivas regras de desempate e preferência nos termos definidos no artigo 60 da Lei n. 14.133/2021".

iv. As **certificações ambientais** (**inciso III do artigo 42**[25]), visto que são estabelecidos os requisitos e procedimentos da prova de qualidade dos produtos ofertados pelos licitantes, trazendo o fundamento de legalidade para esse tipo de exigência. A esse respeito, destaca-se que a "Lei n. 8.666/1993 não permite, textualmente, a possibilidade de se exigir certificações de qualidade ou conformidade do produto ou do processo de fabricação", mas que a jurisprudência do Tribunal de Contas da União[26] vinha revisitando essa orientação, "reputando válida, em dadas hipóteses, a exigência de certificação de natureza ambiental". Nesse sentido, "a Administração Pública deve ter o cuidado para não instituir preferências injustificadas por um tipo ou entidade certificadora específica em detrimento de outras possíveis, o que pode restringir indevidamente a competição" (NIEBUHR *et al.*, 2021, p. 105-107).

mitigação as "mudanças e substituições tecnológicas que reduzam o uso de recursos e as emissões por unidade de produção, bem como a implementação de medidas que reduzam as emissões de gases de efeito estufa e aumentem os sumidouros".

[25] "Art. 42. A prova de qualidade de produto apresentado pelos proponentes como similar ao das marcas eventualmente indicadas no edital será admitida por qualquer um dos seguintes meios:

(...)

III – certificação, certificado, laudo laboratorial ou documento similar que possibilite a aferição da qualidade e da conformidade do produto ou do processo de fabricação, inclusive sob o aspecto ambiental, emitido por instituição oficial competente ou por entidade credenciada."

[26] Acórdão n. 2995/2013, o Acórdão n. 1305/2013 e a Decisão Monocrática do Ministro Benjamin Zymler no TC-003.405/2010-9.

v. **Tratamento dos impactos ambientais e urbanísticos em contratos de obras e serviços de engenharia (artigo 45, incisos I e II[27])**, na medida em que as licitações de obras e serviços de engenharia devem respeitar normas relativas à disposição final ambiental adequada dos resíduos sólidos gerados pelas obras e à mitigação por condicionantes e compensação ambiental.

De acordo com Niebuhr *et al.* (2021, p. 108):

> A finalidade do dispositivo é induzir uma atividade administrativa menos poluente e degradante e reforçar o cumprimento de obrigações havidas em normas correlatas, de natureza coletiva ou difusa. Ainda, a norma acaba fornecendo embasamento jurídico suficiente para que a Administração Pública exija do contratado prova do adequado tratamento de impactos ambientais e urbanísticos na obra (...).

Isso se justifica pelo fato de "a Administração Pública, como titular da obra, poder ser responsabilizada por danos ambientais/urbanísticos, ou pelo menos sofrer reflexos sobre sua esfera de interesses nesses casos" (NIEBUHR *et al.*, 2021, p. 108). Salienta-se, por fim, que na Lei n. 8.666/1993 não existe previsão específica nesse sentido, embora não haja empecilho para que a Administração Pública o faça.

vi. O **desempenho do contrato com base em critérios de sustentabilidade ambiental (artigos 144[28] e 147[29])**, que influenciará a sua

[27] "Art. 45. As licitações de obras e serviços de engenharia devem respeitar, especialmente, as normas relativas a:
I – disposição final ambientalmente adequada dos resíduos sólidos gerados pelas obras contratadas;
II – mitigação por condicionantes e compensação ambiental, que serão definidas no procedimento de licenciamento ambiental;
III – utilização de produtos, de equipamentos e de serviços que, comprovadamente, favoreçam a redução do consumo de energia e de recursos naturais; (...)."

[28] "Art. 144. Na contratação de obras, fornecimentos e serviços, inclusive de engenharia, poderá ser estabelecida remuneração variável vinculada ao desempenho do contratado, com base em metas, padrões de qualidade, critérios de sustentabilidade ambiental e prazos de entrega definidos no edital de licitação e no contrato."

[29] "Art. 147. Constatada irregularidade no procedimento licitatório ou na execução contratual, caso não seja possível o saneamento, a decisão sobre a suspensão da execução ou sobre

remuneração variável e a existência de riscos sociais e ambientais, será considerado na decisão sobre a suspensão da execução ou sobre a declaração de nulidade do contrato. Trata-se de uma "sofisticação em relação ao modelo estático de remuneração, que agora pode ser vinculada e proporcional aos resultados apresentados pelo contratado" (NIEBUHR *et al.*, 2021, p. 109).

É o chamado "contrato de eficiência", por meio do qual "o contratado assume a obrigação de reduzir as despesas da Administração, e sua remuneração corresponderá a um percentual da economia gerada" (SCHWIND *apud* NIEBUHR *et al.*, 2021, p. 109-110).

Também o disposto **no artigo 39** diz respeito a este tópico, pois, para Niebuhr *et al.* (2021, p. 110):

> (...) estabelece que, no julgamento por maior retorno econômico, firmado exclusivamente para a celebração de contrato de eficiência, considerar-se-á "a maior economia para a Administração, e a remuneração deverá ser fixada em percentual que incidirá de forma proporcional à economia efetivamente obtida na execução do contrato". Trata-se de importante previsão comparativamente em relação aos critérios até então vigentes na Lei n. 8.666/1993, em que a remuneração pela maior economia gerada decorria de um exercício de interpretação do critério de menor preço.

Por todo o exposto, verifica-se que a Nova Lei de Licitações trouxe muitas novidades e esclareceu determinados aspectos ao trazer a fundamentação necessária para promover a observância de aspectos de sustentabilidade pelo gestor público.

Verifica-se também que a contratação sustentável não deve mais ser considerada como exceção, mas sim regra geral, a ser buscada pela Administração Pública, ainda que de forma gradativa, visto ainda restarem pontos a serem regulamentados. Contudo, como em todo ato administrativo, há o dever de motivação pelo gestor para a adoção ou não de critérios e práticas de sustentabilidade, embora a alteração mais relevante

a declaração de nulidade do contrato somente será adotada na hipótese em que se revelar medida de interesse público, com avaliação, entre outros, dos seguintes aspectos: (...) III – motivação social e ambiental do contrato; (...)."

seja, sem dúvida, o dever de justificar a não adoção de critérios e práticas sustentáveis nas contratações públicas.

3.2. Previsões normativas e oportunidades para a prática da licitação sustentável no Brasil

a) Governo Federal

Não sem motivo o Brasil tem procurado evoluir em práticas de compras públicas por meio de novas leis. Na verdade, ações como essa e a procura por maior inserção internacional, visando aproximar-se dos princípios defendidos pela Organização para a Cooperação e Desenvolvimento Econômico – OCDE, são necessárias para atingir o objetivo de aderir à OCDE e fazer parte do grupo seleto formado por 38 países[30] que discutem e promovem boas práticas em políticas públicas, buscando estimular o crescimento e desenvolvimento econômico sustentável.

A candidatura do Brasil à OCDE está entre os temais centrais na política externa do País, sendo de fundamental importância para o Estado brasileiro e para a sociedade, pois a eventual entrada do Brasil na Organização permite adquirir um selo de qualidade e maior participação na cadeia produtiva global (IPEA, abr. 2021).

Nesse percurso há o advento da Nova Lei de Licitações que, conforme o IPEA (jul. 2021), objetivou:

> (...) dar maior transparência a processos de compras públicas, reduzir custos de participação – tornando as compras mais eficientes – e atrair mais licitantes. Esses avanços atenderiam, em boa medida, às críticas direcionadas ao Brasil no relatório "Economic Survey of Brazil", da OCDE (...).

O citado relatório, publicado em 2018, aponta:

[30] São países membros: Alemanha, Austrália, Áustria, Bélgica, Canadá, Chile, Colômbia, Coréia, Costa Rica, Dinamarca, Eslováquia, Eslovênia, Espanha, Estados Unidos, Estônia, Finlândia, França, Grécia, Hungria, Irlanda, Islândia, Israel, Itália, Japão, Letônia, Lituânia, Luxemburgo, México, Noruega, Nova Zelândia, Países Baixos, Polônia, Portugal, Reino Unido, República Checa, Suécia, Suíça e Turquia (BRASIL. MINISTÉRIO DA ECONOMIA, 2022).

(...) que o Brasil deve melhorar práticas de transparência e integridade em compras públicas, desenhar regras que estimulem a concorrência, investir na profissionalização de agentes públicos responsáveis por licitações e aprimorar normas sobre centralização e coordenação de compras (IPEA, jul.2021).

Vê-se que os esforços para a mudança normativa e cultural necessária para a adoção de práticas de contratações sustentáveis será alcançada de forma gradual, porém, consistente, considerando-se a expectativa de benefício econômico envolvido. Nesse sentido, ainda são poucos os achados sobre práticas de licitação sustentável em nível nacional após a Nova Lei de Licitações, podendo-se citar:

i. **Guia Nacional de Contratações Sustentáveis da Advocacia Geral da União (4ª edição)** – a Advocacia Geral da União divulgou em agosto de 2021 a 4ª edição do Guia Nacional de Contratações Sustentáveis, elaborado pela Câmara Nacional de Sustentabilidade da Consultoria Geral da União, com o objetivo primordial de reforçar a contribuição para a segurança jurídica na prática das Contratações Sustentáveis, "zelando pela já consagrada utilização do guia por Advogados e Gestores Públicos". A edição preocupou-se com a iminente aplicação da Nova Lei Geral de Licitações e Contratos; porém, considerando que ela entrou em vigor no decorrer da elaboração do referido conteúdo, a citação à nova lei foi feita ainda de forma inicial, mas já introduzindo excertos relevantes, a fim de que o Guia tivesse condições de ser aplicado, mesmo no contexto da Nova Lei Geral de Licitações e Contratos. O material pode ser referência para Munícipios e Estados, devendo-se atentar para a observância da legislação estadual e municipal existente nas temáticas versadas, bem como para a necessária e inafastável orientação prévia dos correspondentes órgãos de Consultoria Jurídica de cada órgão público que pretender se utilizar do Guia (BRASIL. Advocacia-Geral da União-AGU. Consultoria-Geral da União, 2021).

ii. **PARECER n. 00001/2021/CNS/CGU/AGU** – confeccionado pela Câmara Nacional de Sustentabilidade, com o objetivo de orientar a atuação consultiva para a adoção de critérios e práticas de sustentabilidade socioambiental e de acessibilidade em todas as fases das contratações públicas, foi aprovado pelo Subconsultor-Geral da União em 3 de agosto de 2021. O parecer obriga órgãos e entidades da administração pública a adotarem os critérios e as práticas de sustentabilidade previstos no Guia Nacional de Contratações Sustentáveis da Advocacia Geral da União e, não sendo possível, justificar as razões da impossibilidade. De acordo com o parecer, a Lei n. 14.133/2021 "mantém o compromisso de promover o desenvolvimento sustentável, em sua multidimensionalidade, na seara das contratações públicas e por intermédio delas" (BRASIL. Advocacia-Geral da União-AGU. Consultoria-Geral da União. Câmara Nacional de Sustentabilidade - CNS/DECOR/CGU, 2021) (BRASIL. Advocacia-Geral da União-AGU. Consultoria-Geral da União, 2021).

iii. **Guia de Contratações Sustentáveis da Justiça do Trabalho (3ª edição)** - o Conselho Superior da Justiça do Trabalho (CSJT) aprovou através da Resolução n. 310/CSJT de 24/09/2021 a 3ª edição do Guia de Contratações Sustentáveis da Justiça do Trabalho, fruto de parceria com todos os vinte e quatro Tribunais Regionais do Trabalho (TRTs) e com o Tribunal Superior do Trabalho (TST), o qual foi revisado e validado pelo Fórum Permanente de Contratações Sustentáveis[31]. O documento traz critérios de sustentabilidade a serem observados na aquisição de bens e na contratação de obras e serviços no âmbito da Justiça do Trabalho de primeiro e segundo graus. Além disso, estabelece quais critérios e práticas deverão ser comprovados na aquisição de produtos, apresentando, para tanto, os quatros passos das contratações sustentáveis. De acordo com o guia, as contratações que não observarem as regras postas para as contratações sustentáveis deverão ser expressamente justificadas e fundamentadas em documento encaminhado ao Fórum. Cumpre observar que, apesar de datar de 24 de setembro de 2021, a aprovação do Guia fundamentou-se no disposto no art. 3º da Lei n. 8.666/1993 (BRASIL. Conselho Superior da Justiça do Trabalho, 2021).

[31] O Fórum Permanente de Contratações Sustentáveis da Justiça do Trabalho foi instituído pela presidência do Conselho Superior da Justiça do Trabalho (CSJT) em 20 de setembro de 2012, e é composto por servidores do CSJT e dos 24 Tribunais Regionais do Trabalho. O grupo tem como tarefa acompanhar e atualizar o Guia Prático de Contratações Sustentáveis e promover ações que auxiliem na sua implementação. Também deve manter disponíveis em meio eletrônico editais e termos de referência sustentáveis, boas práticas relacionadas a compras e contratações sustentáveis, ações de capacitação programadas e monitoramento de metas estabelecidas.

b) Governos Estaduais

Foi realizada pesquisa até o dia 23 de março de 2022 nos *sites* oficiais dos governos dos Estados do Paraná, Rio de Janeiro, Rio Grande do Sul e São Paulo. Essa seleção considerou o fato de que se trata de grandes Estados, com arrecadação mais expressiva, e que por isso poderiam estar na vanguarda nas questões voltadas à sustentabilidade.

No site de notícias do **Estado Paraná**[32], encontra-se informação de que aquele estado foi o primeiro a regulamentar, no âmbito estadual, a Nova Lei de Licitações (Decreto Estadual n. 10.086, de 17 de janeiro de 2022). Contudo, em sua página de licitações[33] não há menção à Lei Federal n. 14.133/2021 nem ao citado decreto regulamentador, como também não se identificam licitações com a observância de critérios sustentáveis.

Quanto à pesquisa realizada no **Estado do Rio de Janeiro**, foi localizado no Portal de "Compras Públicas" um *link* de "Consultas Públicas Normatização da Nova Lei de Licitações"[34], para órgãos e entidades da administração direta e indireta, bem como a qualquer interessado, com as propostas de normatização da Lei Federal n. 14.133/2021, no âmbito da Administração Pública Estadual direta, autárquica e fundacional do Poder Executivo do Estado do Rio de Janeiro, o que demonstra que também o assunto ainda está sendo estudado no âmbito daquele Estado. Chamou a atenção a informação constante do Portal referente à apresentação do "Plano de Contratações Anual – PCA"[35], por constituir uma das inovações também trazidas pela Nova Lei de Licitações (inciso VII do *caput* do art. 12).

No site do **Estado do Rio Grande do Sul**[36] não se encontrou página com a fundamentação legal em uso para as licitações nem menção à Lei Federal n. 14.133/2021.

[32] *Vide* https://www.aen.pr.gov.br/Noticia/Governador-regulamenta-lei-que-da-mais-transparencia-e-sustentabilidade-contratacoes.

[33] *Vide* http://www.transparencia.pr.gov.br/pte/compras/licitacoes.

[34] *Vide* https://www.compras.rj.gov.br/Noticias/detalhar?id=434.

[35] *Vide* http://www.compras.rj.gov.br/Portal-Siga/Principal/planoAnual.action.

[36] *Vide* https://www.estado.rs.gov.br/inicial e http://www.celic.rs.gov.br/.

Nas pesquisas realizadas na página de licitações sustentáveis do **Estado de São Paulo**[37], constatou-se que, em que pese adotar, desde 1997, regras específicas em seus procedimentos de contratações, com o objetivo de garantir o atendimento a requisitos de cunho socioambiental, não há menção de estudos relacionados ou mesmo da própria Lei Federal n. 14.133/2021. Nesse sentido, destaca-se o Decreto Estadual n. 53.336/2008, que instituiu o Programa Estadual de Contratações Públicas Sustentáveis.

Contudo, como iniciativa do Estado de São Paulo, coordenada pela Secretaria de Infraestrutura e Meio Ambiente, tem-se o Programa Município VerdeAzul (PMVA), que tem por objetivo medir e apoiar a eficiência da gestão ambiental nas cidades de São Paulo, auxiliando-as na elaboração de políticas públicas estratégicas para o desenvolvimento sustentável do Estado, com publicação anual do Ranking Ambiental dos Municípios Paulistas. As ações propostas pelo PMVA compõem as dez Diretivas norteadoras da agenda ambiental local, abrangendo os seguintes temas estratégicos: Município Sustentável, Estrutura e Educação Ambiental, Conselho Ambiental, Biodiversidade, Gestão das Águas, Qualidade do Ar, Uso do Solo, Arborização Urbana, Esgoto Tratado e Resíduos Sólidos[38].

c) Governos Municipais (exceto São Paulo)

Em consulta aos *sites* oficiais das prefeituras de **Belo Horizonte**[39] e **Vitória**[40] até o dia 23 de março de 2022, não foi localizada a fundamentação legal adotada nem qualquer informação quanto à prática de licitações sustentáveis em seu âmbito. No *site* da prefeitura do **município do Rio de Janeiro**[41], em que pese ter sido localizado *link* na página "Catálogo de Bens e Serviços" para pesquisa de "Materiais Verde/sustentável"[42], este não retornou resultado válido e não se encontrou menção à Lei Federal n. 14.133/2021.

[37] *Vide* https://www.infraestruturameioambiente.sp.gov.br/cpla/licitacoes-sustentaveis/.
[38] *Vide* https://www.infraestruturameioambiente.sp.gov.br/verdeazuldigital/.
[39] *Vide* https://prefeitura.pbh.gov.br/licitacoes.
[40] *Vide* https://www.vitoria.es.gov.br.
[41] *Vide* https://www.rio.rj.gov.br/web/transparencia/licitacao.
[42] *Vide* http://ecomprasrio.rio.rj.gov.br/portal/cadastro_bens_servicos.asp.

Saliente-se que a escolha desses Municípios para pesquisa considerou o fato de eles serem grandes capitais de Estados, com arrecadação expressiva, e que, por isso, também poderiam estar na vanguarda nas questões voltadas à sustentabilidade.

3.3. Licitação sustentável na cidade de São Paulo

As iniciativas para a sustentabilidade na cidade de São Paulo vêm de longa data, e remontam à criação do Conselho Municipal do Meio Ambiente e Desenvolvimento Sustentável – CADES ainda no ano de 1993[43].

Contudo, as pesquisas efetuadas até o dia 23 de março de 2022 em busca de práticas de licitações sustentáveis após a Nova Lei de Licitações demonstraram que, na página de licitações da Prefeitura[44], não há menção a essa lei nem a normas relacionadas à sustentabilidade e que a municipalidade, até então, está promovendo estudos para sua aplicação. Veja-se:

i. Em 8 de janeiro de 2020 foi promulgada a Lei Municipal n. 17.260/2020[45], disciplinando a licitação sustentável para a aquisição de bens, contratação de serviços ou obras pela Administração Pública Municipal direta, autárquica e fundacional, permitindo a adoção de critérios ambientalmente corretos, socialmente justos e economicamente viáveis, entre outras providências. Verifica-se que, não obstante seja observado o pioneirismo da lei, publicada anteriormente à Nova Lei de Licitações, não foi localizada publicação do decreto regulamentador estabelecido em seu artigo 14.

ii. No *Diário Oficial da Cidade – DOC* de 30 de julho de 2021 (p. 82) foi publicada a Portaria SGM 134, de 29 de abril de 2021, que consti-

[43] O Conselho Municipal do Meio Ambiente e Desenvolvimento Sustentável – CADES foi criado pelo artigo 22 da Lei Municipal 11.426 de 18 de outubro de 1993, revogada pela Lei Municipal n. 14.887 de 15 de janeiro de 2009, com funcionamento regulamentado pelo Decreto n. 52.153/2011. É um órgão consultivo e deliberativo em questões referentes à preservação, conservação, defesa, recuperação e melhoria do meio ambiente natural, construído e do trabalho, em todo o território do Município de São Paulo. *Vide* https://www.prefeitura.sp.gov.br/cidade/secretarias/meio_ambiente/cades/index. php?p=3250.

[44] *Vide* https://www.prefeitura.sp.gov.br/cidade/secretarias/governo/gestao/coordenadoria_de_bens_e_servicos__cobes/legislacao/index.php?p=8112.

[45] Publicada no *Diário Oficial da Cidade – DOC* de 09/01/2020 (p. 01).

tuiu Grupo de Trabalho Intersecretarial – GTI para a elaboração de estudos e proposta de medidas para regulamentação da Lei Federal n. 14.133/2021, tendo fixado em seu artigo 6º orientação sobre a faculdade prevista no artigo 191 da lei, no sentido de que, **até a conclusão dos trabalhos do Grupo de Trabalho Intersecretarial, as licitações e contratações administrativas deverão observar as legislações federal e municipal atualmente vigentes.** Nota-se que o GTI tem como objetivo elaborar minutas de atos normativos e indicar providências administrativas visando a adoção da Lei Federal n. 14.133/2021 no âmbito da Administração Pública direta, autárquica e fundacional e que o prazo para a conclusão dos trabalhos era de 60 (sessenta) dias contados da publicação da Portaria. Em consulta ao Processo Administrativo SEI (Sistema Eletrônico de Informações) indicado na publicação, constata-se que há a junção de minuta de decreto regulamentador do processo de licitação e contratação no Município de São Paulo, de acordo com a Lei Federal n. 14.133/2021, e consolidador da regulamentação municipal sobre licitação e contratos administrativos. Nesse sentido, consta observação de que a minuta engloba os pontos essenciais para possibilitar a aplicação da Lei Federal no âmbito do Município de São Paulo, além de consolidar a regulamentação municipal esparsa sobre a matéria, motivo pelo qual está sendo proposta a revogação de 20 (vinte) decretos municipais. Consta também o registro do GTI de que a Nova Lei de Licitações se preocupou bastante com o aspecto da sustentabilidade e que, nesse contexto, é "imprescindível a regulamentação da Lei 17.260, de 08 de janeiro de 2020, que disciplina a licitação sustentável no âmbito do município de SP, em conformidade com a nova lei".

iii. No âmbito do Tribunal de Contas do Município de São Paulo[46], foram constituídos Grupos de Estudos para: 1) avaliação dos impactos de dispositivos da Nova Lei de Licitações diretamente voltados à disciplina da atuação dos Tribunais de Contas; 2) aperfeiçoar o corpo técnico na condução da atividade fiscalizatória, bem como analisar dispositivos da Nova Lei de Licitações que possam impactar na atuação deste Tribu-

[46] *Diário Oficial da Cidade – DOC* de 1º de maio de 2021 (p. 83), 30 de abril de 2021 (p. 104) e 7 de agosto de 2021 (p. 100), respectivamente.

nal Contas; e 3) avaliar e propor as medidas necessárias para a adoção da Nova Lei de Licitações no âmbito do TCMSP.

Conclusões

Por intermédio das pesquisas realizadas e disponibilizadas neste trabalho, é possível concluir que a adoção de critérios de sustentabilidade no processo de licitação para compra de bens ou contratação de serviços por parte da administração pública tem pleno amparo constitucional e legal.

Isso porque, já de início, verifica-se que a inserção de tais critérios concretiza alguns dos preceitos constitucionais e legais vigentes, como o previsto no art. 225 da Constituição Federal, já comentado, de forma que a questão da preservação do meio ambiente foi elevada à esfera constitucional.

Quanto ao argumento de que a inserção desses critérios de sustentabilidade restringiria indevidamente a competitividade dos certames, ao não possibilitar a participação de empresas que não cumprissem esses requisitos, convém lembrar que licitar implica necessariamente em fazer restrições, na medida em que se definem as características do que se precisa adquirir. O que se veda é a inserção de condições que restrinjam indevidamente a competição, haja vista a necessidade de observação dos princípios da isonomia e impessoalidade. Assim, *a priori*, não há vedação da inserção de critérios ambientais na definição do objeto, desde que adequadamente motivada, tendo como fim o interesse público.

E, nesse sentido, a edição da Nova Lei de Licitações e Contratos veio a contribuir com a exposição de regras mais objetivas para a adoção de critérios de sustentabilidade, como se verifica em seus artigos 6º, 11, 18, 26, 34, 39, 42, 45, 60, 144 e 147. Contudo, ainda que tenham sido apresentados dispositivos mais expressos a respeito da sustentabilidade no processo de licitação, persiste a necessidade de cautela por parte da administração pública ao estabelecer quesitos ou práticas de sustentabilidade na escolha da proposta mais vantajosa para a administração em um sentido amplo.

Torna-se, portanto, fundamental que a administração pública, em todas as suas esferas, passe a colocar em prática esse instrumento tão importante, sendo natural que surjam dificuldades de natureza técnica, procedimental e jurídica para sua concretização, visto tratar-se de regramento recente, e em alguns pontos ainda carente de regulamentação.

Não por menos, vê-se que, apesar de as licitações sustentáveis já estarem presentes no setor público, as pesquisas aqui efetuadas demonstraram que os órgãos públicos pesquisados, em sua grande maioria, ainda estão se preparando para o avanço na implementação da Nova Lei de Licitações e, mais ainda, dos critérios de sustentabilidade.

Diante do exposto, conclui-se que a adoção de boas práticas para efetivação das licitações sustentáveis em âmbito nacional está para além de uma mera discussão ecológica quanto aos cuidados que o meio ambiente carece, para torna-se, por determinação legal, o meio pelo qual os governos podem atender à demanda de compras sustentáveis, garantindo na prática sua função social e a proteção ao meio ambiente.

Nesse sentido, salienta-se ser de suma importância a conscientização e sensibilização dos gestores em relação ao tema, e o engajamento dos funcionários públicos no aprofundamento das discussões e estudos necessários a fim de que o processo de Licitação Sustentável seja uma realidade próxima.

Referências

BARROSO FILHO, E. A. **Licitações sustentáveis**: a observância do critério de sustentabilidade em conformidade com os parâmetros de competitividade, economicidade e proporcionalidade. 2012. Monografia (Especialização em Direito Administrativo) – Instituto Brasiliense de Direito Público, Brasília, DF, 2012. *In* : OLIVEIRA, Bernardo Carlos Spaulonci Chiachia Matos de; BORINELLI, Benilson; e TRIDAPALLI, Juarez Paulo. **Compras públicas sustentáveis: benefícios e entraves**. 2011. Disponível em: <https://repositorio.altecasociacion.org/bitstream/handle/20.500.13048/610/2259-2259-1-PB.pdf?sequence=1&isAllowed=y>. Acesso em: 2 mar. 2022.

BIDERMAN, Rachel *et al.* Guia de compras públicas sustentáveis. Uso do poder de compra do governo para a promoção do desenvolvimento sustentável. 2008. **Coleções FGV EAESP – GVces** – Relatórios Técnicos. Disponível em: <https://bibliotecadigital.fgv.br/dspace/bitstream/handle/10438/15417/Guia%20de%20Compras%20P%c3%bablicas%20Sustent%c3%a1veis%20uso%20do%20poder%20de%20compra%20do%20governo%20para%20

promo%c3%a7%c3%a3o%20do%20desenvolvimento%20sustent%c3%a1vel.pdf?sequence=1&isAllowed=y>. Acesso em: 13 mar. 2022.

BRASIL. Advocacia-Geral da União (AGU). Consultoria-Geral da União. Câmara Nacional de Sustentabilidade – CNS/DECOR/CGU. **Parecer n. 00001/2021/CNS/CGU/AGU**. Disponível em: <https://www.gov.br/agu/pt-br/comunicacao/noticias/PARECER01.2021CNS.pdf>. Acesso em: 15 mar. 2022.

—. **Guia Nacional de Contratações Sustentáveis**. 4. ed. Machado, Alessandro Q. (Coord.); Longato, Carlos F.; Santos, Daniel L.; Celso V.; Carvalho, Flávia G. de; Paz e Silva Filho, Manoel; Bliacheris, Marcos W.; Ferreira, Maria Augusta S. de O.; Barth, Maria Leticia B. G.; Santos, Mateus L. F.; Silva, Michelle Marry M.; Gomes, Patricia M.; Villac, Teresa. Brasília: AGU, agosto, 2021. Disponível em: <https://www.gov.br/agu/pt-br/comunicacao/noticias/AGUGuiaNacionaldeContrataesSustentveis4edio.pdf>. Acesso em: 15 mar. 2022.

BRASIL. Conselho Superior da Justiça do Trabalho. Resolução n. 310/CSJT, de 24 de setembro de 2021. Diário Eletrônico da Justiça do Trabalho: caderno administrativo [do] Conselho Superior da Justiça do Trabalho, Brasília, DF, n. 3325, p. 18-20, 7 out. 2021. Disponível em: <https://hdl.handle.net/20.500.12178/192701>. Acesso em: 15 mar. 2022.

BRASIL. Ministério da Economia. Membros e Estrutura Organizacional da OCDE. Publicado em 06/04/2022. Disponível em: < https://www.gov.br/economia/pt-br/assuntos/ocde/membros-e-estrutura-organizacional-da-ocde>. Acesso em: 13 abr. 2022.

CLEMENT, Simon; EVANS, Natalie; TEPPER, Philipp; HIDSON, Mark (ICLEI – Secretariado Europeu. Tradução e organização de Barbi, Fabiana; LALOE, Florence Karine; CARVALHO, Jussara de Lima; FREITAS, Luciana Gomides; e BARNI, Amanda. **Manual Procura+: um guia para implementação de compras públicas sustentáveis**. 3. ed. São Paulo. 2015. Disponível em: <https://e-lib.iclei.org/wp-content/uploads/2018/10/Manual_Procura_BR_final.pdf>. Acesso em: 13 mar. 2022.

COSTA, Mikaela Michelly; e MUNGO, Ellen Laura Leite. **Licitação: compras públicas sustentáveis**, 2019. Disponível em: <http://repositoriodigital.univag.com.br/index.php/rep/article/view/1382>. Acesso em: 2 mar. 2022.

DOVERS, S.R. Sustainability: Demands on Policy. **Journal of Public Policy**, [s.l], v. 16, p. 303-318, 1997. *In:* OLIVEIRA, Bernardo Carlos Spaulonci Chiachia Matos de; BORINELLI, Benilson; e TRIDAPALLI, Juarez Paulo. Compras Públicas Sustentáveis: Benefícios e Entraves. 2011. Disponível em: <https://reposito-

rio.altecasociacion.org/bitstream/handle/20.500.13048/610/2259-2259-1-PB.pdf?sequence=1&isAllowed=y>. Acesso em: 02 de março de 2022.

ELKINGTON, J. Towards the sustainable corporation: win-win-winbusiness strategies for sustainable development. California ManagementReview, v. 36, n. 3, p. 90-100, 1994. *In*: HART, Stuart L.; e MILSTEIN, Mark B. Criando valor sustentável. **Revista RAE Executivo**, v. 3, n. 2, p. 65-79, jul. 2004. Disponível em: <https://bibliotecadigital.fgv.br/ojs/index.php/gvexecutivo/article/view/34820>. Acesso em: 9 mar. 2022.

FELDMANN, Fabio (Coord.). Rio + 10 Brasil (Grupo de Trabalho). **De Estocolmo a Joanesburgo**. 2002. Disponível em: <https://www.ana.gov.br/acoesadministrativas/relatoriogestao/rio10/riomaisdez/index.php.35.html. Acesso em: 13 abr. 2022.

FRIEDMAN, M. The social responsibility of business is to increase profits. **The New York Times Magazine**. 13 Sept., 1970. *In:* HART, Stuart L.; e MILSTEIN, Mark B. Criando valor sustentável. **Revista RAE Executivo**, v. 3, n. 2, p. 65-79, jul. 2004. Disponível em: <https://bibliotecadigital.fgv.br/ojs/index.php/gvexecutivo/article/view/34820>. Acesso em: 9 mar. 2022.

GLADWIN, T., Kennelly, J. e Krause, T. Shifting paradigms for sustainable development: implications for management theory and research. Academy of Management Review, v. 20, n. 4, p. 878-907, 1995. *In:* HART, Stuart L.; e MILSTEIN, Mark B. Criando valor sustentável. **Revista RAE Executivo**, v. 3, n. 2, p. 65-79, jul. 2004. Disponível em: <https://bibliotecadigital.fgv.br/ojs/index.php/gvexecutivo/article/view/34820>. Acesso em: 9 mar. 2022.

GUEDES, Maria Julia. **História das conferências das Nações Unidas sobre mudanças climáticas**. Politize. 2021 Disponível em: <https://www.politize.com.br/historia-das-conferencia-das-nacoes-unidas-sobre-mudancas-climaticas/>. Acesso em: 14 mar. 2022.

HART, Stuart L.; e MILSTEIN, Mark B. Criando valor sustentável. **Revista RAE Executivo**, v. 3, n. 2, p. 65-79, jul. 2004. Disponível em: <https://bibliotecadigital.fgv.br/ojs/index.php/gvexecutivo/article/view/34820>. Acesso em: 9 mar. 2022.

HOLLIDAY, C. Sustainable growth, the DuPont way. **Harvard Business Review**, v. 79, n. 8, p. 129-32, 2001. *In:* HART, Stuart L.; e MILSTEIN, Mark B. Criando valor sustentável. **Revista RAE Executivo**, v. 3, n. 2, p. 65-79, jul. 2004. Disponível em: <https://bibliotecadigital.fgv.br/ojs/index.php/gvexecutivo/article/view/34820>. Acesso em: 9 mar. 2022.

IBGE – Instituto Brasileiro de Geografia e Estatística e Secretaria Especial de Articulação Social. **Transformando Nosso Mundo – A Agenda 2030 para o desenvolvimento sustentável. Indicadores brasileiros para os objetivos de desenvolvimento sustentável**. 2022. Disponível em: < https://odsbrasil.gov.br/home/agenda>. Acesso em: 7 abr. 2022.

IPEA – Instituto de Pesquisa Econômica Aplicada. **Brasil busca modernizar compras públicas e aproximar-se de recomendações da OCDE** (jul. 2021). Disponível em: <https://www.ipea.gov.br/portal/index.php?option=com_content&view=article&id=38240&catid=6&Itemid=4>. Acesso em: 22 mar. 2022.

—. **Especialistas analisam temática ambiental no processo de adesão do Brasil à OCDE**. abr. 2021. Disponível em: <https://www.ipea.gov.br/portal/index.php?option=com_content&view=article&id=37895&catid=6&Itemid=4>. Acesso em: 22 mar. 2022.

JUSTEN FILHO, Marçal. Curso de direito administrativo. 8. Ed. Belo Horizonte: Fórum. Edição do Kindle, 2012.

KORKMAZ, Abdullah. **Benefits and obstacles of environmental, social and sustainableprocurement**. Disponível em: <http://www.ippa.org/IPPC4/Proceedings/07GreenProcurement/Paper7-2.pdf > .Acesso em: 21 jan. 2011. *In:* OLIVEIRA, Bernardo Carlos Spaulonci Chiachia Matos de; BORINELLI, Benilson; e TRIDAPALLI, Juarez Paulo. **Compras públicas sustentáveis: benefícios e entraves**. 2011. Disponível em: <https://repositorio.altecasociacion.org/bitstream/handle/20.500.13048/610/2259-2259-1-PB.pdf?sequence=1&isAllowed=y>. Acesso em: 2 mar. 2022.

LIMA, Luiz Henrique. Informação fornecida pelo Conselheiro Substituto do TCEMT na palestra proferida **"Tardes do Conhecimento – 2022 – 1º Encontro: O controle externo na Nova Lei de Licitações"**, em 3 fev. 2022 – horário: das 15h às 17h. Disponível em: <https://www.youtube.com/watch?v=sS4ehO77UTE&t=2261s>. Acesso em: 13 mar. 2022.

MITTMANN, Alessandra Carlise; e MONTEIRO, Daniel Eduardo. Análise da relação sustentabilidade e posicionamento de marca corporativa e sua criação de valor. **Revista FAE**, Curitiba, v. 18, n. 2, p. 38-53, jul./dez., 2015. Disponível em: <https://revistafae.fae.edu/revistafae/article/view/64/49>. Acesso em: 9 mar. 2022.

—. Por que as licitações sustentáveis ainda não decolaram? **Revista Interesse Público**, Belo Horizonte, ano 19, n. 104, p. 25-48, jul./ago. 2017. *In:* NIEBUHR, Pedro. Licitações Sustentáveis. In: NIEBUHR, Joel de Menezes (Coord.). **Nova**

Lei de Licitações e Contratos Administrativos. Ebook. 2. ed. Curitiba: Zênite, 2021, p. 96-111.

NIEBUHR, Pedro. **As licitações sustentáveis na Nova Lei de Licitações. Observatório Nacional da Nova Lei de Licitações**. 2019. Disponível em: <As licitações sustentáveis na nova Lei de Licitações – Observatório da Nova Lei de Licitações (novaleilicitacao.com.br)>. Acesso em: 13 mar. 2022.

—. Licitações Sustentáveis. In: NIEBUHR, Joel de Menezes (Coord.). **Nova Lei de Licitações e Contratos Administrativos**. Ebook. 2. ed. Curitiba: Zênite, 2021, p. 96-111.

NYE, J. Globalization's democratic deficit. **Foreign Affairs**, v. 80, n. 4, p. 2-6, 2001. *In:* HART, Stuart L.; e MILSTEIN, Mark B. Criando valor sustentável. **Revista RAE Executivo**, v. 3, n. 2, p. 65-79, jul. 2004. Disponível em: <https://bibliotecadigital.fgv.br/ojs/index.php/gvexecutivo/article/view/34820>. Acesso em: 09 mar. 2022.

OLIVEIRA, Bernardo Carlos Spaulonci Chiachia Matos de; BORINELLI, Benilson; e TRIDAPALLI, Juarez Paulo. **Compras públicas sustentáveis: benefícios e entraves**. 2011. Disponível em: <https://repositorio.altecasociacion.org/bitstream/handle/20.500.13048/610/2259-2259-1-PB.pdf?sequence=1&isAllowed=y>. Acesso em: 2 mar. 2022.

SANTOS, Isabelle. **ESG e a inclusão produtiva das novas gerações**. Politize. 2022. Disponível em: < https://www.politize.com.br/esg/>. Acesso em: 7 abr. 2022.

SÃO PAULO, Prefeitura do Município de. Secretaria Municipal do Meio Ambiente. **Comitê do Clima. Histórico** (jun. 2021). Disponível em: <https://www.prefeitura.sp.gov.br/cidade/secretarias/meio_ambiente/comite_do_clima/historico/index.php?p=15084>. Acesso em: 13 abr. 2022.

SCHWIND, R. W. **Remuneração variável e contratos de eficiência no Regime Diferenciado de Contratações Públicas (Lei n. 12.462/2011)**. Disponível em: https://www.justen.com.br/pdfs/IE56/IE56-rafael_rdc.pdf. Acesso em: 14 dez. 2020. *In:*

SILVA, Caroline Rodrigues da. **A sustentabilidade na Nova lei de licitações como princípio e objetivo: um breve estudo a partir de sua base histórica**. 2020. Disponível em: <https://www.novaleilicitacao.com.br/2020/08/05/a-sustentabilidade-na-nova-lei-de-licitacoes-como-principio-e-objetivo-um-breve-estudo-a-partir-de-sua-base-historica/>. Acesso em: 21 mar. 2022.

SOARES, Leilane Kercia Barreto. Licitação sustentável: um estudo de caso das licitações de aquisições no município de Jaguaribe/CE. **Revista Controle: Doutri-**

nas e artigos, ISSN-e 2525-3387, ISSN 1980-086X, v. 19, n. 2, 2021, p. 390-420. Disponível em: <https://dialnet.unirioja.es/servlet/articulo?codigo=8100086>. Acesso em: 2 mar. 2022.

STROH, Paula Yone *et al.* As Ciências Sociais na relação interdisciplinar do planejamento ambiental para o desenvolvimento sustentável. *In:* CAVALCANTI, Clóvis (org.). **Desenvolvimento e natureza: estudos para uma sociedade sustentável**. INPSO/FUNDAJ, Instituto de Pesquisas Sociais, Fundação Joaquim Nabuco, Ministério de Educação, Governo Federal, Recife, Brasil. 1994, p. 276-292. Disponível em: <http://biblioteca.clacso.edu.ar/Brasil/dipes-fundaj/uploads/20121129023744/cavalcanti1.pdf#page=15>. Acesso em: 9 mar. 2022.

THORSTENSEN, Vera; e GIESTEIRA, Luís Felipe (coords.). **Cadernos Brasil na OCDE**. Compras Pública. IPEA – Instituto de Pesquisa Econômica Aplicada. (jul.2021). Disponível em: <https://www.ipea.gov.br/portal/images/stories/PDFs/210707_cb_ocde_compras_publicas.pdf>. Acesso em: 2 mar. 2022.

CAPÍTULO 5
PRÁTICAS ESG E O TRIBUNAL DE CONTAS DO MUNICÍPIO DE SÃO PAULO

José Fabio Rodrigues Maciel
Thaluana Alves da Penha

1. Introdução

O termo ESG, originário da língua inglesa, significa "Environmental, Social and Governance", e pode ser traduzido como ASG – "Ambiental, Social e Governança", ou seja, caracteriza-se pela busca de práticas associadas a sustentabilidade, redução das desigualdades sociais e melhoria da governança corporativa[1].

O debate sobre desenvolvimento sustentável, a necessidade de se elevar o impacto social das atividades empresariais e governamentais e a importância de melhorar as regras de governança, transparência e integridade não é novo, mas vem ganhando cada vez mais espaço tanto no meio empresarial quanto no governamental e no acadêmico.

A agenda ESG tem sido noticiada em diversos veículos de imprensa, ainda mais porque grandes corporações têm aderido e trabalhado para adaptar-se a seus conceitos, em busca de maior sustentabilidade ambiental e social, o que passa pela adequação de suas governanças corporativas, com impactos consideráveis também no setor estatal. Nesse diapasão, a administração pública deve buscar se enquadrar e caminhar junto com o avanço proposto por essas práticas.

[1] *Vide* https://www.pactoglobal.org.br/pg/esg.

Os Tribunais de Contas têm um papel importante nessa jornada, já que realizam o controle externo das relações contratuais da Administração Pública, cujo dever, por sua vez, consiste em contratar empresas idôneas e que estejam cumprindo a legislação na sua totalidade.

Este estudo, em que se utilizará o método de abordagem dedutivo, ou seja, a construção lógica do raciocínio partirá do geral para o particular, e procedimento monográfico, com pesquisa doutrinária e bibliográfica para melhor discorrer sobre o tema, trará abordagem dinâmica e atual sobre a busca da sociedade em se adaptar às mudanças decorrentes de um contexto contemporâneo do ESG no qual a economia deve caminhar de modo sustentável, pautando-se no princípio da solidariedade intergeracional, com destaque para a importância do trabalho realizado pelos órgãos de controle externo, com especial destaque ao Tribunal de Contas do Município de São Paulo.

Ao identificar os impactos que a atuação deste Tribunal proporciona à Cidade, percebe-se que a fiscalização tem hoje um olhar ainda mais profundo frente aos desafios apresentados pelo ESG, tendo em vista que a Corte de Contas deve incumbir-se da construção de uma municipalidade mais inclusiva, sustentável e ética. Além disso, a atuação dos órgãos públicos funciona como uma espécie de exemplo para a sociedade em geral.

2. Conceito, política ESG e o pacto global

Após apresentar a etimologia do termo ESG, cumpre partir para a análise de seu conceito, discorrer sobre a política ESG e, na sequência, contextualizar o pacto global. Quanto ao conceito, vale considerar que abrange as seguintes questões:

(i) Ambiental – sustentabilidade e redução do impacto ambiental. Nesta vertente resta claro que não há mais lugar para empresas e organizações que busquem o lucro a qualquer custo, perpassando também a Administração Pública, que não pode permitir que empresas ligadas ao setor público não se preocupem com os impactos negativos resultantes de suas atividades, cujos prejuízos são socializados, pois, se assim o for, o direito fundamental ao meio ambiente ecologicamente equilibrado será frontalmente atingido;

(ii) Social – melhores práticas com o foco nas pessoas e seus grupos, desenvolvimento de políticas públicas sociais que busquem a dignidade da pessoa humana em todas as suas facetas. "O que as empresas e o governo devem construir é um ambiente positivo para a inclusão, seja no mercado de trabalho ou no empreendedorismo, promovendo um impacto social positivo na sociedade" (YOSHIDA, VIANNA e KISHI, 2022, p. 441); e

(iii) Governança – em que pese a boa governança ter diferentes conteúdos e significados, dependendo dos seus contextos históricos, institucionais e culturais, suas diretrizes podem ser assim classificadas: "eficácia, eficiência, integridade, transparência, responsabilidade, legitimidade, falta de corrupção, estabilidade, participação, capacitação, coordenação, justiça social, equidade e sustentabilidade ambiental e social dos impactos" (CASTELO, 2017, p. 292). Sua finalidade é melhorar a gestão a partir do desenho de processos para tomada de decisões, seja por parte dos governos, seja de empresas.

Diga-se de passagem, a sigla ESG vem permeando o espaço público nos últimos anos, o que resulta em cada vez mais cidadãos, empresas e governos preocupados com os aspectos ambientais, sociais e de governança no planejamento e na execução de suas ações. É uma tendência que deve se intensificar ainda mais nos próximos anos. No Brasil há um direito empresarial ambiental promissor, fundamentado na legalidade constitucional; todavia, nota-se que entre muitas empresas há maior preocupação com o chamado "marketing verde" do que com as normas do nosso direito ambiental constitucional, fundamentado na dignidade da pessoa humana, o que as distanciam, apesar da propaganda que fazem, da agenda ESG.

As práticas ESG estão intrinsecamente ligadas aos Objetivos do Desenvolvimento Sustentável (ODS)[2], criados pela Organização das Nações Unidas, que se consubstanciam em um plano de ação, a fim de que se possa alcançar, até 2030, um mundo mais justo, sustentável e solidário.

[2] *Vide* https://www.pactoglobal.org.br/ods. Acesso em: 27 mar. 2022.

A referida agenda consiste em um conjunto de programas, ações e diretrizes que orientam os trabalhos das Nações Unidas e de seus países-membros rumo a uma atuação consciente tanto em sustentabilidade ambiental quanto social. Concluídas em agosto de 2015, as negociações decorrentes culminaram em documento ambicioso que propõe 17 Objetivos do Desenvolvimento Sustentável (ODS) e 169 metas correspondentes, fruto do consenso obtido pelos delegados dos Estados-Membros.

Nesse sentido, está em discussão um plano de ações desenvolvido no âmbito da Organização das Nações Unidas (ONU), caracterizado por um esforço conjunto de países, empresas, instituições e sociedade civil para erradicar a pobreza, alcançar a igualdade de gênero, agir contra as mudanças climáticas, lutar contra a desigualdade e a injustiça e promover o desenvolvimento econômico, social e ambiental em escala global até o ano 2030. O Brasil, pela sua dimensão continental e diversidade ambiental, sendo reconhecido pela notória desigualdade social e econômica, assume o compromisso de desempenhar papel fundamental em prol dos Objetivos de Desenvolvimento Sustentável da ONU.

A Declaração Universal dos Direitos Humanos, de 1948[3], representa o marco normativo fundamental para as discussões, em nível internacional, sobre os direitos humanos. Entre suas noções principais, extrai-se que a pessoa humana é o sujeito central do processo de desenvolvimento.

De acordo com a Declaração sobre o Direito ao Desenvolvimento, Resolução 41/128 da ONU, de 4 de dezembro de 1986, o desenvolvimento é direito humano inalienável, e todos os seres humanos e todos os povos têm o direito de participar, de contribuir e de usufruir do desenvolvimento econômico, social, cultural e político (artigo 1º).

Aliás, sobre desenvolvimento, vale salientar a lição de Faria (2010, p. 70):

> O desenvolvimento não pode, pois, ser limitado a uma elevação de renda *per capita* e do Produto Interno Bruto (PIE). Ele é mais exigente, envolvendo uma série infindável de modificações que conduzam a uma radical mudança de estrutura da economia e da própria sociedade do país em estudo.

[3] *Vide* http://www.dhnet.org.br/direitos/deconu/textos/integra.htm. Acesso em: 30 mar. 2022.

Amartya Sen, vencedor do Nobel de Economia de 1998, descreve o desenvolvimento como um processo de expansão das liberdades que as pessoas desfrutam, e elenca cinco categorias instrumentais que contribuem para a capacidade geral de a pessoa viver melhor e mais livremente: 1) liberdades políticas; 2) facilidades econômicas; 3) oportunidades sociais; 4) garantias de transparência; 5) segurança protetora (2007, p. 52 e 54-57).

Cabe mencionar, neste ínterim, a título exemplificativo, um ato relevante do presidente dos Estados Unidos, Joe Biden, que tomou a decisão, em 2021, sobre o retorno dos Estados Unidos ao Acordo de Paris[4], que rege medidas de redução de emissão de gases estufa, sendo renovado o compromisso de parceria com outras nações a fim de enfrentar a ameaça global das mudanças climáticas.

Ressalta-se a extrema relevância do retorno dos EUA ao Acordo de Paris; afinal, o crescimento econômico deve ser sustentável não apenas no Brasil, mas em todos os países, pois, se assim não o for, a própria existência humana estará sob risco e ameaça, sem contar que os danos ambientais causados em um local do mundo podem desencadear consequências globais.

Nessa esteira, o tema meio ambiente ganha cada vez mais espaço tanto na mídia quanto nos debates acadêmicos, políticos e internacionais; afinal, hoje em dia vive-se em um mundo altamente globalizado, o que permite potencializar as conexões.

Eduardo Tuma esclarece que "há, a partir da ideia de globalização, a potencialização das conexões entre estruturas econômicas e políticas dos diversos cantos do mundo" (2016, p. 118).

Nesse sentido, Mancuso (2004, p. 90) ensina que os interesses difusos se sobrepõem aos individuais:

> Na sociedade globalizada não há lugar para o homem enquanto indivíduo isolado; ele é tragado pela roda-viva dos grandes grupos e corporações: não há mais a preocupação com as situações jurídicas individuais, o respeito

[4] *Vide* https://www.bbc.com/portuguese/internacional-55740588. Acesso em: 27 mar. 2022.

ao indivíduo enquanto tal, mas, ao contrário, indivíduos são agrupados em grandes classes ou categorias, e como tais, normatizados.

Considerando que o direito não é estático, motivo pelo qual precisa constantemente se adequar às transformações sociais que acontecem ao longo dos tempos para continuar atingindo a sua finalidade e promovendo uma convivência harmônica, a transformação das práticas ESG e do previsto nas ODSs em normas jurídicas ocorreu naturalmente. Como aduz Nalini (2021, p. 145):

> Embora a origem da cultura ESG se vincule ao mercado, como resposta eminentemente prática, de socorro a uma economia cambaleante, sua abrangência tem condições de se irradiar por todas as outras áreas de interesse da humanidade. Inclusive, e principalmente, a esfera jurídica, preordenada a regular e a disciplinar os caminhos que os humanos percorrem nesta frágil e efêmera trajetória pelo planeta.

3. Principais Aspectos ESG para o Desenvolvimento Sustentável

Não é difícil raciocinar a partir do princípio norteador do ordenamento brasileiro: o da dignidade da pessoa humana. O constituinte de 1988 erigiu a fraternidade (solidariedade) a instituto jurídico. Prometeu no preâmbulo edificar uma sociedade justa, fraterna e solidária.

Destaque-se que é um fato incontestável a necessidade de se utilizarem racionalmente os recursos naturais, evitando o seu esgotamento, bem como é preciso considerar que atualmente se vive em uma sociedade de risco, afinal o desenvolvimento trazido pelos grandes avanços tecnológicos muitas vezes não permite a previsão das consequências desastrosas de determinados empreendimentos. Os efeitos podem ser complexos; os riscos, abstratos; os impactos, globais e ilimitados; e colocar em risco até a sobrevivência da própria espécie humana.

Segundo Romeiro (2012, p. 69):

> é possível manter o crescimento econômico eficiente (sustentado) no longo prazo, acompanhado da melhoria das condições sociais (distribuindo renda) e respeitando o meio ambiente. No entanto, o crescimento econômico eficiente é visto como condição necessária, porém não suficiente, para a ele-

vação do bem-estar humano: a desejada distribuição de renda (principal indicador de inclusão social) não resulta automaticamente do crescimento econômico, o qual pode ser socialmente excludente; são necessárias políticas públicas específicas desenhadas para evitar que o crescimento beneficie apenas uma minoria; do mesmo modo, o equilíbrio ecológico pode ser afetado negativamente pelo crescimento econômico, podendo limitá-lo no longo prazo, sem o concurso de políticas ecologicamente prudentes que estimulem o aumento da eficiência ecológica e reduzam o risco de perdas ambientais potencialmente importantes.

Nesse sentido, o ESG emerge com a ideia de preservação ambiental, para sobrevivência das futuras gerações; de políticas sociais, como questões trabalhistas; de acessibilidade; e de governança anticorrupção, entre outras. Tudo isso vem ganhando força no capitalismo moderno, em que parte dos consumidores não escolhe mais os seus produtos ou serviços apenas pelo preço, mas também pelas condutas e missões das empresas.

Assim ensinam Mazzon e Issa (2021, p. 38-39):

A responsabilidade social corporativa implica mudança do padrão comportamental da companhia, representativa de uma alteração em sua cultura organizacional, de maneira a ressignificar o seu verdadeiro papel na sociedade. Deverá ser admitida, inclusive, a eventual possibilidade de redução da sua lucratividade em prol da asseguração de outros valores, igualmente dignos de proteção, *verbi gratia*, os direitos humanos, a inclusão social, a diversidade, o meio ambiente, a prevenção e o combate à corrupção, dentre outros. A menor rentabilidade, em um curto período de tempo, pode até significar um incremento dos lucros, a longo prazo, mas este não poderá ser o intento principal, na medida em que a função social da empresa não se define com a maximização de seus resultados econômicos, e de seu valor de mercado. Todavia, por vezes, para que a responsabilidade social corporativa possa ser real e efetiva, e não se transformar em mera norma programática, a obtenção de lucros não pode ser prioridade absoluta, sobretudo com relação às estatais exploradoras de atividades econômicas, e ainda mais quando se trata da adoção e implementação das práticas ASG (Ambiental, Social e Governança).

Ademais, ao analisar o art. 170 da Constituição Federal de 1988, evidencia-se que nossa ordem constitucional, no que concerne à Ordem Econômica, visa assegurar a todos existência digna, conforme os ditames da justiça social, tendo ainda como princípio, entre outros, a defesa do meio ambiente, que não pode ser deixada de lado em benefício de empresas que tratam os cidadãos apenas como consumidores. Assim lecionam Saraiva e Véras Neto (2014, p. 28):

> Tais princípios, postos como gerais da atividade econômica buscam respaldar um desenvolvimento includente, identificado a partir da distribuição dos lucros das atividades econômicas, ao gerar emprego e proteger um meio ambiente satisfatório como proposta de solidificação de um ideal socioambiental de Estado.
>
> A lógica distributiva estatal, tendente a socializar a lucratividade das atividades econômicas, peca – ao ser regida pelo mercado – na impossibilidade de idealizar o desenvolvimento como solução para uma sociedade igualitária, autossuficiente em saúde, educação, moradia, segurança e promotora da responsabilidade social em propiciar um futuro comum – em oportunidades – a todos. Por isso, a conversão do lucro em benefícios em prol da sociedade inexiste diante da mercadorização econômica e estatal, conjuntamente à apropriação da iniciativa privada como redefinidora de serviços, antes estatais, agora objetivados por meio da finalidade de mercado, substituindo o cidadão pelo consumidor.

No que concerne à ética, termo atemporal que hoje se faz presente na dinâmica social, apresentando-se de diversas maneiras, por vezes disfarçada através de distintas denominações, é uma constante no desenvolvimento psíquico, moral e social da espécie humana. Nessa esteira é que se deve abordar a ética empresarial. Assad (2012, p. 52) assevera que:

> Nesse sentido, ser ético (pessoa, empresa ou instituição) indica ação correta, íntegra, confiável, legítima. No ambiente de negócios podem ocorrer situações fortemente questionáveis, como a existência de caixa dois, fraude de demonstrativos financeiros, suborno, *lobby*, sonegação, propaganda enganosa, superfaturamento de produtos e serviços, trabalho escravo, trabalho

informal, assédio especulação no mercado, prejuízo ao meio ambiente entre tantas outras.

A partir de tal conceito há a defesa da utilização das normas-objetivo e princípios que deixam de ter a estrutura de regras, que pressupõem uma sanção, para designar objetivos de interesse social, de forma que sejam praticadas ações, incentivadas pelo poder público, que beneficiem a sociedade de uma maneira geral. Nesse campo podem entrar as medidas sobre as quais se pretende refletir.

Com efeito, é possível ao Estado fomentar comportamentos que entende benéficos à sociedade como um todo por meio de estímulos ou incentivos. Norberto Bobbio (2007, p. 68), aliás, denomina sanções positivas ou negativas, que podem atenuar ou agravar, por exemplo, a carga tributária, sempre no intuito de alcançar uma conduta que seja socialmente desejada. Sustenta o autor que há, e não só nos chamados estados do bem-estar social, relação entre economia e o que chama de sanção positiva, no sentido de premial:

> O Estado, à medida que dispõe de recursos econômicos cada vez mais vastos, venha a se encontrar em condição de determinar o comportamento dos indivíduos, não apenas como exercício da coação, mas também com o de vantagens de ordem econômica, isto é, desenvolvendo uma função não apenas dissuasiva, mas também como já foi dito, promocional. Em poucas palavras, essa função é exercida como a promessa de uma vantagem (de natureza econômica) a uma ação desejada, e não como uma ameaça de um mal a uma ação indesejada.

Nesse contexto, oportuna a lição de Miguel Reale:

> O Direito autêntico não é apenas declarado, mas reconhecido, é vivido pela sociedade, como algo que se incorpora e se integra na sua maneira de conduzir-se. A regra de direito deve, por conseguinte, ser formalmente válida e socialmente eficaz (2002, p. 113).

Dessa feita, a sustentabilidade deve ser almejada e perseguida pelo Estado e pela iniciativa privada como compromisso tanto com o bem-

-estar social quanto com a concretização material da dignidade da pessoa humana.

3.1. Sustentabilidade na Nova Lei de Licitações e Contratos Administrativos – Lei n. 14.133/2021

Promover a tutela do direito ambiental, sob a premissa de se obter justiça social, é um dever de todos, para garantir o bem-estar das gerações presentes e futuras, mas para tanto é necessário que haja correlação entre desenvolvimento e meio ambiente, ante a promoção do equilíbrio econômico e social, ambos fundados no princípio da dignidade da pessoa humana.

De acordo com esse entendimento, deve-se focar na convivência harmônica entre o direito ao desenvolvimento econômico e o direito ao meio ambiente ecologicamente equilibrado, vez que estes não podem se sobrepor, mas devem coexistir em harmonia, pois apenas assim a dignidade humana prevalecerá. Portanto, a busca das empresas pelo desenvolvimento sustentável deve ser diuturna em face dos inúmeros benefícios que resultam de tal atitude.

Em um contexto contemporâneo, pode-se afirmar que o desenvolvimento sustentável é um ramo que não se encerra apenas na interdisciplinaridade, indo além, visto que pode ser considerado como transdisciplinar, embora apresente elementos que o identificam e o particularizam como ramo do conhecimento de direito ambiental. Portanto, necessita interagir com outros ramos do direito e outros conhecimentos inerentes às demais ciências.

De acordo com Sayeg (2019b, p. 37), "ser transdisciplinar é ter uma postura solidária, de respeito pelas diferenças culturais e pela natureza".

Discute-se cada vez mais no mundo o tema sustentabilidade, de forma que o Brasil, país de território extenso, não poderia ficar de fora de tal avanço, pois o objetivo é sempre buscar meios que preservem as liberdades das presentes e futuras gerações, mantendo o senso de dignidade e de justiça.

A partir desses aspectos, a Lei n. 14.133/2021 (Nova Lei de Licitações e Contratos), que revoga a Lei n. 8.666/1993 a partir do dia 30 de dezembro de 2023, passa a ser obrigatoriamente aplicada, conectada ao seu tempo e à demanda da sociedade, incorporando alguns ingredientes da temática ESG nos procedimentos de contratação pública.

Nesse sentido, a nova lei, além de manter o desenvolvimento nacional sustentável como princípio e objetivo, passa a adotar nas contratações públicas critérios ambientais, como licenciamento ambiental, logística reversa, ciclo de vida, reciclagem e eficiência energética.

> Conforme prevê a nova legislação (art. 18, par. 1º, inc. XII), a licitação terá sequência de etapas, destacando-se a fase preparatória, onde é planejada a licitação, em que será elaborado estudo técnico que deve conter a descrição dos possíveis impactos ambientais e medidas mitigadoras, incluídos requisitos de baixo consumo de energia e de outros recursos, bem como de logística reversa para desfazimento e reciclagem de bens e refugos, quando aplicável. (...) Além da definição do escopo das contratações considerando elementos de sustentabilidade, há no decorrer da Lei previsão de benefícios e incentivos nas licitações para empresas com atuação sustentável.
>
> No caso específico de obras, pode ser prevista remuneração variável com base em critérios de sustentabilidade ambiental. No caso de compras, há previsão de margem de preferência para bens reciclados, recicláveis ou biodegradáveis. Há previsão de critério de desempate em benefício de empresa que adote medidas de equidade entre homens e mulheres no ambiente de trabalho. Por outro lado, a exploração de trabalho infantil ou submissão de trabalhadores a condições análogas às de escravidão será fator impeditivo de participação em licitação pública.
>
> Estão previstos, ainda, incentivos para contratações que proporcionem: (i) redução de emissões de CO^2, (ii) destinação adequada de resíduos e disposição final dos rejeitos de forma ambientalmente correta, (iii) aquisição de produtos que causem poucos impactos ambientais, (iv) otimização de custos do ponto de vista energético, (v) criação de empregos, desenvolvimento da economia local, criação e distribuição de riqueza, (vi) estímulo à concorrência, mediante inovações tecnológicas sustentáveis etc. (CORDEIRO, 2021).

A tendência mundial é de focar nas questões de sustentabilidade, incluindo também como novidade a preocupação com a promoção da diversidade, da acessibilidade e da integridade corporativa nas compras governamentais.

3.2. Sustentabilidade e questões sociais

Atualmente uma instituição/empresa que queira estar em conformidade com os critérios ESG precisa cumprir a legislação vigente, mas não somente isso, haja vista que também deve ser responsável com as relações interpessoais e cuidar da saúde e bem-estar de seus colaboradores.

Cite-se, como exemplo, o projeto de uma multinacional que atua no mercado brasileiro que anunciou a pretensão de ter 30% de negros em posições de liderança na empresa até 2030[5]. O compromisso também inclui aumentar em 50% a representação total de negros em seu corpo funcional, passando dos atuais 30% para 45%, sem considerar aprendizes e estagiários.

O objetivo do programa é espelhar a diversidade e ampliar a representatividade para acelerar o processo de inclusão racial.

Partilha desse pensamento Sayeg, ao afirmar que:

> É necessário criar condições para um crescimento sustentável, inclusivo e economicamente sustentado, prosperidade compartilhada e trabalho digno para todos, tendo em conta os diferentes níveis de desenvolvimento e capacidade nacionais (2019b, p. 193).

Também não é possível considerar que um ambiente atenda aos anseios de uma sociedade inclusiva se a questão de acessibilidade não for priorizada. Tornar o ambiente mais inclusivo é uma das regras centrais do conceito de ESG, tendo em vista que implementar uma cultura de acessibilidade vai além do ganho social.

No âmbito da política de saúde, ressalte-se que a crise pandêmica gerada pelo novo coronavírus fez acelerar consideravelmente os esforços para um desenvolvimento sustentável. Em outras palavras, a Covid-19 deu ainda maior enfoque nas metas relacionadas à agenda 2030, além de exigir maior atenção à política ESG.

[5] Disponível em: <https://exame.com/esg/coca-cola-quer-30-de-negros-na-lideranca-ate-2030/>. Acesso em: 27 fev. 2022.

Nesse sentido, a Nova Lei de Licitações e Contratos estabeleceu em seu artigo 75[6] as hipóteses de dispensa de licitação, ao passo que o inciso VIII daquele artigo prevê a possiblidade de contratação direta (dispensa de licitação) nos casos de emergência ou de calamidade pública, inciso no qual foram inseridas licitações relacionadas diretamente ao combate à pandemia da Covid-19.

Nesse aspecto, grande é o desafio dos Tribunais de Contas para fiscalizar os parâmetros e limites de aplicação de dispensa de licitação, haja vista que no caso de uma pandemia, em específico, tudo é urgente e de extrema importância.

Segundo Fiorillo (2021, p. 37), a pandemia oriunda da Covid-19 teve seus enfrentamentos com base nos princípios do direito ambiental brasileiro estruturado na dignidade da pessoa humana, com destaque para o princípio da prevenção e precaução.

Nesse contexto, a popularização do fator ESG sobreveio como resposta ao enfrentamento da crise sanitária. A necessidade de renovar o capitalismo, sob a pretensão de que ninguém será desassistido, é ressaltada por Sayeg:

> Hoje, o Brasil tem muito a avançar. O nosso país necessita evoluir sua consciência em relação ao capitalismo, reconhecendo e concretizando esta dimensão constitucional econômica capitalista dos Direitos Humanos, pela qual ninguém será deixado para trás, como sempre defendemos e atualmente a Organização das Nações Unidas faz coro (2019b, p. 141).

[6] "Art. 75. É dispensável a licitação:
(...);
VIII – nos casos de emergência ou de calamidade pública, quando caracterizada urgência de atendimento de situação que possa ocasionar prejuízo ou comprometer a continuidade dos serviços públicos ou a segurança de pessoas, obras, serviços, equipamentos e outros bens, públicos ou particulares, e somente para aquisição dos bens necessários ao atendimento da situação emergencial ou calamitosa e para as parcelas de obras e serviços que possam ser concluídas no prazo máximo de 1 (um) ano, contado da data de ocorrência da emergência ou da calamidade, vedadas a prorrogação dos respectivos contratos e a recontratação de empresa já contratada com base no disposto neste inciso; (...)."

3.3. Governança – *accountability* e gestão pública

O dever de transparência é a capacidade de o governo atender às demandas dos governados, com a devida prestação de contas, sendo primordial, no exercício da governança, a participação da sociedade, o que dá efetividade ao que se denomina *accountability*. Como destacam Bliacheriene, Ribeiro e Funari (2014, p. 12), para que haja, de fato, transparência em uma gestão, é fundamental que tal conceito esteja desenvolvido, o que inclui "a obrigação de os servidores públicos estarem atentos ao mercado, às normas legais, aos valores comunitários, às normas políticas, aos padrões profissionais e aos interesses dos cidadãos".

A ideia de responsabilidade social incorporada aos negócios é relativamente recente. Com o surgimento de novas demandas e maior pressão por transparência nos negócios, empresas se veem forçadas a adotar uma postura mais responsável em suas ações. Afinal, a população necessita de informações fidedignas, inteligíveis, objetivas e íntegras para o exercício da cidadania, seja no ambiente virtual, seja no presencial, a fim de que os cidadãos não precisem recorrer a manuais técnicos ou legislação para sua análise ou interpretação.

O acesso às informações públicas possibilita o exercício da cidadania mediante acompanhamento, fiscalização e monitoramento das ações do governo, por isso a criação dos portais de transparência, que permitiram à administração pública prestar contas à sociedade. O alicerce jurídico da transparência e do acesso à informação pública está previsto nos artigos 5º e 37 da Constituição Federal de 1988, e igualmente distribuído nas seguintes normas: Lei Complementar n. 101/2000 (Lei de Responsabilidade Fiscal), Lei Complementar n. 131/2009 (Lei da Transparência), Lei n. 12.527/2011 (Lei de Acesso à Informação) e Lei n. 13.709/2018 (Lei Geral de Proteção de Dados – LGPD).

As empresas, que pretendem investir em sustentabilidade, precisam atentar às iniciativas ligadas às questões supracitadas e, automaticamente, à aplicabilidade da LGPD que, por sinal, possui uma ordem quanto à forma em que os dados de titulares precisam ser tratados no âmbito das organizações. Lembre-se, aliás, que cultura de proteção de dados e governança caminham juntas, o que requer a incorporação de práticas seguras, capazes de evitarem riscos de exposições e, ao mesmo tempo, sanções administrativas.

Tendo em vista que se vivencia a intitulada Revolução Tecnológica *versus* a Revolução dos Valores, é preciso considerar que a tecnologia precisa estar a serviço do ser humano, na medida em que, apesar de supostamente não haver limites no setor tecnológico, há, no entanto, entraves éticos ao poder transformador da tecnologia. A ciência não costuma ter limites, e eles devem ser impostos pela consciência humanitária.

A chamada revolução digital, promovida pela inovação e pelo avanço tecnológico nas últimas décadas, vem trazendo transformações relevantes para a humanidade. Todos os setores da sociedade passaram a se conectar no ambiente digital, e o que antes era revolucionário, tornou-se corriqueiro. As mudanças trazidas pelo ESG são comparáveis a esse fenômeno.

No âmbito do setor público, os Tribunais de Contas, entre outras de suas funções, controlam e fiscalizam as ações do Poder Executivo, exercendo, assim, *accountability* das atividades desenvolvidas e que resultam no uso do erário público. Eles possuem, portanto, o poder de iniciar um procedimento de fiscalização, e muito do que se apurou em grandes casos de corrupção teve início ou apoio desses órgãos de controle externo.

4. O Avanço ESG na Cidade de São Paulo e a Atuação do Tribunal de Contas do Município

A Lei n. 10.257/2001, conhecida como Estatuto das Cidades, fez alterações na Lei n. 7.347/1985, que trata das ações de responsabilidade civil por danos morais ou patrimoniais causados ao meio ambiente, ao consumidor, a bens e direitos de valor artístico, estético, histórico, turístico e paisagístico. Ao alterar seu artigo 1º, permitiu o ajuizamento de ação civil pública para tutelar "a ordem urbanística". Posteriormente, a Lei n. 13.004/2014 alterou o art. 4º da Lei em comento e estabeleceu o seguinte:

> "Poderá ser ajuizada ação cautelar para os fins desta Lei, objetivando, inclusive, evitar dano ao patrimônio público e social, ao meio ambiente, ao consumidor, à honra e à dignidade de grupos raciais, étnicos ou religiosos, à ordem urbanística ou aos bens e direitos de valor artístico, estético, histórico, turístico e paisagístico".

Logo, quando há ações do Estado que violem os preceitos supra-apontados, cabe invocar o Poder Judiciário para cessar a violação e permitir que sejam tomadas, de fato, medidas que assegurem o direito a uma cidade sustentável.

Afinal, é possível aplicar o ESG nas políticas de gestão de resíduos, moradia, acessibilidade digital, meio ambiente, transporte, recursos hídricos, saneamento básico e educação. Outra possibilidade é que o poder público exija das empresas contratadas, como contrapartida, o aumento da diversidade entre funcionários e da participação de mulheres em cargos de liderança.

Vale ressaltar que a década de 2021-2030 foi declarada pela ONU como a década da Restauração do Ecossistema, ou seja, as ações implantadas pelos governos regionais e locais devem pautar-se por estratégias e metas de biodiversidade. Capacitar, qualificar e oferecer ferramentas de apoio à formação de líderes públicos é essencial para que se tenha melhora na qualidade da gestão pública, em busca das metas estipuladas.

No caso específico do município de São Paulo, este possui um Plano Diretor Estratégico, publicado como Lei Municipal n. 16.050, em 31 de julho de 2014, que, além de orientar o desenvolvimento e o crescimento da cidade até 2030, dispõe sobre inúmeras medidas consideradas sustentáveis, como a política de mobilidade urbana, em que busca ampliar o transporte coletivo em detrimento da utilização de automóveis, contando ainda com a ampliação de ciclovias e investimento em transportes alternativos, como o hidroviário.

Há experiências salutares que guardam sintonia com a política ESG e com as próprias ODSs propostas pela ONU. Mencione-se, por exemplo, o lento despertar da cidade de São Paulo em sua política de recuperação de rios urbanos. Outra ação a ser destacada é a implantação dos "parques lineares", definidos ainda no Plano Diretor Estratégico de 2002 (já revogado) como "intervenções urbanísticas que visam recuperar para os cidadãos a consciência do sítio natural em que vivem, ampliando progressivamente as áreas verdes" (art. 106, §1º). O atual Plano Diretor foi além, ao detalhar os objetivos de tais parques:

> Art. 273. Os parques lineares são intervenções urbanísticas associadas aos cursos d'água, principalmente aqueles inseridos no tecido urbano, tendo como principais objetivos:

I – proteger e recuperar as áreas de preservação permanente e os ecossistemas ligados aos corpos d'água;
II – proteger, conservar e recuperar corredores ecológicos;
III – conectar áreas verdes e espaços públicos;
IV – controlar enchentes;
V – evitar a ocupação inadequada dos fundos de vale;
VI – propiciar áreas verdes destinadas à conservação ambiental, lazer, fruição e atividades culturais;
VII – ampliar a percepção dos cidadãos sobre o meio físico.
§ 1º Os parques lineares são parte integrante do Programa de Recuperação Ambiental de Fundos de Vale e sua plena implantação pressupõe a articulação de ações de saneamento, drenagem, sistema de mobilidade, urbanização de interesse social, conservação ambiental e paisagismo.
§ 2º Os parques lineares em planejamento integrantes do Mapa 5 anexo estão delimitados na escala de planejamento, não se constituindo em perímetros definitivos até que sejam elaborados os respectivos projetos.
§ 3º O projeto dos parques lineares deverá ser elaborado de forma participativa, ouvido o Conselho Participativo da Subprefeitura.
§ 4º A LPUOS ou lei específica, após a definição precisa do perímetro do parque linear, deverá enquadrá-lo como ZEPAM.

Ademais, o Programa de Recuperação Ambiental de Cursos D'Água e Fundos de Vale estabeleceu uma série de ações e intervenções urbanas com o objetivo de recuperar os córregos da cidade.

Outro ponto, a ser ressaltado, guarda total interligação com o meio ambiente, o social e a boa gestão. Trata-se do projeto "Ligue os Pontos"[7], que busca o desenvolvimento rural sustentável na cidade de São Paulo. Sob a gestão da Secretaria de Desenvolvimento Urbano, tem como objetivo principal a conservação da paisagem rural, a proteção da área de mananciais e o fortalecimento da cadeia de valor da agricultura local por intermédio do uso de novas tecnologias como ferramenta de monitoramento e acesso a mercados. Para garantir o desenvolvimento do projeto, buscou-se estabelecer compras públicas sustentáveis e agricultura fami-

[7] *Vide* https://ligueospontos.prefeitura.sp.gov.br/projeto/.

liar. Mesmo com dificuldades iniciais, o programa apresentou melhoria de indicadores ambientais e agrícolas.

Assim, com o avanço das práticas ESG no setor público, a função do controle governamental passa a ter relevância além da tradicional fiscalização, sendo cada vez mais necessária a realização das chamadas auditorias operacionais, com o intuito de garantir melhor governança também na gestão pública, para que se evidenciem os conceitos de eficiência, economicidade e eficácia, culminando com uma gestão cada vez mais sustentável.

Costa (2006, p. 75) menciona que o modelo de Tribunal de Contas adotado pelo Brasil é único no mundo, diferentemente dos modelos tradicionais das Cortes de Contas, haja vista que assume atribuições fiscalizadoras típicas de controladoria, mas ao mesmo tempo assume funções de ouvidoria e órgão consultivo. Os Tribunais de Contas, portanto, têm o dever de propiciar a efetiva e lícita gestão dos recursos públicos, em favor da sociedade, e assegurar a preservação da moralidade da Administração Pública e cumprimento da lei em todas as suas camadas.

Um dos desafios atuais dos órgãos de controle é fortalecer a postura colaborativa do controle, com o intuito de transcender o viés acusatório, que se costuma atrelar à concepção tradicional de controle.

Tendo em vista que o Tribunal de Contas do Município de São Paulo tem o papel de controlar as finanças do Município e assegurar a correta aplicação dos recursos públicos, contribuindo na implantação e manutenção de políticas públicas de acordo com os objetivos traçados na Constituição Federal e na Lei Orgânica do Município, evidente que também pode atuar em prol de políticas públicas que sejam mais sustentáveis, por óbvio que no âmbito de seu campo de atuação. Para tanto, como indicado anteriormente, pode fazer uso das chamadas auditorias operacionais, que é "o exame independente, objetivo e confiável que analisa se empreendimentos, sistemas, operações, programas, atividades ou organizações do governo estão funcionando de acordo com os princípios de economicidade, eficiência, eficácia e efetividade e se há espaço para aperfeiçoamento (ISSAI 3000/17)" (TCU, 2020, p. 14).

Sobre esse novo desafio que se apresenta aos Tribunais de Contas, em especial no que concerne ao TCMSP, Clemente e Cruz (2019, p. 142) apontam o que é necessário para o fortalecimento de uma governança democrática:

> Assim, presume-se que o desafio atual é promover os controles corretivo e informativo, e que o TCM-SP dissemine conhecimentos sobre atuar com economicidade, eficiência, eficácia e efetividade, e promova boas práticas de gestão, exercendo um controle prévio (capaz de inibir futuros problemas) e concomitante (monitorando práticas e promovendo melhorias durante o processo), fortalecendo os instrumentos de governança democrática, garantindo a responsabilização pública e a satisfação do interesse coletivo.

Conclusões

Pode-se concluir que o setor público precisa sempre estar à frente do seu tempo, e deve se movimentar para tentar criar alternativas para manter uma sociedade em desenvolvimento, levando constantemente em consideração a dignidade da pessoa humana.

Demonstrou-se que o papel do Tribunal de Contas como autoridade fiscalizadora da lisura dos procedimentos também é reforçado na Nova Lei de Licitações e Contratos. Assim, as estruturas de controles internos, transparência e de governança da Administração Pública ganham destaque na nova lei, atendendo a um clamor público pela ética nas contratações públicas.

A tríade ESG é uma síntese dessa caminhada. Significa uma tríade a inspirar a atuação humana, portanto o negócio da empresa não pode ser só o lucro, embora ele seja legítimo. Todo negócio requer análise prévia em relação ao impacto causado ao ambiente. Em outros termos, é preciso avaliar se ele ajuda a reduzir as desigualdades sociais e prevê como fazê-lo mediante uma gestão inteligente e racional.

Na medida em que a adoção de práticas ESG, em perspectiva, representa o meio capaz de transformar a sociedade em termos reais, algo equivalente às constantes transformações da revolução digital, empresas, setores da administração pública e da sociedade, de uma forma geral, precisam ser mais conscientes quanto à importância dessas iniciativas para caminharmos para um mundo mais ético, humano e sustentável.

Referências

ASSAD, Nancy. **Liderança eficaz**. Rio de Janeiro: Publit, 2012.

BOBBIO, Norberto. **Da estrutura à função**. Trad. Daniela B. Versiani. Barueri: Manole, 2007.

BLIACHERIENE, Ana Carla; RIBEIRO, Renato Jorge Brown; FUNARI, Marcos Hime. Governança pública, eficiência e transparência na administração pública. **Fórum de Contratação e Gestão Pública – FCGP**. Belo Horizonte, ano 12, n. 133, p. 9-15, jan. 2013. Disponível em: https://www.editoraforum.com.br/wp-content/uploads/2014/12/governanca.pdf. Acesso em: 17 mar. 2022.

CASTELO, Samuel Leite et al. Governança pública e performance: uma revisão sistemática de literatura. **Revista Controle**, Fortaleza, v. 15, n.2, p. 289-319, jul./dez., 2017.

CLEMENTE, Fernando Fernandes; CRUZ, Maria do Carmo M. Toledo. Auditorias Operacionais: uma análise da atuação do Tribunal de Contas do Município de São Paulo. **Revista Parlamento e Sociedade**, São Paulo, v. 7, n. 12, p. 119-146, jan./jun. 2019.

CORDEIRO, André Bonat. A Nova Lei de Licitações e os incentivos ESG. **Revista Consultor Jurídico**, 23 jul. 2021. Disponível em: https://www.conjur.com.br/2021-jul-23/andre-cordeiro-lei-licitacoes-incentivos-esg. Acesso em: 4 abr. 2022.

COSTA, Luiz Bernardo Dias. **Tribunal de Contas: evolução e principais atribuições no Estado Democrático de Direito.** Belo Horizonte: Fórum, 2006.

FARIA, Luiz Alberto Gurgel de. **A extrafiscalidade e a concretização do princípio da redução das desigualdades regionais**, São Paulo: Primavera, 2010.

FIORILLO, Celso Antonio Pacheco. **Curso de Direito Ambiental Brasileiro**, 21. ed. São Paulo: Saraiva, 2021.

—. ESG (Environmental, Social and Corporate Governance): a publicidade enganosa e a publicidade abusiva em face do direito empresarial ambiental brasileiro. **RJLB – Revista Jurídica Luso-brasileira**, ano 8, n. 3, p. 261-289, 2022.

MANCUSO, Rodolfo de Camargo. **Interesses Difusos**, 6. ed. São Paulo: Revista dos Tribunais, 2004.

MAZON, Cassiano; ISSA, Rafael Hamze. Adoção e Implementação das Práticas ESG *(Environmental, Social and Governance)* pelas Empresas Estatais: o Programa Socioambiental da Petrobras e a Preservação das Comunidades Tradicionais. **Cadernos da Escola Paulista de Contas Públicas**, p. 35-52, 2º sem. 2021.

NALINI, José Renato. ESG no universo jurídico. **Revista Ultracontinental de Literatura Jurídica**. Montes Claros, v. 2, n. 2, p. 144-154, 2021.

REALE, Miguel. **Lições preliminares de direito**. 27. ed. São Paulo: Saraiva, 2002.

ROMEIRO, Ademar Ribeiro. Desenvolvimento sustentável: uma perspectiva econômico-ecológica. **Revista Estudos Avançados**, 26 (74), p. 65-92, 2012. DOI: https://doi.org/10.1590/S0103-40142012000100006.

SAYEG, Ricardo. **Capitalismo humanista: a dimensão econômica dos direitos humanos**. São Paulo: Max Limond, 2019a.

—. **Estudos do capitalismo humanista**. São Paulo: Lumem Juris, 2019b.

SANTOS, Boaventura de Sousa, **O fim do império cognitivo – a afirmação das epistemologias do Sul**. Belo Horizonte: Autêntica, 2019.

SARAIVA, Bruno Cozza; VÉRAS NETO, Francisco Quintanilha. O estado democrático de direito como garantia de efetivação da justiça ambiental e da sustentabilidade socioambiental. **Derecho y Cambio Social**, ano 11, n. 36, 2014.

SEN, Amartya. **Desenvolvimento como Liberdade**. Tradução Laura Teixeira Motta. São Paulo: Companhia das Letras, 2007.

TRIBUNAL DE CONTAS DA UNIÃO (TCU). **Manual de auditoria operacional**. 4. ed. Brasília: TCU, Secretaria-Geral de Controle Externo (Segecex), 2020.

TUMA, Eduardo. **Tributação, mercado e o mínimo existencial** – leitura da obra *Lei, legislação e liberdade* de Friedrich August Von Hayek. São Paulo: Max Limonad, 2021.

—. **Direito em fluxo**: manifesto das bases globais da valorização do trabalho na ordem econômica. São Paulo: Max Limonad, 2016.

YOSHIDA, Consuelo Yatsuda Moromizato; VIANNA, Marcelo Drügg Barreto; KISHI, Sandra Akemi Shimada (Coordenadores). **Finanças sustentáveis, ESG, compliance, gestão de riscos e ODS**. Brasília: ABRAMPA, CNJ, CNMP e Projeto Conexão Água, 2022 (e-book).

CAPÍTULO 6
VISTORIAS TÉCNICAS DE ENGENHARIA E ARQUITETURA – EFETIVIDADE DA FUNÇÃO INSTITUCIONAL RELACIONADA À ADMINISTRAÇÃO PÚBLICA E AO CONTROLE EXTERNO

Marcelo Gandra Falcone

1. Introdução

Neste capítulo, propõe-se a tecer considerações sobre procedimentos a serem adotados na execução de vistorias técnicas, com base nos Decretos Municipais ns. 41.534/2001 e 49.969/2008, bem como na Resolução n. 23/2021 do Tribunal de Contas do Município de São Paulo.

Nesse sentido, propõe-se a definição de parâmetros mínimos a serem consignados no Relatório de Vistoria e o entendimento dos termos vistoria, inspeção, avaliação, perícia e auditoria. Além disso, coleta das evidências objetivas nas vistorias técnicas realizadas pelas áreas de engenharia e arquitetura *in loco*, junto aos responsáveis pelos órgãos fiscalizados, produzindo um relatório isento e com constatações e informações relevantes, buscando excelência e eficiência nas tomadas de decisão que contenham questões complexas relacionadas à Administração Pública e ao controle externo.

Ressalte-se que a uniformização e a compreensão correta dos aludidos termos e de suas diferenças se fazem necessárias e são muito importantes, visto que a utilização de cada um deles não é aleatória. Ao se definirem os termos e os ritos, a ferramenta técnica (vistoria) passa a ser uniforme e claramente aplicável. Esse regramento é imprescindível tanto do ponto vista técnico e jurídico quanto da perspectiva de assegurar uniformidade e confiabilidade nos métodos e processos utilizados no âmbito da Administração Pública e do Controle Externo.

O procedimento proposto, uma vez adotado, poderá assegurar padronização, eficiência e eficácia, propiciando decisões uniformes na busca de melhoria contínua, com o atendimento aos princípios de legalidade, legitimidade, eficiência, economicidade, moralidade, impessoalidade e publicidade, em conformidade com a disposição do inciso II do artigo 171 da Nova Lei de Licitações n. 14.133/2021, que preconiza a adoção de procedimentos objetivos e imparciais para a elaboração de relatórios tecnicamente fundamentados, baseados exclusivamente nas evidências obtidas e organizados de acordo com as normas de auditoria do respectivo órgão de controle, no sentido de se evitar que interesses pessoais e interpretações tendenciosas interfiram na apresentação e no tratamento dos fatos levantados.

Os procedimentos a serem aqui propostos para uso no controle externo advêm do conhecimento (*know-how*) do trabalho desenvolvido pelo corpo técnico do Departamento de Controle do Uso de Imóveis – CONTRU da Prefeitura Municipal de São Paulo. Aliás, no período de 2006 até 2013 foram realizadas aproximadamente 10.000 ações coordenadas de vistoria técnica em locais de uso não residencial, tendo por parâmetro, na época, o Decreto Municipal n. 41.534/2001, que estabelece os procedimentos de fiscalização da instalação e do funcionamento de atividades em imóveis.

A título de esclarecimento, o CONTRU, Coordenadoria de Controle e Uso de Imóveis da Secretaria Municipal de Urbanismo e Licenciamento, originariamente criado pela Lei Municipal n. 10.237, de 17 de dezembro de 1986, depois revogada pela Lei Municipal n. 15.764, de 27 de maio de 2013, incumbe-se, em caráter preventivo, da segurança de uso edilícia, da fiscalização de instalações e sistemas de segurança de edificações do Município, bem como da segurança de edificações institucionais, comerciais e de serviços. Concede, ainda, licenças e fiscaliza as instalações para inserção no cadastro municipal, através do certificado de equipamentos de segurança contra incêndio e seu respectivo certificado de manutenção; do certificado para o cadastro de elevadores, esteiras e escadas rolantes; e do certificado de manutenção. Também é atribuição do órgão: conceder licença para funcionamento de locais de reunião e revalidações;

alvará de autorização para a realização de eventos públicos e temporários com grande afluxo de público; licença para instalação de equipamentos de armazenagem de produtos químicos, inflamáveis e explosivos e revalidações; certificado de acessibilidade para as edificações que necessitem das correspondentes adaptações. Todas essas atribuições do CONTRU, para serem realizadas, utilizam como ferramenta técnica a constatação das condições de uso por meio das vistorias técnicas.

Um exemplo da necessidade de padronização dos procedimentos de vistoria e dos meios de arquivamento do que nela se constata, com foco técnico e objetivo, apartado do processo fiscalizatório do controle externo, foi percebido principalmente em razão da dificuldade de elaborar um relatório padronizado, baseado em um histórico e com parâmetros a serem seguidos dentro de um modelo único, após a vistoria técnica realizada para aferir as providências adotadas pela Secretaria Municipal de Cultura – SMC, representada pelo Departamento do Patrimônio Histórico – DPH, em face do ofício GAB. ET 2016/2021, de 6 de setembro de 2021, e-TCM 13.905/2021 e atualização dos apontamentos em vistoria técnica elaborada pelo corpo técnico de auditorias das coordenadorias de Subsecretaria de Fiscalização e Controle do Tribunal de Contas do Município de São Paulo, às folhas 51 até 71 do TC /009884/2017, no Parque da Independência – Cripta Imperial e Casa do Grito em 18/11/2021. Naquele momento, foi apurado que as informações disponíveis nos autos não eram baseadas em um histórico de vistorias (galeria de fotos em banco de dados eletrônico) do equipamento público em voga. Os relatórios retratavam apenas uma condição pontual. Enfim, não era possível formar um estofo técnico baseado na linha de tempo do edilício (histórico evolutivo ou involutivo das condições da edificação).

Em contrapartida, no CONTRU-PMSP, o uso sistematizado e informatizado do aplicativo "SIR – Sistema de Imagens e Relatórios", desenvolvido pelos técnicos da Coordenadoria, e elaborado para a criação e armazenamento dos relatórios e das galerias de fotografias, catalogados por endereços e datas, para posterior confrontação, entre outras possibilidades, permitia verificar a evolução edilícia. Enfim, a ferramenta de gestão "SIR" utilizada para elaboração, padronização e guarda das imagens (fotografias) em banco de dados, organizados de tal sorte a indexar todas estas informações por localidade e não apenas por processo, visto que pode ter havido inúmeras vistorias em uma localidade ao longo do tempo e com isto construindo uma "identidade" própria, nos permite um histórico da edificação ao longo do tempo, podendo ela ser consultada por fotos ou relatórios de vistoria em diversos eventos da linha do tempo.

Neste capítulo, portanto, após a proposta da definição de parâmetros mínimos a serem consignados no relatório de vistoria, será feito um estudo do Sistema Informatizado de Relatórios do CONTRU – "SIR – Sistema de Imagens e Relatórios", usando as mesmas bases normativas utilizadas por este sistema. Será uma proposta acerca dos parâmetros mínimos a serem consignados em um relatório de vistoria. Esses parâmetros e imagens obtidas na vistoria serão dados a serem preservados em banco de dados e terão por objetivo proporcionar entendimento e compreensão dos termos vistoria, inspeção, perícia e auditoria ao longo do tempo (histórico), além de estabelecer uma definição clara do que é uma vistoria técnica e sua utilidade.

2. As Vistorias Técnicas

2.1. Definições técnicas de atividades em perícia de engenharia / arquitetura

Nas áreas técnicas, como na engenharia e arquitetura, os termos vistoria, inspeção, avaliação, perícia e auditoria são frequentemente utilizados e adquirem significado próprio, na medida em que a sua utilização se faz conforme a aplicabilidade definida em normativas, a seguir descritas.

2.1.1. Vistoria

De acordo com a definição trazida pela norma ABNT NBR 13.752/1996, trata-se da atividade de constatação de um fato, mediante exame circunstanciado e descrição minuciosa dos elementos que o constituem. Por sua vez, a norma ABNT NBR 16747/2020 define como vistoria o "processo de constatação, no local, predominantemente sensorial, do comportamento em uso da edificação, por ocasião da data da vistoria (diligência)".

Segundo Barreto (2020), nesta atividade, o profissional constata o que existe em uma instalação, sem análise técnica aprofundada. Trata-se de uma verificação superficial, breve, que até serve para detectar eventuais anomalias de fácil identificação, normalmente sem uso de equipamentos ou instrumentos. Não se tem a preocupação de identificar causas de alguma ocorrência, mas sim de registrar o que se vê e coletar informações. O resultado da vistoria será o relatório.

A vistoria também é utilizada pelos peritos para registrar o que há no local, que possa ajudar na elucidação de um caso (perícia, auditoria ou avaliação). Nesse contexto, a vistoria acaba se atendo a detalhes específicos que tenham relação com o caso a ser analisado (BARRETO, 2020).

Com base no Decreto Municipal n. 41.534/2001, constitui vistoria a diligência realizada por agente fiscalizador devidamente credenciado, visando a verificar o efetivo cumprimento das normas legais, ou seja, é realizada por um profissional habilitado que representa o órgão fiscalizador.

A vistoria técnica (processo de diligência *in loco*, planejado) deve ser registrada através de um auto de inspeção, que é documento gerado durante a vistoria e consignado na conclusão da diligência; logo, são processos acessórios para complementação dos procedimentos fiscalizatórios que devem ser executados por pessoal habilitado e com competências definidas de acordo com a qualificação profissional.

2.1.2. Inspeção

Compreende diversas atividades (processos) de avaliação das condições técnicas da edificação. Fundamenta-se em atividade de anamnese e de vistoria sensorial, podendo ter o apoio de testes e verificações expeditas, apurando as causas da situação, classificação da importância das falhas, anomalias e manifestações patológicas mais significativas, assim como indicação das ações necessárias para assegurar a conservação da edificação (adaptado da ABNT NBR de Projeto de Norma Inspeção Predial[1], 2016).

2.1.3. Avaliação

Conforme ABNT NBR 13.752:1996, é a atividade que envolve a determinação técnica do valor qualitativo ou monetário de um bem, de um

[1] A Inspeção Predial Especializada é um processo de menor abrangência e mais aprofundado de inspeção, que visa avaliar as condições técnicas de um sistema ou subsistema específico. Normalmente é desencadeada pela Inspeção Predial, de forma a complementar ou aprofundar o diagnóstico (adaptado da ABNT NBR de Projeto de Norma Inspeção Predial, 2016) (BARRETO, 2020).

direito ou de um empreendimento, para um determinado objetivo, finalidade e data, consideradas determinadas premissas, ressalvas e condições limitantes.

2.1.4. Perícia

Atividade que envolve apuração das causas que motivaram determinado evento, tais como anomalias, falhas etc., com emissão de parecer técnico fundamentado, emitido por especialista(s) na matéria (adaptado da ABNT NBR 13.752/1996). A perícia está praticamente restrita aos processos judiciais. Fora do âmbito judicial, as perícias são, por exemplo normalmente usadas por seguradoras para elucidar um fato de certa responsabilidade ou complexidade (perícia técnica).

Nos processos judiciais, é requerida a perícia técnica quando o juiz não se sente capaz de emitir opinião a respeito do assunto com base apenas na legislação (por se tratar de matéria específica), ou quando as partes pedem ao juiz a sua realização. O perito, então, será nomeado pelo juiz e terá a tarefa de esclarecer e fundamentar os fatos técnicos, em linguagem universal e de fácil compreensão. O resultado da perícia é um laudo (pericial ou de avaliação). Já os peritos das partes são por elas contratados e recebem a denominação de assistentes técnicos.

2.1.5. Auditoria

Segundo a norma ABNT NBR ISO 19011:2018, é o processo sistemático, independente e documentado para obter evidência objetiva e avaliá-la objetivamente, para determinar a extensão na qual os critérios de auditoria são atendidos. Assim busca-se apurar se as atividades estão de acordo com o planejamento e os critérios, que podem ser políticas, procedimentos, normas técnicas, legislação ou requisitos usados como referência, avaliando sua eficiência para o alcance de objetivos.

No que concerne à referida norma, cumpre esclarecer que "evidência objetiva" é o dado (registros, fatos ou outras informações) que apoia a existência ou a veracidade de alguma coisa. Ela pode ser obtida por observação, medição, ensaio ou outros meios, que consistem em registros, declarações de um fato ou outra informação que seja pertinente para os critérios de auditoria. Deve ser passível de verificação.

Pode-se concluir que auditoria é uma análise minuciosa e sistemática das atividades desenvolvidas. É uma avaliação que se faz em processos, e não em instalações, tais como sistemas de gestão da qualidade ou processos licitatórios.

Portanto, é inadequado referir-se a "auditoria em um veículo (equipamento) ou auditoria em uma ponte (obra de arte)". Em equipamentos pode-se, perfeitamente, fazer uma vistoria, inspeção ou perícia.

Para exemplificar, no caso de uma obra de arte (passarela sobre uma grande avenida), pode-se sim fazer uma auditoria nos processos de elaboração de projeto e de execução da instalação. Nesse caso, o objeto da avaliação não são as questões técnicas, puramente, mas sim as organizacionais (procedimentos). O resultado da auditoria é um relatório (de auditoria).

Quadro 1 – Comparativo das atividades de perícias de engenharia

Atividade	Objetivo	Abrangência	Meios	Resultado
Auditoria	Verificar o atendimento a critérios pré-estabelecidos: procedimentos, normas técnicas, leis etc.	Amostral.	Análise documental; entrevista de pessoas envolvidas; vistoria no local.	Lista de itens não atendidos de determinados critérios.
Avaliação	Verificar o valor de mercado.	Amostral ou edificação completa.	Vistoria no local; pesquisa de mercado; análise estatística.	Valor monetário do bem ou serviço.
Inspeção Predial	Avaliar as condições técnicas da edificação. **Inspeção Predial Especializada:** Avaliar as condições técnicas de um sistema ou subsistema específico.	Edificação completa. Sistema / subsistema completo.	Análise documental; entrevista de pessoas envolvidas; vistoria no local; testes expeditos (opcional).	Lista de irregularidades; identificação da causa provável; classificação da importância; ações / providências necessárias.

Atividade	Objetivo	Abrangência	Meios	Resultado
Vistoria	Constatar e descrever um determinado fato, incidente, anomalia ou irregularidade.	Edificação ou subsistema completo.	Vistoria no local.	Lista de irregularidades, e/ou registro e descrição do fato.
Perícia	Apurar causas de um determinado fato, incidente, anomalia ou irregularidade.	Edificação ou subsistema completo.	Análise documental; entrevista de pessoas envolvidas; vistoria no local; testes expeditos (se necessário); ensaios, simulação computacional, cálculos etc. (se necessário).	Lista de irregularidades; identificação da causa provável; classificação da importância; ações de correção; estimativa de custos de correção (se necessário).

Fonte: GROSSI (2018).

2.2. Procedimento padrão

A vistoria técnica visa prioritariamente o atendimento às condições de segurança e risco eminente, tais como estabilidade das estruturas, salubridade e condições de segurança, como: instalações elétricas, equipamentos de combate a incêndio, acessibilidade e saídas de emergência.

Há também a vistoria com finalidades de análise das condições de acessibilidade, com base técnica nos termos da norma ABNT NBR 9050. A referida norma objetiva assegurar condições de acessibilidade, nos seguintes termos:

> Esta Norma visa proporcionar a utilização de maneira autônoma, independente e segura do ambiente, edificações, mobiliário, equipamentos urbanos e elementos à maior quantidade possível de pessoas, independentemente de idade, estatura ou limitação de mobilidade ou percepção.

2.2.1. Providências preliminares

De acordo com o artigo 2º do Decreto n. 41.534/2001, a vistoria na ação fiscalizatória deve ser motivada mediante notícia de irregularidade e visa verificar no local o efetivo cumprimento da legislação, em especial no que se refere às normas relativas ao licenciamento para instalação e funcionamento, ao parcelamento, uso e ocupação do solo, às obras, edificações, à segurança, à higiene, ao sossego público e ao meio ambiente; portanto, as vistorias técnicas devem ser realizadas mediante solicitação com ordem de serviço escrita para identificação dos servidores e dos objetivos junto aos fiscalizados.

Nos termos do § 3º do artigo 16 do Decreto Municipal n. 49.969/2008:

> Art. 16. (...).
> § 3º Os órgãos municipais competentes pela análise do pedido somente poderão vistoriar o imóvel se ainda restarem dúvidas quanto ao preenchimento dos requisitos para a expedição da licença que não tenham sido dirimidas pelo atendimento do comunicado.

Por sua vez, encontra-se previsto no artigo 80 do Decreto Municipal n. 57.776/2017 (Código de Obras e Edificações do Município de São Paulo):

> Art. 80. Compete às Prefeituras Regionais, por meio dos seus servidores municipais, regularmente investidos em cargo público e com poderes fiscalizatórios, a fiscalização das disposições estabelecidas no COE e neste decreto, bem como a aplicação das penalidades previstas no Anexo III do COE, quando for o caso.
> Parágrafo único. Ressalvado o disposto no inciso XI do artigo 5º da Constituição Federal, deverá ser franqueado o imediato e irrestrito acesso ao local objeto de vistoria ao servidor municipal responsável pela fiscalização, desde que devidamente identificado por documento fornecido pela Administração Municipal.

A emissão da ordem de serviço compete à chefia imediata ou ao superior mediato. O processo de vistoria consiste em agendamento e programação das vistorias mediante a formação das equipes, a elaboração dos roteiros e também a preparação dos processos, separando e verificando o que existe para o local. Nesse sentido, assim prevê o artigo 3º do Decreto n. 41.534/2001, *in verbis*:

> Art. 3º A ação fiscalizatória obedecerá ao planejamento estabelecido pela respectiva unidade, buscando garantir eficiência e eficácia.

§ 1 – O planejamento definirá as ações fiscalizatórias prioritárias, considerando os seguintes critérios, dentre outros:
I – porte, impacto ou risco da atividade, obra ou serviço;
II – natureza da atividade, obra ou serviço, avaliando-se a respectiva potencialidade de causar transtorno ou incômodo à vizinhança ou à população em geral;
III – conformidade em relação à licença concedida e à legislação pertinente.

2.2.2. Processo de vistoria

A vistoria técnica através do amparo em legislação técnica, normas técnicas oficiais e boas práticas do uso e ocupação do solo visa verificações e conformidade em situações como: atividade desenvolvida, condições edilícias, condições de manutenção, salubridade, habitabilidade, acessibilidade, porém objetiva, sempre e prioritariamente, atendimento às condições de segurança e risco eminente, tais como estabilidade, instalações elétricas, equipamentos de combate a incêndio, condições de acessibilidade e saídas de emergência, sinalização e treinamento daqueles que têm habitualidade com a atividade e a ocupação.

Como informado anteriormente, as vistorias técnicas realizam-se conforme solicitação, não podendo ser cumpridas sem a devida motivação. Quando do retorno do agente, este deve elaborar Relatório de Vistoria/ Relatório Fotográfico, para cada estabelecimento vistoriado; preparar a documentação para junção em processo ou autuação de novo processo, para fins de atualização do banco de dados dos relatórios e do histórico fotográfico.

2.2.3. Da postura da equipe de vistoria

Os artigos 4º e 9º do Decreto n. 41.534/2001 dispõem sobre o assunto, pois, em linhas gerais, verifica-se o seguinte:

- O servidor que integrar o corpo fiscalizador será responsável por todos os atos praticados no decorrer da ação fiscalizatória e, em especial, pelos dados consignados em autos, relatórios, termos e outros documentos equivalentes (art. 4º).
- Nenhum agente fiscalizador poderá exercer suas atribuições sem exibir documento de identificação fornecido pelo órgão fiscaliza-

dor, devendo ser-lhe permitido imediato ingresso no local objeto da vistoria (art. 9º).

2.3. Proposta de parâmetros mínimos para o Auto de Inspeção

A vistoria deve se materializar por meio de Auto de Inspeção ao termo de ocorrência. O Auto de Intimação ou o Termo será lavrado para dar conhecimento, ao fiscalizado, dos dados coletados e até mesmo das irregularidades constatadas. Com base no artigo 12 do Decreto Municipal n. 41.534/2001, deverão constar obrigatoriamente do Auto de Inspeção:

I – Identificação do fiscalizado:

- número do processo / documento destinado a determinar a origem da vistoria;
- emissão: item destinado a indicar a unidade organizacional que realiza a vistoria;
- razão social / proprietário ou responsável pelo uso – item destinado a identificar a empresa estabelecida no local, proprietário ou o responsável pelo uso;
- endereço – item destinado a identificar o endereço do imóvel objeto da vistoria;
- complemento – item destinado a identificar complemento ao endereçamento do imóvel, se houver;
- bairro – item destinado a identificar o bairro do imóvel objeto da vistoria;
- CEP – item destinado a identificar o CEP do imóvel objeto da vistoria;
- telefone – item destinado a identificar o telefone do estabelecimento objeto da vistoria;
- CNPJ/CPF – item destinado a identificar CNPJ (se pessoa jurídica) ou o CPF (se pessoa física);
- RG – item destinado a identificar o RG (se pessoa física) do proprietário/responsável pelo uso.

II – Local da fiscalização e característica do objeto.

III – Ordem a ser atendida.

IV – Prazo e local de atendimento da ordem.

V – Objetivo: item destinado a indicar os motivos da vistoria.

VI - Descrição da edificação ou da obra ou obra de arte e a atividade: item destinado à indicação das características do imóvel, usos e atividades.

VII - Caso aplicável, descrição da infração e dispositivo legal infringido; sanções legais aplicáveis pelo não atendimento da ordem no prazo fixado.

VIII - Assinatura do infrator ou de seu preposto, com indicação do número de sua cédula de identidade - RG, ou declaração de sua recusa em fazê-lo.

IX - Local, data e hora da lavratura do auto.

X - Assinatura e carimbo do agente fiscalizador, do qual constará o nome, o número do registro funcional, o cargo que ocupa e a Unidade de lotação.

2.4. Proposta de parâmetros mínimos para o Relatório de Vistoria

Prosseguindo, a vistoria será consubstanciada em Relatório de Vistoria Técnica. Este documento contém o levantamento de todas as informações necessárias, quer as obtidas previamente na unidade, quer as constatadas durante a realização da vistoria, servindo para determinar a ação fiscalizatória cabível e para promover conferências e anotações na unidade ou no Sistema de Informática, equiparando-se ao laudo técnico, ao auto de inspeção e ao termo de ocorrência.

Diante do que prevê o artigo 11 do Decreto Municipal n. 41.534/2001, deverão constar do Relatório de Vistoria Técnica os seguintes dados, entre outros:

I - identificação do estabelecimento, da obra ou serviço e seu responsável;

II - localização do imóvel;

III - relativos ao imóvel e à edificação, quando existente;

IV - dados cadastrais e de zoneamento;

V - descrição da atividade e seu enquadramento;

VI - documentação apresentada ou necessária;

VII - indicação de eventual notícia de irregularidade;

VIII - análise técnica e conclusões.

3. O SIR – Sistema de Imagens e Relatórios

O SIR – Sistema de Imagens e Relatórios é um aplicativo desenvolvido especificamente para a elaboração de relatórios técnicos com apresentação de imagens ilustrativas. Utiliza, como base, requisitos mínimos predefinidos (*check-list*), norteando relatos em conformidade com as diretrizes internas, ou seja, o algoritmo define com clareza e de forma precisa o conjunto de regras ou instruções que serão utilizadas para montar um relatório de vistoria padronizado e com eficiência e eficácia, atendendo plenamente a legislação e Normas Técnicas Oficiais (NTO).

Possui recursos para tratamento de imagens e textos, padronização de *layout* de impressão, catalogação de imagens, entre outras funcionalidades, como relatório de registros *on-line* em gráficos de barras ou tipo "pizza".

O sistema "SIR" foi implantado em 23 de junho de 2010. Será efetuado o estudo relativo ao período compreendido entre os anos de 2010 até 2012, visto que em 2013 houve uma mudança organizacional no CONTRU que traria distorção nos resultados. Podem-se extrair dos relatórios os seguintes dados de produção:

QUADRO 2 – Produção anual por tipo de análise

	2010	2011	2012	Total
Sistemas de segurança e de Acessibilidade acima de 1500 m²	**86**	**110**	**82**	**278**
Locais de reunião e de Acessibilidade em LR acima de 500 pessoas	**217**	**469**	**408**	**1094**
Tanques e bombas e transporte de passageiros	**236**	**455**	**456**	**1147**
Atendimento a pedidos de órgãos públicos	**28**	**141**	**97**	**266**
total anual	**567**	**1175**	**1043**	**2785**

Elaborado pelo autor com dados disponíveis no CONTRU à época.

Gráfico 1 – Produção de relatórios no período de 2010 até 2012.

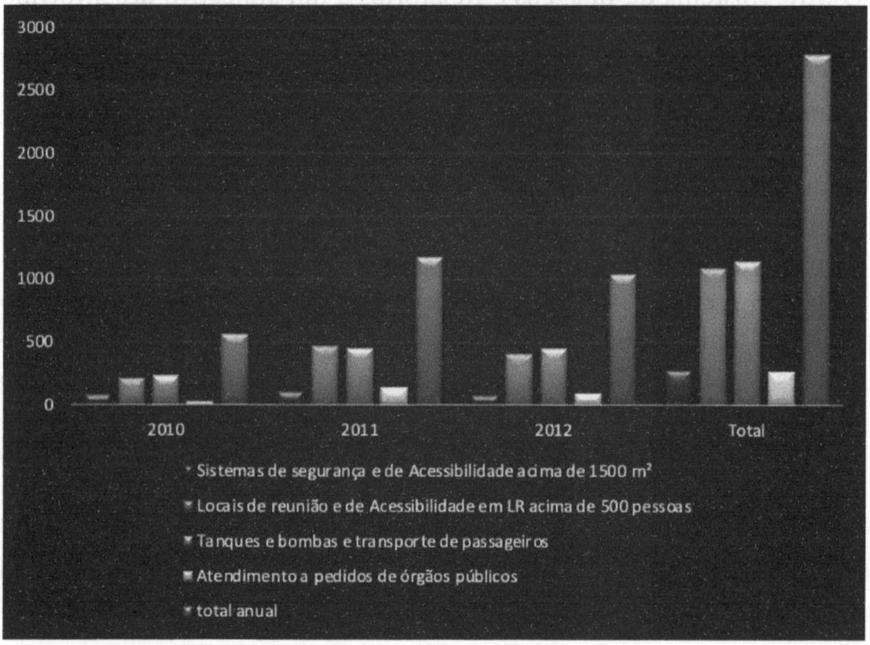

Elaborado pelo autor com dados disponíveis no CONTRU à época.

O recurso do banco de fotografias integrado ao gerador do relatório (ambos arquivados no mesmo banco de dados) tem um ganho de produtividade real. A inserção de imagens se dá a partir da "Galeria de Imagens". Para definir um *layout* mais confortável para proceder à inserção de imagens, basta manter os formulários "Galeria de Imagens" e "Elaboração de Relatório" abertos e, em seguida, clicar com o botão direito do *mouse* em qualquer lugar do formulário ativo para então escolher a opção "*Layout* de Relatório" (o sistema fará um alinhamento horizontal dos formulários "Galeria de Imagens" e "Elaboração de Relatório"). Para inserir uma imagem, basta clicar na imagem desejada (localizada no formulário "Galeria de Imagens"), manter o mouse pressionado e arrastá-la até a "Grade de Dados" (localizada no formulário "Elaboração de Relatório"). Caso o usuário deseje inserir várias imagens ao mesmo tempo, basta selecioná-las e, em seguida, dar um clique no botão "Enviar Imagens Selecionadas para o Relatório", localizado na barra de ferramentas do Formulário "Galeria de Imagens".

Em pesquisa comparativa, verificou-se que Relatórios similares, feitos em "templates" do Word da Microsoft com a mesma lógica do algoritmo utilizado no SIR, demoravam em média 4 horas. Com o uso do SIR, o tempo caiu, em média, para 1 hora e 30 minutos. Isto posto, conclui-se que em 2 anos e meio houve uma economia de 6.962 horas e 30 minutos. Ao se comparar com o regime de trabalho de um servidor, que é de 40 horas semanais e um ano tem 48 semanas úteis, pode-se afirmar que a economia gerada só em aumento de produtividade foi o equivalente ao trabalho de 1 servidor exclusivo para fazer relatórios no período de 2 anos e meio, ou seja, uma economia de 7015 horas, sem esquecer a segurança de armazenamento dos dados e a padronização dos relatórios.

QUADRO 3 – Quadro de Aumento de Produtividade por tipo de ferramenta utilizada

	tempo médio por relatório	número de relatórios	total em minutos
Tempo médio com Microsof Word	240	2785	668400
Tempo médio com SIR - CONTRU	90	2785	250650

	horas	dias	semanas	meses	anos
Word	11140,0	1392,5	278,5	69,6	5,8
SIR	4177,5	522,2	104,4	13,1	2,6
Economia	6962,5	2228,0	174,1	56,6	3,2

Econonia total: 3,2 anos no período de 2,5 anos = 1,28 funcionários em 2,5 anos
Economia de HH porcentual por relatório: 270% (sistema 2,7 x mais produtivo)

Elaborado pelo autor com dados disponíveis no CONTRU à época.

QUADRO 4 – Economia gerada na confecção dos Relatórios de Vistoria em horas

Economia de HH em horas por setor (anual)	2010	2011	2012	Total por setor
Sistemas de segurança e de Acessibilidade acima de 1500 m²	215	275	205	**695**
Locais de reunião e de Acessibilidade em Locais de Reunião acima de 500 pessoas	542,5	1172,5	1020	**2735**
Tanques e bombas e transporte de passageiros	590	1137,5	1140	**2867,5**
Atendimento a pedidos de órgãos públicos	70	352,5	242,5	**665**
total anual	1417,5	2937,5	2607,5	6962,5

Elaborado pelo autor com dados disponíveis no CONTRU à época.

GRÁFICO 2 – Ganho de produtividade em horas

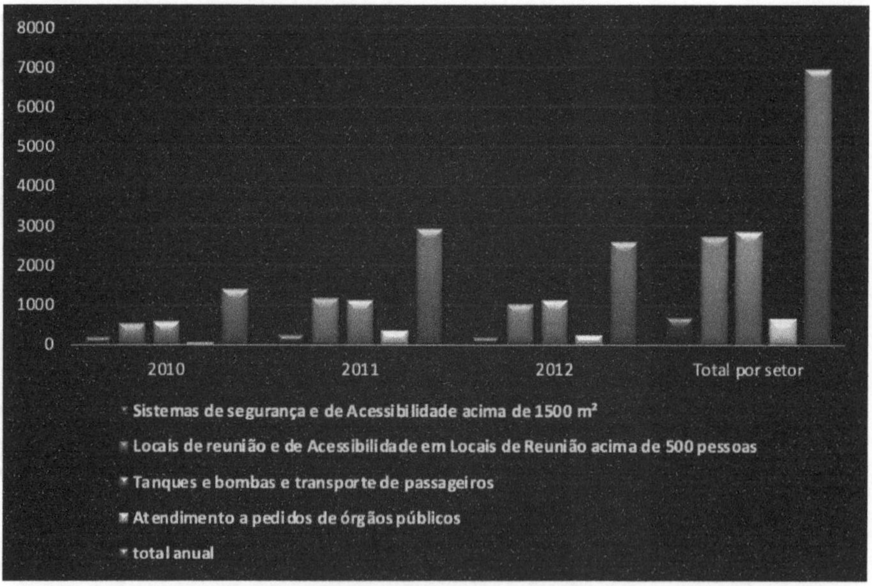

Elaborado pelo autor com dados disponíveis no CONTRU à época.

Além das vantagens citadas em função da produtividade, eficiência, eficácia, segurança da informação e acesso de forma amigável, pode-se citar a facilidade técnica para utilização do aplicativo principalmente no ambiente público, onde existem máquinas em uso de diversas gerações, pois os requisitos mínimos consistem em operar com o ambiente de execução "Microsoft Net Frameworks 3.5", o sistema operacional "Windows XP Professional", que são versões antigas e compatíveis com os ambientes de plataformas e sistemas operacionais mais recentes. Para o computador a ser utilizado, o requisito mínimo são os lendários processadores Pentium IV com 512 MB de RAM. Enfim, trata-se de um *software* praticamente universal.

Apesar de o SIR ter sido franqueado para CONTRU/SMUL, ressalte-se que um desenvolvedor detém o código fonte, de forma que o conhecimento acerca do referido sistema é limitado ao nível de usuário[2].

4. Exemplo de Amparo para Aplicabilidade no Controle Externo (Tribunal de Contas do Município de São Paulo - TCMSP)

A utilização das vistorias técnicas, no âmbito do TCMSP, está prevista na Lei Orgânica do Tribunal (Lei n. 9.167/1980), no seu Regimento Interno e na Lei n. 13.877/2004, que dispõe sobre a reorganização administrativa do Tribunal de Contas do Município de São Paulo e de seu Quadro de Pessoal, altera dispositivos das Leis n. 9.167/1980 e n. 11.548/1994, procede às adaptações necessárias às normas da EC n. 19/1998 e n. 20/1998 e dá outras providências, como ferramenta de amparo em decisões complexas. Extrai-se da Lei Orgânica (Lei n. 9.167/1980):

> Art. 39 - O Tribunal, por si, seus Conselheiros ou órgãos delegados, poderá requisitar os documentos ou informações necessárias à instrução do processo. § 1º - Para o mesmo fim deste artigo, o Tribunal poderá, a qualquer tempo, proceder a auditorias, **vistorias** ou exames em processos ou documentos, no próprio local onde se encontrem (grifo nosso).

[2] Para se obterem informações técnicas complementares, recomenda-se consultar diretamente o analista desenvolvedor pelo e-mail jcesar_sousa@hotmail.com.

De acordo com a Resolução n. 23/2021 do Tribunal de Contas do Município de São Paulo – TCM, que dispõe sobre a realização, no âmbito do Tribunal, de avaliação em bens imóveis públicos municipais submetidos a procedimento de alienação, e com base na Resolução COFECI nº 1066/2007 e no Ato Normativo COFECI nº 001/201, a previsão concernente a dados mínimos constantes em um relatório de avaliação e relativa a competências é a seguinte:

> Art. 3º – A avaliação será realizada por meio de Parecer Técnico de Avaliação Mercadológica emitida pelo Conselho Regional de Corretores de Imóveis da 2ª Região – CRECI/SP, com base em termo de cooperação técnica firmado com este Tribunal de Contas, nos moldes da Resolução COFECI nº 1066/2007 e Ato Normativo COFECI nº 001/2011.
> Parágrafo único. No caso concreto, deverá ser ponderado se a avaliação **compreende vistorias, perícias, avaliações e arbitramentos que envolvem recursos técnicos específicos e ultrapassam a avaliação mercadológica, exigindo a atuação de profissional de nível superior em engenharia** (grifos nossos).

De acordo com a legislação aplicável (Lei n. 13.877/2004), que dispõe sobre a organização administrativa do Tribunal de Contas do Município de São Paulo, estão aptos para elaborar relatórios de vistorias e diligências:

- agentes de fiscalização – provimento por concurso;
- assessor de gabinete I – nas áreas de sua qualificação profissional: engenharia, arquitetura, economia, administração, ciências contábeis, jurídicas e sociais e outras;
- assessor de controle externo – nas áreas de sua qualificação profissional: engenharia, arquitetura, economia, administração, ciências contábeis, jurídicas e sociais e outras;
- assessor de secretaria I – nas áreas de sua qualificação profissional: engenharia, arquitetura, economia, administração, ciências contábeis, jurídicas e sociais e outras.

De acordo com Resolução n. 18/2019, que dispõe sobre rito processual no âmbito do Tribunal de Contas do Município de São Paulo, há as seguintes definições para auditorias, inspeções e análises:

Art. 1º Os processos de fiscalização deste Tribunal de Contas dividem-se em:
I – Relatórios Anuais de Fiscalização;
II – Auditorias para Relatórios de Contas;
III – Acompanhamentos previstos pela Lei de Responsabilidade Fiscal;
IV – Auditorias e Inspeções previstas pela Resolução TCMSP nº 06/2000;
V – Análises previstas pela Resolução TCMSP nº 06/2000;
VI – Auditorias Operacionais;
VII – Auditorias Transversais;
VIII – Acompanhamentos de Editais;
IX – Acompanhamentos de Execução de Contratos, Convênios e Obras;
X – Representações sobre Editais;
XI – Representações sobre Contratos, Convênios e outros ajustes.
§ 1º Nos termos da Resolução TCMSP n. 06/2000, consideram-se:
I – Auditorias – procedimentos de fiscalização realizados com as seguintes finalidades:
a) levantar dados e informações de natureza contábil, financeira, orçamentária e patrimonial, nos órgãos e entidades da Administração Direta e Indireta do Município, e analisá-los quanto aos aspectos técnicos de legalidade e legitimidade de sorte a subsidiar o julgamento das contas anuais ou de atos de gestão dos responsáveis;
b) avaliar, do ponto de vista operacional, as atividades e sistemas desses órgãos e entidades, bem como aferir os resultados alcançados pelos projetos ou programas governamentais sob sua responsabilidade, ou por aqueles decorrentes de seus objetivos institucionais.
II – Inspeções – procedimentos de fiscalização destinados a suprir omissões e lacunas de informação, esclarecer aspectos relativos a atos, documentos ou processos em exame, ou apurar denúncias sobre matéria de competência do Tribunal.
III – Análises – procedimentos de fiscalização executados pelos órgãos técnicos, de ofício, por força de resoluções ou instruções, ou em decorrência de determinação dos Conselheiros, com o fim de verificar a regularidade de atos e atividades dos órgãos e entidades jurisdicionados ao Tribunal, quanto aos aspectos legal, formal e de mérito.
§ 2º As Auditorias Operacionais e as Auditorias Transversais serão regidas por regulamentação própria, inclusive quanto ao rito processual a elas aplicado (grifos nossos).

5. Aplicabilidade da Tecnologia de Informação e Comunicação

Além da utilização do SIMPROC e do SEI (que são programas de gestão de processos administrativos), no CONTRU existem programas de análise de produtos – com "regras de negócio" (processos específicos), tais como o SISDOC (processos de CONTRU – desde a publicação até a emissão do documento final), SISSEL (processos analisados em Secretaria Municipal de Urbanismo e Licenciamento – SMUL desde a abertura até a emissão do documento final), SISACOE (processos atrelados com o rito processual com amparo no COE – Código de Obras), o SISZON (processos atrelados com o rito processual com amparo no LPUOS – Lei de Parcelamento, Uso e Ocupação do Solo – Zoneamento) e finalmente programas de gestão interna das instruções de trabalho (ferramentas gerenciais), tais como "SIR – Sistema de Imagens e Relatórios", CADLORE – Cadastro dos Locais de Reunião, GEREVENTOS – Gerenciamento de Processos de Alvará de Autorização, CADIGREJAS – Cadastro de Igrejas e templos de qualquer culto, CADANTENAS – Cadastros de ERB´s e Mini ERB´s, ELEV – Cadastro de elevadores, dispositivos de acessibilidade, escadas e esteiras rolantes, FICAM – Ficha de Manutenção de Equipamentos de Segurança, SISTANQUE – Cadastro de Tanques e Bombas, IGP – Interface Grande Porte (que localizava no grande porte os processos administrativos e documentos relativos a um determinado local), entre outros.

Com base em fatos e dados analisados ao longo deste trabalho, fica evidenciado que existe abertura e espaço para ampliar o uso de ferramentas de tecnologia e inovação no produto vistorias técnicas no âmbito dos Tribunais de Contas para compartilhamento de experiências para se alcançar excelência e melhoria nos processos do controle externo. Ensinam-nos Monteiro e Bordin (2021):

> Os Tribunais de Contas brasileiros, com fundamento na abertura normativa estabelecida pelo artigo 71 da Constituição Federal, que discorre sobre o controle externo e TCU, têm buscado o aprimoramento contínuo de sua missão e função institucional, por meio de diversas iniciativas, que contribuem para maior eficiência do controle externo.

Os informativos "Uso de robôs pelos Tribunais de Contas", da equipe do Instituto Rui Barbosa, em 2020, "Sensibilidade a mudanças de ambiente e riscos emergentes", das Normas Brasileiras de Auditoria do Setor Público 12 – Valor e benefícios dos Tribunais de Contas – fazendo a diferença na vida dos cidadãos (NBASP Nível 1), no item 39, incentivam a adoção de novas técnicas de gestão de dados com fins estratégicos e de tomadas de decisão:

> Os Tribunais de Contas devem programar medidas voltadas à gestão de informações estratégicas, usando, por exemplo, ferramentas de inteligência e de tratamento de grandes massas de dados com uso intensivo de tecnologia da informação (Barbosa, Equipe Instituto Rui, 2020).

O Tribunal de Contas do Munícipio de São Paulo tem trabalhado fortemente no desenvolvimento de ferramentas de inteligência e tecnologia de informação e comunicação. Dentre as iniciativas do TCMSP nessa direção, do uso racional da tecnologia de informação e comunicação, podem ser mencionados a SONPE (Seção Ordinária Não Presencial), que ocorre de forma totalmente virtual; as seções plenárias virtuais ou híbridas (uso de sistemas informatizados, de tecnologia de dados e aplicativos de videoconferência); o envio de informações multimídia – a transferência de dados por meio da redes de computadores integradas (*streaming*); a adoção de "mesas técnicas", que permitem o aprimoramento da estrutura de acordos nos processos de controle externo, notadamente por meio da celebração de termos de ajustamento de gestão (TAGs) entre as Cortes de Contas e os gestores públicos responsáveis pelas entidades ou pelos órgãos fiscalizados (Monteiro e Bordin, 2021); os robôs, que são métodos digitais de análise, inclusive com utilização de inteligência artificial - ARIEL; algumas ferramentas de gestão e controle de editais e licitações (ÁTOMO, ÁBACO, CORPORATIVO, CUBO-SUPRI, PANORAMA, PRISMA, RADAR, SIGMA); uma ferramenta de transparência – ÍRIS (Sistema de Informações de Relevante Interesse Social), o e-TCM (gerenciamento e procedimentos de suporte para análise dos processos com o rito do controle externo, desde o protocolo até arquivamento final, considerando todas as regras de negócio do TCMSP

– Regimento Interno); e, no momento, o TCMSP desenvolve um "Portal do Jurisdicionado" integrado ao e-TCM.

Voltando às vistorias, é de grande valia citar, como exemplo, uma ação Fiscalizatória realizada com base em vistorias: o Relatório de 25 de junho de 2019, do TCESP, da V Fiscalização Ordenada de Hospitais, UPAs e UBSs, e os dados estratificados apresentados no *artigo* "Auditando o 'Hoje'", do Conselheiro Antônio Roque Citadini do TCESP, em que ficou apurado, após vistorias em 300 unidades, em 229 municípios, por 303 agentes do Tribunal e 762 usuários, que 78% das unidades visitadas não possuem o auto de vistoria do Corpo de Bombeiros; que, em 37% dos estabelecimentos, foram encontrados equipamentos em desuso; que, em 49,33% deles, notou-se a ausência de documentação e registros de controle de qualidade da água; e que, em 11,11% deles, foram detectadas falhas no controle de estoque dos medicamentos. O relatório foi enviado para os Secretários de Saúde, do Estado e dos Municípios para que, a partir dos resultados, houvesse a atuação no sentido da regularização e melhoria do atendimento, aprimorando o sistema de saúde da rede pública para todos os usuários (Citadini, 2019).

Conclusões

A vistoria técnica (processo de diligência *in loco*, planejado e registrado) e o auto de inspeção nela consignado (documento gerado) são processos acessórios para complementação dos procedimentos fiscalizatórios, que devem ser executados por pessoal habilitado e com competências definidas de acordo com a qualificação profissional.

Esses documentos visam fornecer subsídio para os procedimentos de fiscalização, sejam eles acompanhamentos, inspeções, auditorias e análises executadas pelos órgãos técnicos, o que vale também para as vistorias determinadas e executadas pelos gabinetes dos Conselheiros (sempre executadas por pessoal habilitado e qualificado). Elas permitem alimentar e subsidiar os autos com material isento e técnico, além de criar um histórico das condições edilícias de uma determinada edificação ou obra de arte, quando devidamente registrados.

A vistoria técnica deverá sempre ser isenta, focada no atendimento aos requisitos técnicos, na busca da excelência e conforme os cinco princípios basilares da Administração Pública, enumerados no artigo 37 da

Constituição Federal de 1988: **a legalidade**, segundo o qual, ao administrador somente é dado realizar o que estiver previsto na lei; **impessoalidade**, que exige que a atuação do administrador público seja voltada ao atendimento impessoal e geral, ainda que venha a interessar a pessoas determinadas, critério básico para evitar favoritismos ou privilégios; **moralidade (princípio da probidade administrativa)**, que estabelece a necessidade de toda a atividade administrativa atender a um só tempo à lei, à justiça, à moral e à equidade, em suma, aos deveres da boa e honesta administração; **publicidade (princípio que define o momento em que o ato passa ter eficácia)**, que faz com que sejam obrigatórios a divulgação e o fornecimento de informações de todos os atos praticados pela Administração Pública; e **eficiência (princípio introduzido pela EC n. 19/1998)**, que impõe a necessidade de adoção, pelo administrador, de critérios técnicos e profissionais, que assegurem o melhor resultado possível, afastando qualquer forma de atuação ineficiente do Poder Público (Pires, 2019).

Pode-se acrescentar, também, o princípio da razoabilidade, que nos ensina que os atos não sejam apenas praticados com respeito às leis, mas que também contenham uma decisão razoável, no limite do plausível. Sempre deve haver uma razoabilidade, adequação, proporcionalidade entre as causas que estão ditando o ato e as medidas que vão ser tomadas. A vistoria deve salvaguardar, e não condenar. Assim como os acompanhamentos, as inspeções, as auditorias e análises executadas pelos órgãos técnicos, as vistorias técnicas devem ser razoáveis e limitadas a sua competência e não devem extrapolar suas limitações técnicas, sob pena de perder o foco e a objetividade. A vistoria se revela uma ferramenta poderosa no controle externo, fazendo parte do processo de fiscalização de controle externo, assim como o relatório de auditoria é parte fundamental da fiscalização, porém ela não esgota o rito de análise dos processos de controle externo. Enfim, a vistoria e seus apontamentos devem ter juízo sintético, desprovidos de juízo de valor, não cabendo à vistoria julgar ou analisar, apenas consignar o que foi "visto". A análise e o julgamento cabem ao julgador (PIRES, 2019).

Isto posto, é certo afirmar que o procedimento de vistoria técnica é uma importante ferramenta que permite aos Tribunais de Contas e aos jurisdicionados aprimoramento capaz de, ao mesmo tempo, agregar valor e, principalmente, eliminar riscos quanto à segurança de uso, estabilidade, salubridade, ou seja, permite, ao se constatarem as irregularidades apontadas, que elas sejam sanadas de maneira formal, conforme prazos estabelecidos por escrito. O apontamento de não conformidades permite que, em relação ao jurisdicionado e ao Tribunal, os **riscos** sejam mitigados com celeridade, eficiência e segurança, garantindo a melhoria contínua e aperfeiçoamento da gestão pública.

Quanto ao uso de novas tecnologias associadas às vistorias *in loco*, tais como o "SIR – Sistema de Imagens e Relatórios", do CONTRU, além da criação e armazenamento de relatório da vistoria padronizado, há galeria de fotos catalogadas por endereços e datas, para posterior confrontação, determinação do histórico da edificação, entre outras possibilidades.

Para finalizar, segundo Citadini (2019), quando no exercício da presidência do Tribunal de Contas do Estado de São Paulo (TCESP), ele afirmou que os Tribunais de Contas estão sempre em processo de mudança. Cada vez mais com foco em qualidade, atendimento e prazo, e objetivam apurar os fatos objetivamente e em tempo real. **Essa mudança objetiva não só visa ajudar o Administrador a corrigir os rumos de suas ações, mas, também, em casos concretos, permitir-lhe sanar, a tempo, irregularidades detectadas em vistoria.** E isto está ocorrendo rápida e acertadamente. É uma mudança no foco, aproveitando-se as possibilidades e os recursos tecnológicos disponíveis, principalmente os que estão presentes nos meios de comunicação, que proporcionam o paulatino aperfeiçoamento, voltado à busca pelo consenso e eficiência na solução de questões complexas relacionadas à Administração Pública e ao Controle Externo, atividade fim dos Tribunais de Contas.

Referências

ASSOCIAÇÃO BRASILEIRA DE NORMAS TÉCNICAS. NBR 9452: Inspeção de pontes, viadutos e passarelas de concreto – Procedimento. Rio de Janeiro, 2016.

ASSOCIAÇÃO BRASILEIRA DE NORMAS TÉCNICAS. **NBR 13752**: Perícias de Engenharia na Construção Civil. Rio de Janeiro, 1996.

ASSOCIAÇÃO BRASILEIRA DE NORMAS TÉCNICAS. **NBR 15575-1**: Edificação Habitacional – Desempenho. Parte 1: Requisitos gerais. Rio de Janeiro, 2013.

ASSOCIAÇÃO BRASILEIRA DE NORMAS TÉCNICAS. **NBR 16747**: Inspeção predial – Diretrizes, conceitos, terminologia e procedimento. Rio de Janeiro, 2020.

ASSOCIAÇÃO BRASILEIRA DE NORMAS TÉCNICAS. **NBR ISO 19011**: Diretrizes para auditoria de sistemas de gestão. Rio de Janeiro, 2018.

BARBOSA, Equipe Instituto Rui (10 de junho de 2020). Uso de robôs pelos Tribunais de Contas. **Notícias do Instituto Rui Barbosa**, 10 jun. 2020. Disponível em: https://irbcontas.org.br/uso-de-robos-pelos-tribunais-de-contas/. Acesso em: 14 abr. 2022.

BARRETO, Paulo E. Q. M. Vistoria? Inspeção? Auditoria? Perícia? Certificação? **Barreto Engenharia Ltda**, jun. 2014. Disponível em: http://www.barreto.eng.br/blog/index.php/2020/05/27/vistoria-inspecao-auditoria-pericia-certificacao/. Acesso em: 17 fev. 2022.

CITADINI, A. R. Auditando o "Hoje". **Blog da Escola Paulista de Contas Públicas**, 2 jul. 2019. Disponível em: https://www.tce.sp.gov.br/6524-artigo-auditando-hoje-0. Acesso em: 14 abr. 2022.

GROSSI, Marcos Vinicius Fernades. Vistoria, auditoria, inspeção, avaliação e perícias de engenharia para condomínios. **Direcional Condomínios**, 15 out. 2018. Disponível em: https://www.direcionalcondominios.com.br/sindicos/marcus-vinicius-fernandes-grossi/item/3557-vistoria-auditoria-inspecao-avaliacao-e-pericias-de-engenharia-para-condominios.html. Acesso em: 14 abr. 2022.

MONTEIRO, Egle dos Santos; e BORDIN, Newton Antônio Pinto. Mesas técnicas em Tribunais de Contas no aprimoramento das contratações públicas. **Consultor Jurídico – Conjur**, 2 nov. 2021. Disponível em: https://www.conjur.com.br/2021-nov-02/monteiro-bordin-mesas-tecnicas-tribunais-contas#_ftnref. Acesso em: 14 abr. 2022.

PIRES, A. C. **Direito administrativo**. Coleção Resumão Jurídico. São Paulo: Barros, Fischer & Associados, 2019.

Tribunal de Contas do Estado de São Paulo. (2019). **Relatório de 25 de junho de 2019 do TCESP da V Fiscalização Ordenada de Hospitais, UPAs e UBSs**. São Paulo: Tribunal de Contas do Estado de São Paulo, 2019.

CAPÍTULO 7
INEXIGIBILIDADE DE LICITAÇÃO NAS CONTRATAÇÕES ARTÍSTICAS E DE PROFISSIONAIS OU EMPRESAS COM NOTÓRIA ESPECIALIZAÇÃO – CRITÉRIOS DE ESCOLHA SEGUNDO AS LEIS N. 8.666/1993 E 14.133/2021 E O ENTENDIMENTO DOS TRIBUNAIS DE CONTAS

Leven Mitre Vampré
Jose Camilo dos Santos

1. Introdução

A Lei n. 8.666/1993 (revogada a partir de 30/12/2023), em seu artigo 25, incisos II e III, estabelece, respectivamente, a inexigibilidade de procedimento licitatório nas contratações dos serviços técnicos, enumerados no seu artigo 13, com profissionais ou empresas de notória especialização (vedada a inexigibilidade para serviços de publicidade e divulgação), bem como para a contratação de profissional de qualquer setor artístico, diretamente ou através de empresário exclusivo, desde que consagrado pela crítica especializada ou pela opinião pública.

Seguindo a mesma lógica, a Lei n. 14.133/2021, denominada como a Nova Lei de Licitações e Contratos Administrativos, ao estabelecer igualmente em seu artigo 74, incisos I e II, a inexigibilidade de licitação nessas duas hipóteses, incorporou o artigo 13 da lei anterior no próprio dispositivo, e ainda especificou de modo mais detalhado os requisitos a serem observados pelo Poder Público. Trata-se de hipóteses em que o legislador as excetua da regra geral que impõe a licitação como obrigatória.

Neste artigo, discorrer-se-á inicialmente sobre essas situações que tornam inexigíveis a licitação e o cumprimento dos requisitos estabelecidos na legislação vigente como pressupostos para que tais contratações sejam consideradas lícitas nos âmbitos dos controles interno e externo.

Com amparo em pesquisa na doutrina e na jurisprudência atualizadas acerca da matéria, serão aprofundados os conceitos de profissional "consagrado pela crítica especializada ou pela opinião pública", assim como de profissionais ou empresas de "notória especialização", ambos tratados na legislação e ponto de partida para o estudo.

No que se refere às hipóteses de inexigibilidade de licitação, em que pesem as principais inovações trazidas pela Lei n. 14.133/2021 em relação à legislação anterior, em contrapartida, serão demonstradas as dificuldades práticas ainda remanescentes em se definir e cumprir tais critérios de forma objetiva, correndo o contratante por vezes o risco de ser apontado pelos órgãos de controle externo como o responsável por infringências detectadas em tais contratações

Nesse sentido, promover-se-á um levantamento de auditorias, decisões/súmulas do TCU e de Tribunais de Contas, entre outros aspectos aptos a subsidiar o estudo.

Anualmente, os gastos na cidade de São Paulo com contratos de artistas e de profissionais e empresas especializadas, que não passam pelo crivo da licitação, alcançam altas cifras, mas demandam uma série de condicionantes para que possam ser considerados válidos e não eivados de vícios.

Não obstante, as matérias que comumente prevalecem junto à mídia e à sociedade são, em sua grande maioria, afetas às áreas de saúde, educação, transportes, havendo menor destaque às contratações supra indicadas, talvez em razão do baixo valor, quando consideradas individualmente. No entanto, se somadas, diante do total agregado, os gastos públicos atingem altíssimos valores, merecendo a devida atenção.

O levantamento de auditorias pretéritas e futuras no âmbito dos Tribunais de Contas alinha-se ao objetivo maior deste artigo, que é propiciar um estudo contemporâneo, mais abrangente e dinâmico sobre o tema, trazendo para debate e reflexão a posição dos Órgãos de Controle do País acerca da matéria e ao mesmo tempo discorrendo sobre as reais dificuldades enfrentadas na prática administrativa.

Por último, cumpre salientar que se partiu para o levantamento de auditorias, decisões/súmulas do TCU e de Tribunais de Contas, entre outros aspectos aptos a subsidiar o estudo, recorrendo-se à revisão de literatura jurisprudencial e aos métodos comparativo e de estudo de casos.

2. Dispensa e Inexigibilidade de Licitação

A Lei n. 8.666/93, em seu artigo 24, bem como a Lei n. 14.133/2021, em seu artigo 75, enumeram as hipóteses de dispensa de licitação. Nesses casos, como é cediço, a competição é viável, e o processo seletivo poderia ser realizado pelo Poder Público, mas o legislador optou por torná-lo facultativo, seja pelo custo mais baixo ou mesmo em virtude de situações de calamidade pública, emergência, entre outras enumeradas nos citados artigos. Essa a principal característica inerente à dispensa de licitação.

Segundo Gasparini (2012, p. 578),

> (...) o elenco consignado no citado art. 24 do Estatuto federal Licitatório, por se tratar de exceção à obrigatoriedade de licitar, é taxativo, não podendo, portanto, as entidades que devem observância a este princípio aumentá-lo quando da execução da lei. A interpretação há de ser sempre restritiva. Ademais não cabe ao Estado-Membro ou ao Distrito Federal, nem ao Município, quando da feitura de suas respectivas leis de licitação e contrato administrativo, criar novas hipóteses de dispensabilidade.

De outro lado, quando se trata de inexigibilidade de licitação, tema objeto neste estudo e tratado nos artigos 25 da Lei n. 8.666/1993 e 74 da Lei n. 14.133/2021, a principal diferença em relação à dispensa é a inviabilidade da competição. Nesses casos, não se revela possível a realização de processo licitatório. Ademais, quando se trata de inexigibilidade, a lei cita hipóteses, mas não esgota todas as possibilidades de sua ocorrência, diversamente do que ocorre com a dispensa.

Quanto a esse ponto, Justen Filho (2021, p. 959) salienta que

> (...) as diferenças entre inexigibilidade e dispensa de licitação são evidentes. Não se trata de questão irrelevante ou meramente retórica, mas de alternativas distintas em sua própria natureza, com regime jurídico

> diverso. A inexigibilidade é um conceito logicamente anterior ao da dispensa. Naquela, a licitação não é instaurada por inviabilidade de competição. Vale dizer, instaurar a licitação em caso de dispensa significaria deixar de obter uma proposta ou obter proposta inadequada. Na dispensa, a competição é viável e, teoricamente, a licitação poderia ser promovida. Não o é porque, diante das circunstâncias, a Lei reputa que a licitação poderia conduzir à seleção de solução que não seria a melhor (...) em suma, a inexigibilidade é uma imposição da realidade extranormativa, enquanto a dispensa é uma criação legislativa (...). Como decorrência, a conclusão acerca da caracterização da inexigibilidade faz em momento logicamente anterior ao do reconhecimento da dispensa. Num primeiro momento, avalia-se se a competição é ou não viável. Se não o for, caracteriza-se a inexigibilidade. Se houver viabilidade de competição, passa-se à verificação da existência de alguma hipótese de dispensa (...).

O que permeia a escolha das hipóteses de inexigibilidade é a impossibilidade de se estabelecer critérios objetivos para a competição entre os participantes do certame. Em outras palavras, "inviabilidade de competição, *lato sensu*, é o certame em que um dos contendores reúne qualidades tais que se torna único, exclusivo, *sui generis*, a tal ponto que inibe os demais licitantes, sem condições competitivas" (CRETELLA JÚNIOR, 1994, p. 190).

Tecidas tais premissas, a seguir, serão tratadas especificamente as hipóteses de inexigibilidade de licitação, previstas nos arts. 25, incisos II e III, da Lei n. 8.666/1993 e 74, incisos II e III, da Lei n. 14.133/2021.

3. O Tratamento da Inexigibilidade de Licitação nas Leis ns. 8.666/1993 e 14.133/2021

De início, considerando o tratamento concomitante da matéria pelas Leis n. 8.666/1993 (artigo 25) e 14.133/2021 (artigo 74), cumpre trazer para melhor compreensão a previsão de ambas as normas acerca das hipóteses de inexigibilidade tratadas neste breve estudo:

ARTIGO 25 DA LEI N. 8.666/1993	ARTIGO 74 DA LEI N. 14.133/2021
Art. 25. É inexigível a licitação quando houver inviabilidade de competição, em especial: (...); II – para a contratação de serviços técnicos enumerados no art. 13 desta Lei[1], de natureza singular, com profissionais ou empresas de notória especialização, vedada a inexigibilidade para serviços de publicidade e divulgação; (...). III – para contratação de profissional de qualquer setor artístico, diretamente ou através de empresário exclusivo, desde que consagrado pela crítica especializada ou pela opinião pública. § 1º Considera-se de notória especialização o profissional ou empresa cujo conceito no campo de sua especialidade, decorrente de desempenho anterior, estudos, experiências, publicações, organização, aparelhamento, equipe técnica, ou de outros requisitos relacionados com suas atividades, permita inferir que o seu trabalho é essencial e indiscutivelmente o mais adequado à plena satisfação do objeto do contrato. § 2º Na hipótese deste artigo e em qualquer dos casos de dispensa, se comprovado superfaturamento, respondem solidariamente pelo dano causado à Fazenda Pública o fornecedor ou o prestador de serviços e o agente público responsável, sem prejuízo de outras sanções legais cabíveis.	Art. 74. É inexigível a licitação quando inviável a competição, em especial nos casos de: (...); II – contratação de profissional do setor artístico, diretamente ou por meio de empresário exclusivo, desde que consagrado pela crítica especializada ou pela opinião pública; III – contratação dos seguintes serviços técnicos especializados de natureza predominantemente intelectual com profissionais ou empresas de notória especialização, vedada a inexigibilidade para serviços de publicidade e divulgação: a) estudos técnicos, planejamentos, projetos básicos ou projetos executivos; b) pareceres, perícias e avaliações em geral; c) assessorias ou consultorias técnicas e auditorias financeiras ou tributárias; d) fiscalização, supervisão ou gerenciamento de obras ou serviços; e) patrocínio ou defesa de causas judiciais ou administrativas; f) treinamento e aperfeiçoamento de pessoal; g) restauração de obras de arte e de bens de valor histórico; h) controles de qualidade e tecnológico, análises, testes e ensaios de campo e laboratoriais, instrumentação e monitoramento de parâmetros específicos de obras e do meio ambiente e demais serviços de engenharia que se enquadrem no disposto neste inciso; (...). § 2º Para fins do disposto no inciso II do *caput* deste artigo, considera-se empresário exclusivo a pessoa física ou jurídica que possua contrato, declaração, carta ou outro documento que ateste a exclusividade permanente e contínua de representação, no País ou em Estado específico, do profissional do setor artístico, afastada a possibilidade de contratação direta por inexigibilidade por meio de empresário com representação restrita a evento ou local específico.

[1] "Art. 13. Para os fins desta Lei, consideram-se serviços técnicos profissionais especializados os trabalhos relativos a:
I – estudos técnicos, planejamentos e projetos básicos ou executivos;
II – pareceres, perícias e avaliações em geral;
III – assessorias ou consultorias técnicas e auditorias financeiras ou tributárias; (Redação dada pela Lei n. 8.883, de 1994.)

ARTIGO 25 DA LEI N. 8.666/1993	ARTIGO 74 DA LEI N. 14.133/2021
	§ 3º Para fins do disposto no inciso III do caput deste artigo, considera-se de notória especialização o profissional ou a empresa cujo conceito no campo de sua especialidade, decorrente de desempenho anterior, estudos, experiência, publicações, organização, aparelhamento, equipe técnica ou outros requisitos relacionados com suas atividades, permita inferir que o seu trabalho é essencial e reconhecidamente adequado à plena satisfação do objeto do contrato. § 4º Nas contratações com fundamento no inciso III do caput deste artigo, é vedada a subcontratação de empresas ou a atuação de profissionais distintos daqueles que tenham justificado a inexigibilidade.

A primeira inovação da Nova Lei de Licitações e Contratos Administrativos refere-se à inclusão de duas novas hipóteses de inexigibilidade, insertas nos seus incisos IV (objetos que devam ou possam ser contratados por meio de credenciamento) e V (aquisição ou locação de imóvel cujas características de instalações e de localização tornem necessária sua escolha), anteriormente não previstas pela Lei n. 8.666/1993. Ademais, alterou-se a ordem anteriormente prevista, tratando-se da contratação artística no inciso II e dos serviços técnicos/ profissionais especializados no inciso III do artigo 74.

Ainda nesse contexto, a nova legislação também incorporou os serviços antes previstos no artigo 13 da lei anterior ao próprio artigo que

IV – fiscalização, supervisão ou gerenciamento de obras ou serviços;
V – patrocínio ou defesa de causas judiciais ou administrativas;
VI – treinamento e aperfeiçoamento de pessoal;
VII – restauração de obras de arte e bens de valor histórico.
§ 1º Ressalvados os casos de inexigibilidade de licitação, os contratos para a prestação de serviços técnicos profissionais especializados deverão, preferencialmente, ser celebrados mediante a realização de concurso, com estipulação prévia de prêmio ou remuneração.
§ 2º Aos serviços técnicos previstos neste artigo aplica-se, no que couber, o disposto no art. 111 desta Lei.
§ 3º A empresa de prestação de serviços técnicos especializados que apresente relação de integrantes de seu corpo técnico em procedimento licitatório ou como elemento de justificação de dispensa ou inexigibilidade de licitação, ficará obrigada a garantir que os referidos integrantes realizem pessoal e diretamente os serviços objeto do contrato."

trata da inexigibilidade (artigo 74 da NLLC), com acréscimo de mais uma modalidade em seu rol taxativo – alínea "h" (controles de qualidade e tecnológico, análises, testes e ensaios de campo e laboratoriais, instrumentação e monitoramento de parâmetros específicos de obras e do meio ambiente e demais serviços de engenharia que se enquadrem no disposto neste inciso).

Por fim, a nova previsão do § 2º do artigo 74 da Nova Lei de Licitações e Contratos Administrativos estabelece que o empresário exclusivo é a pessoa física ou jurídica que possua contrato, declaração, carta ou outro documento que ateste a exclusividade permanente e contínua de representação, no País ou em Estado específico, do profissional do setor artístico, afastada a possibilidade de contratação direta por inexigibilidade por meio de empresário com representação restrita a evento ou local específico. A inovação da Lei, concernente à posse dos aludidos documentos como requisito probatório de empresário exclusivo, trará reflexos no entendimento atualmente vigente nos Tribunais de Contas. Nos demais aspectos, ambos os normativos são bastante semelhantes.

4. A Inexigibilidade de Licitação nas Contratações Artísticas

Por força do disposto nos artigos 25, III, da Lei n. 8.666/1993 e 74, II, da Lei n. 14.133/2021, é inexigível a licitação para contratação de profissional do setor artístico, diretamente ou por intermédio de empresário exclusivo, desde que consagrado pela crítica especializada ou pela opinião pública. Nesse sentido, extraem-se da própria norma alguns requisitos a serem observados: inviabilidade de competição, exclusividade do empresário e reconhecimento pela crítica especializada ou pela opinião pública. Outrossim, também deverão ser justificados no processo administrativo os preços, a escolha do profissional e a própria situação de inexigibilidade.

No âmbito do Município de São Paulo, o Decreto Municipal n. 44.279/2003 estabelece que, nas hipóteses de dispensa ou de inexigibilidade de licitação, deverá ser autuado processo especial, visando à formalização da contratação direta, mediante perfeita caracterização da exceção prevista em lei, desde que fundamentadas as razões para escolha do contratado e mediante justificativa do preço (artigo 12). Ademais, deverão ser precedidas de parecer que ateste o reconhecimento, pela crítica ou pelo público, do artista a ser contratado (artigo 16)[2].

Ao dispor sobre tal contratação, a legislação por vezes dá margem a diferentes interpretações, por consequência, as contratações dos profissionais do ramo artístico ocorrem sem as cautelas necessárias, o que em muito corrobora a necessidade de atuação por parte dos controles externo e interno.

4.1. Inviabilidade de competição

Quando se fala de inexigibilidade de licitação nas contratações artísticas, o cumprimento deste requisito não revela a princípio grande dificuldade. Isto porque, como regra, o trabalho dos profissionais (cantores, artistas, entre outros) é singular, distinto e, até porque não dizer, incomparável com outros, ainda que possam ser parecidos e atinjam o mesmo público.

A atuação artística, pela sua própria característica, é dotada de uma especificidade que torna impossível que se estabeleça um comparativo entre as alternativas disponíveis e a escolha daquela que se configure como a melhor. Em outros termos:

> "(...) A contratação de serviços artísticos revela outra hipótese que enseja a inexigibilidade de licitação pública, haja vista que, sob determinadas condicionantes, torna inviável a competição, mormente tomando-se em conta que o critério para comparar os possíveis licitantes é a criatividade, portanto, de fio a pavio, subjetivo" (NIEBUHR, 2015, p. 186).

Dessa forma, em vez de impor-se um processo seletivo que seria inócuo, reconhece-se a não aplicação do procedimento licitatório formal

[2] "Art. 12. Nas hipóteses de dispensa ou de inexigibilidade de licitação, deverá ser autuado processo especial, visando à formalização da contratação direta, mediante perfeita caracterização da exceção prevista em lei, fundamentadas razões para escolha do contratado e justificativa do preço.
(...) Art. 16. As contratações de natureza artística por inexigibilidade de licitação deverão ser precedidas de parecer, em que se ateste o reconhecimento, pela crítica ou pelo público, do artista a ser contratado.
Art. 17. O parecer, de que trata o artigo 16 deste decreto, será emitido por comissão especial ou permanente, de número ímpar de servidores, dos quais pelo menos dois sejam efetivos."

como regra. Nessas situações, a competição é inviável, pois não há como se decidir seguindo critérios objetivos. Assim, impor a obrigatoriedade de licitação seria até mesmo impertinente, já que esta não seria apta a selecionar a proposta mais vantajosa sob o prisma econômico.

Inobstante tal premissa, essa hipótese de inexigibilidade não se traduz como um passe livre ao administrador, que deve adotar todas as cautelas necessárias ao promover tais contratações.

4.2. Contratação direta ou por intermédio de empresário exclusivo

Para que a contratação de profissionais do setor artístico seja considerada lícita, é imprescindível que o ajuste se dê diretamente com o artista (situação mais rara de se verificar na prática) ou por intermédio de empresário exclusivo. Frise-se que a exclusividade deve ser ampla e não apenas para o evento que se pretende contratar, condição expressamente mantida pela Lei n. 14.133/2021.

Como será detalhado adiante, o entendimento ainda vigente perante o Tribunal de Contas da União é no sentido de que a exclusividade deve ser comprovada, não bastando para tanto a apresentação de "cartas" e de "declarações" genéricas atestando tal condição, devendo ser pactuada por meio de contrato firmado entre artistas e empresários, de preferência com registro em cartório.

Entretanto, diante da previsão inserta no § 2º do artigo 74 da Lei n. 14.133/2021, a nova legislação passou a considerar empresário exclusivo a pessoa física ou jurídica que possua contrato, declaração, carta ou outro documento que ateste a exclusividade permanente e contínua de representação, no País ou em Estado específico, do profissional do setor artístico, afastando apenas a possibilidade de contratação direta por inexigibilidade por meio de empresário com representação restrita a evento ou local específico.

Note-se que a nova legislação permite que a comprovação da exclusividade seja feita por intermédio de carta e até mesmo de mera declaração, desde que atestem uma representação consolidada, perene, sólida, seja em âmbito nacional ou estadual, o que sempre foi expressamente vedado pelos órgãos de controle, com destaque ao TCU, cujo entendimento é no sentido de que tais cartas de exclusividade não substituem contratos que deveriam ser registrados em cartório.

Por vezes, dadas as dificuldades de contratar artistas consagrados para as festividades, o administrador acaba por exigir apenas "cartas de exclusividade" para a contratação do profissional, a fim de atender a exigência do inciso III do artigo 25 da Lei n. 8.666/1993, conduta rechaçada pelos Órgãos de Controle interno e externo quando se trata da análise de tais contratações, mas que diante da nova previsão legal terá que ser revista.

4.3. Consagração pela crítica especializada ou pela opinião pública

A legislação estabelece também que a escolha deve ser fundamentada na consagração do artista pela crítica especializada ou pela opinião pública. Note-se, por oportuno, que a conjunção é alternativa e não cumulativa, inexistindo a obrigação de que o artista seja reconhecido por ambos.

Trata-se de ponto com alto teor de subjetivismo, razão pela qual o gestor deve, sempre que possível, juntar aos autos da contratação a referida documentação comprobatória, como recortes de jornais, currículos, premiações, exposições, apresentações, entre outros, que sejam capazes de demonstrar a notoriedade ou consagração do artista perante o público ou junto à crítica.

Sobre a consagração do artista, ensina-nos Carvalho Filho (2018, p. 282):

> (...) entendemos que consagração é fator de extrema relatividade e varia no tempo e no espaço. Pode um artista ser reconhecido, por exemplo, apenas em certos locais, ou por determinado público ou críticos especializados. Nem por isso deverá ser alijado de eventual contratação. A nosso sentir, quis o legislador prestigiar a figura do artista e de seu talento pessoal, e, sendo assim, a arte a que se dedica acaba por ter prevalência sobre a consagração.

Com efeito, não há um conceito definido sobre a "consagração pela crítica especializada" ou "consagração pela opinião pública", o que possibilita certa dose de subjetivismo, dificultando a atuação dos órgãos de controle. Destarte, se a consagração do artista não for notória, deverá ser comprovada no processo de inexigibilidade por meios idôneos. Se não for providenciada tal comprovação, a contratação é ilegal.

Nesse sentido, afirma Pinheiro (2012, p. 76):

Ainda sobre os aspectos da inexigibilidade na contratação de artistas de qualquer natureza, na forma como dispõe o inciso III, do art. 25, da Lei concorrencial, Meirelles (1999, p. 227) diz que o essencial para legitimar o procedimento é que o artista seja consagrado pela crítica especializada ou pela opinião pública, tão somente. A questão, no entanto, não parece está sendo aplicada de forma tão fácil como deveria ser, já que encontra sendo utilizada desordenadamente para fins de muitas vezes, burlar o controle e a fiscalização dos Poderes Instituídos de tal mister, levando ao prejuízo do Erário.

Diante disso, surge outra dúvida: a "crítica especializada" ou a "opinião pública" devem ser local, regional ou nacional?

Nesse ponto, salutar a lição de Gasparini (2008, p. 556):

> (...) Qual é essa crítica especializada? A local? A regional? A nacional? Cremos que se pode afirmar ser a crítica local, regional ou nacional, em razão do valor do contrato. Assim, se o contrato estiver dentro do limite do convite, será local; se estiver dentro do limite da tomada de preços, será regional; se estiver dentro do limite da concorrência, será nacional. O mesmo deve-se afirmar em relação à opinião pública. Assim deve ser, pois a exigência de que a crítica especializada e a opinião pública devam ser nacionais, inviabilizaria a contratação de artistas em festas organizadas pela maioria dos municípios, porque os artistas assim qualificados cobram altos cachês.

E, de fato, a análise nesses três níveis (local, regional e nacional) parece a melhor solução para se aferir o reconhecimento pelos críticos e pelo público. Não obstante, considerando a inovação da legislação ao estabelecer a exclusividade em níveis estadual e nacional (vedada a municipal), seria possível inferir, como decorrência lógica, que a reputação junto aos especialistas e ao público deva ser avaliada com base nessas mesmas premissas? Em outras palavras, seria possível exigir-se o reconhecimento do artista em nível estadual para as contratações municipais e estaduais e o reconhecimento nacional para as da esfera federal? Ou estabelecer tal vinculação seria inviável para a maioria dos Municípios? Vale refletir sobre a questão.

4.4. A viabilidade do preço

Ainda que inexigível a licitação, outro requisito legal, que deve ser verificado com especial atenção, diz respeito à necessidade de justificativa do preço (artigos 7º, § 2º, inciso II, e 40, § 2º, inciso II, ambos da Lei n. 8.666/1993, e 59, III, da Lei n. 14.133/2021).

Cabral Neto (2009, p. 77) discorre sobre o tema:

> O preço está ligado ao artista, à prestação de serviços que este desempenha, sua consagração, seja pela crítica especializada, ou ainda pela opinião pública, e qual o grau de sua consagração, sendo esta local, regional, nacional ou internacionalmente reconhecida.

Nesse ponto, o gestor público deve ter como parâmetro os valores cobrados em shows anteriores pelo próprio profissional que pretende contratar, mas não os valores praticados no mercado por outros artistas do segmento, considerando não haver critérios objetivos para aferir a melhor proposta para a Administração Pública em razão da incomparabilidade qualitativa dos profissionais do setor artístico.

O cachê do artista é algo personalíssimo que não pode ser comparado aos de outros profissionais no mercado, mas sim quanto aos valores praticados por ele mesmo. Em outras palavras, quanto o profissional costuma cobrar para realizar seu trabalho. Dessa feita, o administrador deve examinar notas fiscais e contratos de shows anteriores, e se o valor proposto pelo artista é compatível com o que vinha sendo praticado por ele. Para tanto, algumas circunstâncias específicas precisam ser sopesadas:

1) Dia da semana e horário em que o show será realizado – a depender do dia da semana e horário em que será realizado, os eventos variam de preço, sendo geralmente mais caros aos finais de semana. Assim, uma mesma apresentação realizada em um sábado à noite por certo terá um custo maior do que em uma terça feira à tarde. Frise-se que não se trata de sobrepreço, mas sim de uma prática de mercado, absolutamente plausível, mas que deve ser demonstrada de forma clara no processo, para que não seja considerada irregular.
2) Época do evento – com efeito, quando contratado para um show durante o Carnaval ou *Reveillon*, o mesmo artista irá cobrar um cachê mais elevado do que uma apresentação em outros períodos.

> A maior procura em determinadas épocas corrobora a diferenciação e sazonalidade de valores. Ainda há que se considerar na análise de preço os custos logísticos (transporte de equipamentos, distância, hospedagem da equipe), que podem elevar ou reduzir os valores para a contratação de um artista.

Conclui-se, portanto, que a justificativa apresentada não irá demonstrar necessariamente o menor valor possível, mas sim a coerência, razoabilidade e proporcionalidade do preço praticado.

4.5. A atuação dos controles interno e externo nas contratações artísticas

Em linhas gerais, o controle direto dos gastos públicos no Brasil se dá por intermédio dos órgãos de controle interno (Controladoria Geral da União no campo federal, Controladorias Gerais dos Estados no âmbito estadual e, nos Municípios de maior vulto, as Controladorias Municipais), bem como por órgãos de controle externo (estes representados pelos Tribunais de Contas dos Municípios, Estados e da União)[3].

A seguir, destacar-se-á a interpretação que ainda vem sendo dada pelo Tribunal de Contas da União acerca das contratações artísticas por inexigibilidade e serão apresentados alguns casos concretos que foram objeto de fiscalização pelo Tribunal de Contas do Município de São Paulo e pela Controladoria Geral do Município.

Conforme destacado, acerca das contratações artísticas, o Tribunal de Contas da União consolidou o entendimento de que cartas de exclusividade a empresas intermediárias de artistas não atendem à condição para contratação direta por inviabilidade de competição prevista na Lei de Licitações. O Tribunal firmou jurisprudência, por meio do Acordão 1.435/2017-Plenário, no sentido de que a apresentação apenas de autorização, atesto ou carta de exclusividade referente à exclusividade do artista para o dia correspondente à sua apresentação não atendia aos requisitos da Lei de Licitações.

[3] Após a Constituição Federal de 1988, foi vedada a criação de novos Tribunais de Contas Municipais, mantendo-se apenas os já existentes – Tribunal de Contas do Município de São Paulo e Tribunal de Contas do Rio de Janeiro.

Posicionamento mantido nos anos subsequentes, conforme se infere dos recentes julgados provenientes da Corte de Contas:

> Na contratação de profissional do setor artístico por inexigibilidade de licitação, a apresentação de atestado de exclusividade restrito aos dias e à localidade do evento, em vez do contrato de exclusividade entre o artista e o empresário contratado, caracteriza grave infração à norma legal e regulamentar, ensejando, ainda que não configurado dano ao Erário, condenação em multa e julgamento pela irregularidade das contas, haja vista que o contrato de exclusividade é imprescindível para caracterizar a inviabilidade de competição de que trata o art. 25, inciso III, da Lei 8.666/1993 (TCU. Acórdão 5288/2019- 2ª Câmara).

> Na contratação de profissional do setor artístico por inexigibilidade de licitação, a apresentação de atestado de exclusividade restrito ao dia e à localidade do evento, em vez do contrato de exclusividade entre o artista e o empresário contratado, caracteriza grave infração à norma legal, ensejando, ainda que não configurado dano ao Erário, aplicação de multa e julgamento pela irregularidade das contas, haja vista que o contrato de exclusividade é imprescindível para caracterizar a inviabilidade de competição de que trata o art. 25, inciso III, da Lei 8.666/1993 (TCU, Acórdão 8493/2021- 2ª Câmara).

Quanto à restrição de exclusividade apenas para local ou evento específico, o posicionamento firmado pelo Tribunal de Contas da União nos últimos anos está em absoluta consonância com o novo dispositivo legal (§ 2º do artigo 74 da Lei n. 14.133/2021), que veda expressamente a prova da exclusividade se não demonstrado o seu caráter perene, contínuo, fixando também que ela deve ser estadual (Estado ou Estados específicos) ou federal (o País como um todo), o que não se verifica em relação à exigência de contrato registrado em cartório, sendo necessidade premente que a questão seja enfrentada pelos Órgãos de Controle Externo.

O diploma legal em referência é enfático ao prever: "considera-se empresário exclusivo a pessoa física ou jurídica que possua contrato, declaração, carta ou outro documento que ateste a exclusividade permanente e contínua de representação", permitindo, portanto, que a representação do artista se dê tanto por pessoa física como jurídica, bastando que possua contrato ou qualquer outro instrumento que ateste a exclusividade consolidada. Tal inovação demanda um pronunciamento urgente do TCU, a fim de que os gestores não sejam eventualmente apontados como responsáveis e condenados ao pagamento de multa por uma ausência de atualização da jurisprudência do órgão de controle externo.

Deve ser considerado, outrossim, que a orientação ainda vigente acaba por orientar as decisões dos Tribunais de Contas dos Estados e dos Municípios, conforme se extrai de recente Acórdão proveniente do TCMSP:

> Vistos e relatados estes autos, dos quais é Relator o Conselheiro EDUARDO TUMA. ACORDAM os Conselheiros do Tribunal de Contas do Município de São Paulo, à unanimidade, de conformidade com o relatório e voto do Relator, em conhecer da inspeção realizada e dos resultados nela alcançados, para fins de registro, uma vez que atingiu a sua finalidade. ACORDAM, ainda, à unanimidade, em determinar à Origem, nas futuras contratações de natureza artística: 1) Que as razões para a escolha dos artistas contratados sejam devidamente fundamentadas, conforme o disposto nos artigos 25 e 26, parágrafo único, inciso II da Lei Federal 8.666/1993, combinado com o artigo 12 do Decreto Municipal 44.279/2003. 2) Que as contratações por exclusividade sejam devidamente justificadas com documentação adequada, em atendimento ao disposto no artigo 25, inciso III, da Lei Federal 8.666/93 (e Jurisprudência do TCU – Acórdão 96/2008-TCU-Plenário). ACORDAM, à unanimidade, em determinar o envio de cópia do relatório e voto do Relator e deste Acórdão ao Ministério Público do Estado de São Paulo. ACORDAM, afinal, à unanimidade, em determinar, após o cumprimento das formalidades legais, o arquivamento dos autos (TC 1.333/2019 – 24ª SONP – publicado em 06.08.2021).

Como se nota, com amparo na Lei n. 8.666/1993 e no entendimento exarado pelo Tribunal de Contas da União, o Tribunal de Contas do Município de São Paulo determinou a observância de justificativa fundamentada nesses processos de contratações diretas, inclusive com documentação adequada, fazendo referência ao Acórdão 96/2008 da Corte de Contas federal, que estipula a necessidade de contrato registrado em cartório como condição de validade da representação.

No caso, poderá a administração se valer do recurso de revisão, previsto nos artigos 148 e 149 do Regimento Interno do TCMSP[4], remédio apto para a alteração de decisões terminativas e os acórdãos transitados pelo Pleno da Corte, quando a decisão, mesmo que correta e de acordo com a legislação da época de sua prolação, passar a infringir novo dispositivo legal. Frise-se: o acórdão baseou-se na jurisprudência do TCU em face da previsão da Lei n. 8.666/1993, tendo transitado em julgado sem recurso.

Ainda que coerente e de acordo com a lei anterior, sobrevindo novo normativo estabelecendo que a prova da exclusividade pode se dar por qualquer documento válido, a determinação deve ser amoldada à nova realidade, o que se dá, entre outros meios, por intermédio do pedido de revisão por parte do órgão público diretamente envolvido. No entanto, a possibilidade de recorte nesse ponto específico, a fiscalização feita pelo controle externo apontou a existência de falhas recorrentes no que concerne à fundamentação da escolha do artista e prova da exclusividade de representação, assim concluindo a então Subsecretaria de Fiscalização e Controle do Tribunal em seu relatório de Inspeção:

> A análise das contratações, por inexigibilidade de licitação, de grupos musicais formalizadas por meio dos SEIs 6025.2017.0005828.5, 6025.2017.0007519.8 e 6025.20170013110.1 demonstra que:
>
> 4.1. Não se encontram devidamente fundamentadas as razões para a escolha dos artistas contratados, em desacordo com o disposto nos artigos 25 e 26, §

[4] "Art. 148 – As decisões terminativas e os acórdãos transitados em julgado poderão ser revistos pelo Tribunal Pleno, quando:
I – fundados em erro de cálculo ou documentos falsos;
II – ocorrerem fatos novos com eficácia sobre a prova produzida;
III – violarem disposição literal de lei.
§ 1º – A revisão será requerida ao Presidente do Tribunal dentro do prazo de 05 (cinco) anos, contados do trânsito em julgado da decisão ou acórdão.
§ 2º – Constitui formalidade essencial da revisão, requerida com base no inciso III, a indicação expressa do texto legal violado, com sua transcrição integral.
Art. 149 – O Tribunal poderá proceder à revisão de julgado, por iniciativa de qualquer de seus Conselheiros, nos casos previstos no artigo anterior."

> único, inc. II da lei federal n. 8.666/93, combinado com o art. 12 do decreto municipal n. 44.279/03 (item 3.3.).
> 4.2. Há evidências de que a empresa Dujoka Produções Artísticas Ltda. ME não representa com exclusividade os artistas contratados, conforme disposto no art. 25, III, da lei federal n. 8.666/93 (item 3.3).

Se, de um lado, se impõe uma reanálise quanto à obrigação de contrato registrado como prova de exclusividade, por outro é imperativo que a Secretaria Municipal de Cultura aprimore com urgência os seus procedimentos de contratação de artistas sem licitação, de forma que sempre justifique de modo claro e preciso as razões de escolha do contratado e do preço pactuado e exija a comprovação de representação exclusiva pelos representantes indicados.

Infrações semelhantes também foram objeto de apuração pela Controladoria Geral do Município de São Paulo, trabalho de auditoria realizado em atendimento à Ordem de Serviço n. 065/2019/CGMAUDI e que teve como objetivo analisar parcerias/contratações celebradas entre a Secretaria Municipal de Cultura (SMC), a Subprefeitura Penha e a Subprefeitura Ermelino Matarazzo e a empresa Aioká Produção e Eventos Ltda., bem como as parcerias/contratações celebradas entre a Secretaria Municipal de Cultura (SMC) e Associação Beneficente Educacional Jovens do Brasil, com as seguintes constatações e recomendações pelo Órgão de Controle Interno:

> **CONSTATAÇÃO 001** – Irregularidade cometida pela Subprefeitura Penha: Noite Odara 2018 – escolha direta de empresa para realização de evento com justificativa de contratação artística. **RECOMENDAÇÃO 001** Recomenda-se à Subprefeitura Penha que, considerando a irregularidade na escolha direta de empresa para realização de evento com justificativa de contratação artística e a ausência de justificativa para a contratação de natureza artística (Constatação 002), de segregação de funções na escolha da empresa (Constatação 003), de justificativa quanto ao valor pago à contratação de natureza artística (Constatação 004), de análise de exclusividade para a contratação na modalidade "inexigibilidade de licitação" (Constatação 005) e de material comprobatório do serviço prestado e comprovação do cachê pago ao artista (Constatação 006), proceda com a instauração do devido processo adminis-

trativo para apuração de responsabilidades/prejuízos decorrentes da atuação da empresa Aioká Produção e Eventos LTDA (CNPJ: 24.111.302/0001-03) e dos agentes públicos envolvidos, aplicando-se as penalidades cabíveis.

CONSTATAÇÃO 002 – Irregularidade cometida pela Subprefeitura Penha: Noite Odara 2018 – ausência de justificativa para a contratação de natureza artística.

RECOMENDAÇÃO 002 Vide Recomendação 001.

RECOMENDAÇÃO 003 Recomenda-se à Subprefeitura Penha que, para todas as suas contratações de natureza artística, efetivadas através de inexigibilidade de licitação, anexe, obrigatoriamente ao processo, parecer que contenha as seguintes informações: (i) justificativa para escolha do artista contratado; e (ii) ateste do reconhecimento, pela crítica ou pelo público, do artista a ser contratado.

CONSTATAÇÃO 003 – Irregularidade cometida pela Subprefeitura Penha: Noite Odara 2018 – ausência de segregação de funções na escolha de fornecedor.

RECOMENDAÇÃO 004 Recomenda-se que a Subprefeitura Penha respeite o princípio da segregação de funções durante a condução dos processos de contratações de natureza artística, isto é, que decisões ou etapas críticas do processo sejam atribuídas a diferentes pessoas, de modo a impedir que a mesma pessoa seja responsável por mais de uma atividade sensível ao mesmo tempo, sem o devido controle.

CONSTATAÇÃO 004 – Irregularidade cometida pela Subprefeitura Penha: Noite Odara 2018 – ausência de justificativa quanto ao valor pago à contratação de natureza artística. **RECOMENDAÇÃO 005** Vide Recomendação 001.

RECOMENDAÇÃO 006 Recomenda-se que a Subprefeitura Penha verifique, previamente à efetivação de contratações de natureza artística, a adequação e razoabilidade dos valores pagos aos artistas a título de cachê, especialmente em comparação aos preços de mercado, bem como insira a devida justificativa fundamentada no processo de contratação, de forma a atender a determinação contida no inciso III do artigo 26 da Lei Geral de Licitações. Sugere-se que, para fins de comprovação de valores praticados usualmente no mercado, seja solicitado ao empresário exclusivo ou ao artista contratado o envio de notas fiscais de apresentações anteriores. Ademais cabe à Unidade verificar se o artista a ser contratado já celebrou contrato com a Administração Pública Municipal para fins de comparação de valores pagos anteriormente, tal condição pode ser verificar por meio de pesquisa no Diário Oficial da Cidade.

Caso seja insuficiente à conclusão da Pasta, sugere-se que seja realizado pedido de informação à Secretaria Municipal de Cultura para fins de averiguação dos valores a serem pagos a título de cachê artístico.

CONSTATAÇÃO 005 – Irregularidade cometida pela Subprefeitura Penha: Noite Odara 2018 – ausência da análise de exclusividade para a contratação na modalidade "inexigibilidade de licitação".

RECOMENDAÇÃO 007 Vide Recomendação 001.

RECOMENDAÇÃO 008 Recomenda-se que a Subprefeitura Penha exija, para contratações de natureza artística através de inexigibilidade de licitação, o contrato de exclusividade entre o intermediário e o artista, baseado em uma relação de trabalho pré-existente e não apenas uma relação exclusiva para um evento tão somente, de modo a observar o entendimento jurisprudencial (Acórdão 1435/2017-Plenário e Acórdão 4714/2018 – Segunda Câmara) pelo Tribunal de Contas da União.

CONSTATAÇÃO 006 – Irregularidade cometida pela Subprefeitura Penha: Noite Odara 2018 – ausência de material comprobatório do serviço prestado e ausência de comprovação do cachê pago ao artista.

RECOMENDAÇÃO 009 Vide Recomendação 001.

RECOMENDAÇÃO 010 Recomenda-se que a Subprefeitura Penha exija e junte aos autos, em todos os processos de pagamento referentes a contratações de natureza artística, a devida prestação de contas do serviço prestado, incluindo materiais comprobatórios da adequada e completa prestação dos serviços, bem como a comprovação do pagamento do cachê ao artista contratado.

RECOMENDAÇÃO 011 Recomenda-se que a Subprefeitura Penha promova fiscalizações *in loco,* no intuito de averiguar a prestação do serviço contratado. Após a realização da fiscalização *in loco,* o processo deverá ser instruído com as anotações e observações do fiscal responsável, bem com sugestões de providências, quando couber. Destaca-se que a fiscalização da Subprefeitura não ensejará na dispensa de o contratado apresentar a sua prestação de contas devidamente instruída. Espera-se que a fiscalização da Subprefeitura, de forma concomitante à prestação do serviço, possa corroborar para a melhoria e controle do serviço.

Sugere-se que, na impossibilidade de realização de fiscalização de todos os contratados de natureza artística, seja realizado de forma amostral, com especial atenção aos artistas e/ou eventos de médio e grande porte.

RECOMENDAÇÃO 012 Recomenda-se que a Subprefeitura Penha discrimine com o devido detalhamento, nos documentos que atestam a execução dos serviços relativos a contratações artísticas, o serviço efetivamente executado e o nível de atendimento aos requisitos previamente estabelecidos no contrato ou instrumento equivalente.

Foram feitas, ainda, recomendações gerais à Administração Municipal, referentes à apuração de fatos e responsabilidades, e que fossem adotadas providências no sentido de sanar a falta de informações e promover a adequação de procedimentos.

Como se constata, tanto no âmbito do TCMSP quanto no da Controladoria Geral do Município – CGM, foram constatadas diversas fragilidades em processos de contratação artística pelo Município de São Paulo, situação que, embora referente a contratos específicos, demanda uma adequação de conduta pelos órgãos da administração, para que instruam os processos com informações de escolha, preço e justificativas pertinentes.

5. A Inexigibilidade de Licitação nas Contratações de Profissionais e Empresas com Notória Especialização

A Nova Lei de Licitações, em seu artigo 74, III, manteve a inexigibilidade de licitação prevista no artigo 25, II, da Lei n. 8.666/1993 e, na essência, os mesmos requisitos que devem ser observados na contratação de profissionais ou empresas com notória especialização. Entretanto, trouxe algumas inovações que merecem atenção. De início, e conforme exposto inicialmente, a nova Lei optou por prever o rol de serviços anteriormente elencados no artigo 13 da Lei n. 8.666/1993 juntamente com o próprio artigo que trata da inexigibilidade, o que se revela salutar, pois concentra o instituto e todo o seu regramento em uma única previsão legal.

Ademais, extrai-se do novo texto legal a inclusão da expressão "predominantemente intelectual", acrescendo uma nova característica a ser observada na hipótese de contratação de profissional ou empresa com notória especialização. Em outros termos, pela nova lei, nas contratações desta natureza deverá ser verificado se o que foi contratado será realizado, em sua essência, com o intelecto, com a criação de algo que não seja decorrente de um trabalho "mecânico", de mera repetição. Em contrapartida, extrai-se do novo texto legal a exclusão da expressão "singular".

Outra inovação específica na legislação é retratada no § 4º do artigo 74 da Lei n. 14.133/2021, ao estabelecer que neste tipo de contratação é vedada a subcontratação de empresas ou a atuação de profissionais distintos daqueles que tenham justificado a inexigibilidade. Nesse ponto, entende-se que tal impossibilidade sempre existiu, pois se mostra incoerente e incompatível com a própria natureza da modalidade de contratação em comento permitir que o profissional ou empresa, escolhido por sua atuação própria, se faça substituir por outro, ainda que este último seja apto a atender o objeto contratado. De qualquer sorte, a previsão expressa inserida no § 4º revela-se pertinente e impede qualquer discussão quanto a tal impossibilidade.

Por fim, houve a inclusão dos serviços de "controles de qualidade e tecnológico, análises, testes e ensaios de campo e laboratoriais, instrumentação e monitoramento de parâmetros específicos de obras e do meio ambiente e demais serviços de engenharia que se enquadrem no disposto neste inciso" (artigo 74, III, alínea *h*) entre os que podem ser contratados diretamente por inexigibilidade de licitação. Essas as principais novidades trazidas pela Lei n. 14.133/2021, mas que não alteram, na gênese, o tratamento dado à referida hipótese de inexigibilidade.

5.1. Singularidade dos serviços

A Lei n. 14.133/2021 excluiu de seu texto a exigência de um serviço de "natureza singular", mas ao mesmo tempo impôs a predominância intelectual como regra a ser observada pelo Poder Público. A natureza singular é ligada à ideia de individualização, de especificidade, como algo além da notória especialização.

Destarte, um advogado notoriamente especializado em determinado ramo do direito (por exemplo Direito Tributário) não poderá ser contratado sem licitação para ingressar com execuções fiscais para determinado Município, pois não se trata de um serviço singular e que deve ser realizado por corpo técnico próprio, mas poderá ser contratado para elaboração de parecer ou mesmo atuação em Juízo caso se trate de um tema delicado, específico, cuja solução fuja das atividades corriqueiras da administração pública e possa trazer reflexos negativos ao caixa da Municipalidade.

Como salienta Bandeira de Mello (2014, pág. 564):

> Se o serviço pretendido for banal, corriqueiro, singelo, e, por isto, irrelevante que seja prestado por "A" ou por "B", não haveria razão alguma para postergar-se o instituto da licitação. Pois é claro que a singularidade só terá ressonância para o tema na medida em que seja necessária, isto é, em que por força dela caiba esperar melhor satisfação do interesse administrativo a ser provido.

Assim, se a contratação for fundamentada na Lei de 1993 (situação que ainda se verifica em grande parte dos municípios brasileiros), não remanesce dúvida de que a aludida singularidade deve ser comprovada pelo prestador. Mas se o ente federativo optar pela aplicação da Nova Lei de Licitações e Contratos Administrativos, não mais se exigirá que o serviço seja de "de natureza singular", apenas que seja de caráter mais intelectual?

A doutrina parece ainda não ter encontrado uma solução definitiva para tão importante questão. A seguir, colacionam-se as seguintes análises:

> Seguir exigindo que o serviço técnico seja singular para promover a contratação direta por inexigibilidade de licitação de profissionais ou empresas de notória especialização é dar azo a uma interpretação retrospectiva que, por medo de ruptura, finda por impedir inovações e deixe, de forma equivocada, o texto novo tão parecido quanto possível com o antigo numa espécie de tentativa de preservação do *status quo ante*. Se a futura nova Lei Geral de Contratações Públicas seguiu o exemplo do Estatuto das Estatais para retirar a singularidade do serviço técnico a ser prestado por profissionais ou empresas de notória especialização, a supressão de tal requisito não pode ser entendida como um mero lapso do legislador, restando óbvio que se tratou, na verdade, de um silêncio eloquente. Seguir inserindo restrições à contratação direta onde expressamente a lei não as prescreveu só servirá para trazer inconsistências ao sistema (ARAÚJO, 2021).

> Por tais razões, não obstante o texto legal da Nova Lei de Licitações não possua tal previsão (de observância da singularidade), entendemos que a singularidade é requisito que deve ser mantido pela Administração quando da verificação da contratação direta por inexigibilidade em serviços técnicos executados por notórios especialistas, mesmo porque, o que justifica a contratação de um profissional que detenha qualificação diferenciada é a complexidade do objeto, ou seja, a singularidade (ÁVILA, 2021, p. 165).

Logo, mesmo que, textualmente, a Nova Lei de Licitações e Contratos não preveja a singularidade do objeto como sendo requisito necessário à caracterização da inexigibilidade de licitação para contratações de serviços técnicos por profissionais especializados, o debate sobre a singularidade do objeto e notória especialização como requisitos para a contratação de serviços especializados pela Administração Pública remanesce inalterado, tanto na doutrina quanto na jurisprudência. Esses, em síntese, os principais aspectos que norteiam a singularidade do objeto dessas contratações.

5.2. Notória especialização

Diferentemente do que ocorre com a singularidade do objeto, a notoriedade do profissional ou empresa é definida tanto pela Lei n. 8.666/1993 (§1º do art. 25) quanto pela Lei n. 14.133/2021 (§3º do art. 74), ao preverem que é aquele "cujo conceito no campo de sua especialidade, decorrente de desempenho anterior, estudos, experiência, publicações, organização, aparelhamento, equipe técnica ou outros requisitos relacionados com suas atividades, permita inferir que o seu trabalho é essencial e reconhecidamente adequado à plena satisfação do objeto do contrato".

Notoriamente especializado é, portanto, o profissional ou empresa que, detendo especial qualificação, se diferencie daqueles do mesmo ramo ou segmento de atuação.

Meirelles (202, p. 272), ao realizar pertinente abordagem do tema, conceitua a notória especialização como:

> (...) os prestados por quem, além da habilitação técnica e profissional – exigida para os serviços técnicos profissionais em geral – aprofundou-se nos estudos, no exercício da profissão, na pesquisa científica, ou através de cur-

sos de pós-graduação ou estágios de aperfeiçoamento. Bem por isso, Celso Antônio considera-os singulares, posto que marcados por características individualizadoras (...).

Note-se que a legislação estabelece uma gama variada de atividades aptas a comprovar que aquele trabalho é o indicado para atender ao objeto do contrato, pois capazes de demonstrar conhecimento, experiência e transmitir confiança. Quanto à referida disposição, cabe ao contratado acostar ao processo administrativo a documentação comprobatória da sua capacidade, na forma do artigo 25, § 1º, da Lei n. 8.666/1993 e do artigo 74, § 3º, da Lei 14.133/2021.

Gasparini (2012, p. 617) esclarece sobre essa caracterização:

> Ainda, cabe aduzir que não é bastante, para comprovar a notória especialização, a demonstração de que o profissional ou empresa que se deseja contratar atende a um dos requisitos arrolados pelo mencionado § 1º do art. 25 da Lei federal das Licitações e Contratos da Administração Pública. Assim, não é o suficiente, por exemplo, a comprovação do bom desempenho anterior ou da existência de aparelhamento especial para que se tenha, sem mais delongas, por demonstrada a notória especialização do profissional ou empresa que se quer contratar. A notoriedade, cremos, deve ser resultante do atendimento de um conjunto mais ou menos largo desses requisitos.

Niebuhr (2015, p. 172) alerta que não se fala de qualquer especialista, mas de um notório especialista:

> Outrossim, a notória especialização deve ser apreciada no meio que atua o profissional, sem que haja razão em pretender que os contratados tenham que ostentar popularidade. Se do profissional fosse exigida popularidade, não haveria ninguém a ser contratado, salvo um ou outro cujo nome tenha sido excepcionalmente difundido, haja vista que, ao menos no Brasil, as pessoas dedicadas aos estudos técnicos e à atividade científica são absolutamente desconhecidas do grande público. De um jeito ou de outro, o termo notoriedade induz conceito indeterminado, isto é, variável em grau maior ou menor, em decorrência do que se afere discricionariedade em sua apreciação.

Mesquita (2021, p. 67), por sua vez, adverte:

> Em suma, no que diz respeito à comprovação da notória especialização do prestador de serviços, sem esquecer dos outros requisitos, deve-se juntar aos autos, além do currículo, documentação capaz de comprovar sua notória especialização, como: diplomas compatíveis com o curso a ser oferecido; certificados; atestados de capacidade técnica; publicações ou estudos ou ainda artigos acadêmicos, dentre outros documentos capazes de robustecer e comprovar o requisito legal, não se prestando para tanto certificados e currículos corriqueiros, comuns.

O requisito em análise, mantido na Nova Lei, revela-se pertinente e deve ser demonstrado de forma plena no processo de contratação.

5.3. Vedação aos serviços de publicidade e propaganda e de subcontratação

Conforme salientado anteriormente, o § 4º do artigo 74 da Lei n. 14.133/2021 consagrou a ideia de que na aludida espécie de contratação é vedada a subcontratação de empresas ou a atuação de profissionais distintos daqueles que tenham justificado a inexigibilidade, o que parece mesmo óbvio, seja sob o enfoque Lei n. 8.666/1993, seja com base na Lei n. 14.133/2021, pois seria mesmo uma total incoerência contratar um profissional pela sua distinção e depois anuir com a delegação do objeto a terceiro.

Ambas as legislações também são expressas ao vedar a inexigibilidade de licitação para contratação dos serviços de publicidade e propaganda, em que pesem as críticas da doutrina, como a seguir:

> A Lei insiste na vedação à contratação direta de serviços de publicidade e divulgação. Trata-se de um equívoco, acerca do qual já se teceram comentários por ocasião da análise dos arts. 1º e 2º. O problema está na impossibilidade de julgamento objetivo nessa área. A grande evidência reside em que, sendo obrigatória a licitação, o critério decisivo de seleção acaba sendo a criatividade, a qual envolve avaliação meramente subjetiva. No final das contas, o critério de seleção continua a ser a subjetividade e preferência da Administração Pública. Como já afirmado, melhor seria promover a contrata-

ção direta, obrigando a Administração a justificar suas escolhas (...). A vedação a contratações diretas nesse caso é um grande exemplo de como boas intenções produzem, muitas vezes, péssimas soluções legislativas (JUSTEN FILHO, 2009, p. 359).

Com efeito, não parece ser dotada da melhor técnica a exclusão pura e simples de um determinado tipo de serviço da hipótese de contratação direta por inexigibilidade, já que os demais requisitos previstos na legislação de regência e já abordados neste estudo são suficientes para que se garanta uma contratação em sintonia com os princípios que regem a atuação do administrador público. De qualquer sorte, o legislador optou por caminho diverso e manteve, de forma expressa, a impossibilidade de contratação direta de tais serviços, encerrando assim a questão.

5.4. O posicionamento dos Órgãos de Controle sobre as contratações de profissionais e empresas de notória especialização

Após se debruçar sobre as contratações de profissionais e empresas com notória especialização, o Tribunal de Contas da União consagrou seu entendimento sobre o tema nas **Súmulas 252 e 264**, que assim estabelecem:

> Súmula 252. A inviabilidade de competição para a contratação de serviços técnicos, a que alude o inciso II do art. 25 da Lei n. 8.666/1993, decorre da presença simultânea de três requisitos: serviço técnico especializado, entre os mencionados no art. 13 da referida lei, natureza singular do serviço e notória especialização do contratado.
> Súmula 264. A inexigibilidade de licitação para a contratação de serviços técnicos com pessoas físicas ou jurídicas de notória especialização somente é cabível quando se tratar de serviço de natureza singular, capaz de exigir, na seleção do executor de confiança, grau de subjetividade insuscetível de ser medido pelos critérios objetivos de qualificação inerentes ao processo de licitação, nos termos do art. 25, inciso II, da Lei n. 8.666/1993.

No mesmo sentido, o Tribunal de Contas do Estado de São Paulo já sumulou entendimento no sentido da impossibilidade de contratação de empresas ou pessoas físicas para revisão de declarações, assim dispondo em sua Súmula 13 (PRADO VIEIRA, 2014, p. 264):

> Súmula 13 do TCE/SP. Não é lícita a contratação pelas Prefeituras Municipais de terceiros, sejam pessoas físicas ou jurídicas, para revisão das Declarações para o Índice de Participação dos Municípios – DIPAMs, a qual deve ser feita por servidores públicos locais, valendo-se do auxílio da Secretaria Estadual da Fazenda.

Sobre a singularidade da contratação, o TCU firmou recentemente entendimento consagrando que a gênese da singularidade está "no objeto" que impede que a Administração Pública consiga fixar parâmetros objetivos de classificação de propostas e não, e tão somente, na notória especialização do contratado.

É o que se extrai do Acórdão 8926/2021, proveniente da 2ª Câmara daquele Tribunal[5]:

> Conquanto já tenha transcorrido um longo tempo desde as contratações dos escritórios de advocacia mencionados nos itens 50 e 56, *retro*, importa que o TCU, oportunamente, dê ciência ao Senac/SP que o entendimento sedimentado neste Tribunal é de que, nas contratações de serviços advocatícios, a obrigação de licitar somente poderá ser afastada se na situação estiverem presentes, simultaneamente, a notória especialização do contratado e a singularidade do objeto, cabendo esclarecer que singular é o objeto que impede que o contratante escolha o prestador do serviço a partir de critérios objetivos de qualificação inerentes ao processo de licitação. Tal entendimento decorre da Súmula TCU 252 (Acórdão 8.926/2021 – 2ª Câmara – Ministro-Substituto André de Carvalho).

Cite-se, ainda, Acórdão de relatoria do Ministro Walton Alencar Rodrigues, asseverando que é preciso demonstrar a impossibilidade de

[5] Tribunal de Contas da União. Acórdão 8926/2021 – Segunda Câmara. Disponível em: https://pesquisa.apps.tcu.gov.br/#/documento/acordaocompleto/ac%25C3%25B3rd%25C3%25A3o%25208926%252F2021/%2520/DTRELEVANCIA%2520desc%252C%2520NUMACORDAOINT%2520desc/0/%2520.

competição e destacando a importância de se observar o princípio licitatório (artigo 37, XXI, da CF/88)[6]:

> Acrescente-se que a singularidade do objeto e a notória especialização do contratado não são suficientes para permitir a contratação por inexigibilidade de licitação. Primeiramente, deve-se comprovar a inviabilidade de competição, nos termos do art. 25 da Lei 8.666/1993. No caso concreto, não está devidamente comprovada a inviabilidade de competição, já que existem no mercado outros escritórios especializados em matéria tributária. (...) Justificar simplesmente que o profissional contratado possui notória especialização, que era o mais preparado, que o caso era singular, sem que seja formalizada uma base de documentos que sustentem o alegado, conforme exige a legislação, é contratar diretamente à revelia do previsto no art. 37, XXI, da Constituição Federal (Acórdão 2758/2020 – Plenário).

Importante destacar que a pesquisa do preço também integra a cadeia de atos que compõem o processo de inexigibilidade de profissionais de notória especialização, conforme recente julgado proveniente do Tribunal de Contas do Estado de São Paulo, *in verbis:*

> RECURSO ORDINÁRIO. INEXIGIBILIDADE DE LICITAÇÃO. CONTRATO. SERVIÇOS ADVOCATÍCIOS. SINGULARIDADE. NOTÓRIA ESPECIALIZAÇÃO. JUSTIFICATIVA DO PREÇO. REQUISITOS NÃO DEMONSTRADOS. MANTIDA A DECISÃO PELA IRREGULARIDADE. É admissível a contratação de serviços advocatícios quando demonstradas, cumulativamente, a singularidade do objeto e a notória especialização do profissional, bem como devidamente justificado o preço e a escolha do fornecedor, conforme arts. 25 c.c. 13 e 26 da Lei n. 8.666/93 (Acórdão TC-000346/006/13 – Plenário – 03.11.2021 (https://www2.tce.sp.gov.br/arqs_juri/pdf/848655.pdf).

[6] Tribunal de Contas da União. Acórdão 2758/2020 – Plenário. Disponível em: https://pesquisa.apps.tcu.gov.br/#/documento/acordaocompleto/Ac%25C3%25B3rd%25C3%25A3o%25202758%252F2020/%2520/DTRELEVANCIA%2520desc%252C%2520NUMACORDAOINT%2520desc/0/%2520.

E recente julgado do Plenário da Corte de Contas Estadual, reiterando pela necessidade de comprovação conjunta dos requisitos da notória especialização e singularidade dos serviços contratados:

> Ainda que os itens contemplados no objeto da contratação estejam relacionados no artigo 13 do referido diploma legal, não restaram comprovadas a natureza singular dos serviços e a notória especialização da Contratada, falhas estas suficientes para inquinar a matéria. Não há como se atribuir singularidade à elaboração laudos de avaliação (TCs 3795.989.15-1 e 9411/026/15 – 1ª Câmara do TCE/SP – 06.10.2020 – decisão mantida pelo Pleno – http://www2.tce.sp.gov.br/arqs_juri/pdf/791447.pdf).

Em São Paulo, recente fiscalização da Auditoria do Tribunal de Contas do Município de São Paulo concluiu pela **irregularidade na contratação de profissional de notória especialização** pela Secretaria Municipal de Segurança Urbana (TC 14.876/2020), dada a ausência dos requisitos caracterizadores dessa modalidade de contratação direta. No caso, o contrato pactuado tinha por escopo a contratação de um profissional especializado em capacitar e atualizar agentes da Guarda Civil Metropolitana (GCM), na formação e capacitação para o enfrentamento à violência contra a mulher, com foco na educação preventiva.

Entre as principais irregularidades elencadas pelo Órgão Técnico do TCMSP, destacam-se: 1) existência de outras instituições e professores capazes de ministrar o curso contratado, não restando justificada a opção pelo contratado nem a singularidade de seu curso em relação a outros cursos oferecidos por outras instituições; 2) inconsistências das informações e falta de clareza, considerando-se não justificado o preço contratado.

O entendimento foi corroborado pelo Assessoria Jurídica de Controle Externo do Tribunal, neste sentido:

> (...) malgrado a nomeação de comissão especial para avaliar a singularidade do objeto e a notória especialização do contratado, em atendimento ao disposto nos artigos 14 e 15 do Decreto Municipal n. 44.279/2003, não nos parece devidamente documentada e comprovada essa condição. Também não identificamos a importante etapa de justificativa dos preços praticados

que, na Cidade de São Paulo, deve seguir o postulado no art. 58 da Lei Municipal n. 17.273/2003. Ademais, há outras lacunas apontadas na Representação, confirmadas pela Auditoria, em especial a não comprovação de algumas certificações de cursos citados como concluídos pelo contratado.

Diante da atuação contemporânea do Tribunal de Contas do Município de São Paulo no caso em exame, a Pasta optou pela rescisão unilateral do contrato pactuado com o palestrante contratado, tornando prejudicado o exame e a decisão do Pleno sobre o mérito da Representação, mas ao mesmo tempo demonstrando a importância da atuação dos Órgãos de Controle sobre tais contratações, já que a opção pelo cancelamento se deu, essencialmente, em decorrência do trabalho de fiscalização realizado.

Em outro julgado acerca da matéria, o TCMSP concluiu pela regularidade da contratação direta dos serviços de elaboração de projetos básico, executivo e detalhamento dos setores de biblioteca municipal a serem reciclados, demonstrando assim a importância da análise de cada situação concreta:

> ANÁLISE. CONTRATO. SMC. Serviços de elaboração de projeto básico, executivo e detalhamento dos setores a serem reciclados. Biblioteca Mário de Andrade. Valor contratado justificado. Publicação extemporânea relevada. ACOLHIDO. Votação por maioria. EFEITOS FINANCEIROS ACEITOS. Votação unânime (TC n. 72-000.311.04-49 / 2.784ª Sessão Ordinária – 03.12.2014).
>
> (...) Frisa-se que na hipótese contemplada pelo inciso II, do art. 25 da Lei de Licitações e Contratos, a natureza do serviço considerado é que se afigura como singular e não as pessoas eventualmente capazes de executá-lo. Deve-se, ainda, atestar a ocorrência de dois requisitos, quais sejam: a excepcionalidade da necessidade a ser satisfeita e a inviabilidade de sua realização por qualquer profissional da área (...). Demais disso, o profissional em questão, segundo informação constante dos autos, prestada pela então Diretora do Departamento de Bibliotecas Públicas, encontrava-se trabalhando tanto com o anteprojeto como com os projetos básicos, que auxiliaram a elaboração do Projeto de Reforma da Biblioteca Mário de Andrade apresentado ao BID.

> (...) o Parecer da Comissão mencionou, ainda, diversas atividades desenvolvidas pelo arquiteto Fábio Penteado, demonstrando de maneira inequívoca a sua expertise na área objeto do contrato, sendo reconhecido por historiadores e urbanistas como um dos representantes da chamada Escola Paulista, ao lado de nomes como Vilanova Artigas e Paulo Mendes da Rocha. Assim, preenchidos os critérios de essenciabilidade e indiscutibilidade do trabalho como sendo o mais adequado à plena satisfação do objeto do contrato, válida a inexigibilidade (...).

Esses casos, provenientes dos Órgãos de Controle Externo, apontam para uma necessidade premente de melhorias na instrução dos processos administrativos que tratam da contratação de empresas e profissionais de notória especialização por parte dos agentes públicos responsáveis, a fim de que seja demonstrado o cumprimento do quanto estabelecido em lei. Até porque as contratações em discussão também são objeto de reiteradas decisões por parte do Poder Judiciário (apud VIEIRA, p. 265-271)[7].

[7] "AÇÃO CIVIL PÚBLICA. IMPROBIDADE ADMINISTRATIVA. CONTRATAÇÃO DIRETA PRELIMINAR. Inaplicabilidade da lei de improbidade aos agentes políticos. A regra inserta no artigo 37, § 4º da Constituição da República reza que os atos de improbidade administrativa ensejam a responsabilidade civil do administrador público, com as penalidades consequentes, sem prejuízo da ação penal cabível; deixando claro, portanto que a ação por ato de improbidade é de natureza civil e não penal. Não aplicação das regras do artigo 84 e seus parágrafos do CPP, com a redação que lhes foi dada pela Lei nº 10.628, de 2002 cujas destinatárias são as ações penais. Preliminar afastada. CONTRATAÇÃO DIRETA. DISPENSA INDEVIDA DE LICITAÇÃO. Prestação de serviços de assessoria e consultoria nas áreas de administração e finanças públicas, contabilidade e tributação. Serviços de natureza singular. Notoriedade não configurada. Objeto social da empresa contratada amplo e genérico, que não elenca atuação específica perante o TCE Parecer do Tribunal de Contas reconhecendo a irregularidade. Ato de improbidade configurado. Art. 10, VIII, da Lei 8.429/92. PENALIDADES. Pertinência da condenação ao ressarcimento e demais penalidades. Contudo, em razão do princípio da proporcionalidade, afasta-se a condenação de suspensão dos direitos políticos por cinco anos do recorrente Paulo Marques da Fonseca. Recursos de apelação do Ministério Público de São Paulo e de Damasceno e Associados Ltda improvidos, e recurso de apelação de Paulo Marques da Fonseca parcialmente provido". TJ/SP – Apelação Cível n. 0000477-93.2009.8.26.0200 – 8ª Câmara de Direito Público – publicado em 07.08.2014.
ADMINISTRATIVO. PROCESSUAL CIVIL. IMPROBIDADE ADMINISTRATIVA. CONTRATAÇÃO DE PROFISSIONAL PELA MUNICIPALIDADE SEM LICITAÇÃO.

Conclusões

Neste estudo foi possível demonstrar o tratamento dado pelas Leis ns. 8.666/93 e 14.133/2021 às contratações de profissionais ou empresas

AUSÊNCIA DOS REQUISITOS EXIGIDOS PELA LEI N. 8.666/93. JUSTIFICATIVAS APRESENTADAS PELA PARTE ORA RECORRENTE NÃO RECONHECIDAS PELO TRIBUNAL *A QUO*. NECESSIDADE DE REVOLVIMENTO DO CONJUNTO FÁTICO E PROBATÓRIO. SÚMULA 7/STJ. VIOLAÇÃO DO ART. 62 DA LEI DE LICITAÇÕES. FUNDAMENTAÇÃO DEFICIENTE. SÚMULA 284/STF POR APLICAÇÃO ANALÓGICA. INCONSTITUCIONALIDADE DAS SANÇÕES. COMPETÊNCIA DO SUPREMO TRIBUNAL FEDERAL. 1. O Tribunal *a quo* consignou que a contratação do profissional sem licitação prévia atenta não só a Lei n. 8.666/93, bem como a Lei n. 8.429/92, porquanto seria evidente a lesão aos princípios da administração pública. No caso em específico, trata-se de contador cuja contratação pela municipalidade se deu por dispensa de licitação, sob os fundamentos da notória especialização e de indispensabilidade do serviço. 2. Não obstante, de acordo com a orientação jurisprudencial neste Sodalício, a contratação de tais profissionais sem licitação prévia não é justificável, porquanto não atendidos os requisitos traçados no art. 26, III, da Lei de Licitações Públicas. Precedente: REsp 842.461/MG, Rel. Ministra ELIANA CALMON, SEGUNDA TURMA, julgado em 20/03/2007, DJ 11/04/2007, p. 233. 3. As justificativas apresentadas pela parte ora recorrente no sentido de que: (a) a localidade onde ocorreram os fatos é de porte pequeno, diante da falta de mão de obra de profissional habilitado na área de contabilidade naquele município não atende à sistemática adotada pela Lei de Licitações; e, (b) dispensa de licitação em razão do valor do avençado não foram reconhecidas pelo Tribunal a quo em sua análise realizada com base no contexto fático e probatório constante dos autos, sendo certo que seu revolvimento é inviável na via recursal eleita por incidência da Súmula 7/STJ. 4. No que tange à ocorrência de violação do art. 62 da Lei n. 8.666/93, além de o Tribunal *a quo* não ter afirmado qual seria a modalidade de licitação necessária no caso em concreto, a parte ora recorrente realizou mero juízo de probabilidade ao afirmar que a modalidade de licitação empregada provavelmente seria a carta convite. Assim, notória a deficiência da fundamentação neste ponto, não é possível de ser analisada em seu mérito ante a incidência da Súmula 284/STF por aplicação analógica. 5. Quanto à alegada violação do art. 23 da Convenção Americana de Direitos Humanos bem como ao art. 2º, § 1º da Lei de Introdução às normas do direito brasileiro, a parte ora recorrente aduz não ser possível a imposição de pena referente à suspensão de direitos políticos em virtude da prática de ato de improbidade administrativa. Neste ponto, cumpre destacar que a fundamentação conferida pelo acórdão ora recorrido é essencialmente de cunho constitucional, sendo que a sua análise é de competência exclusiva do Supremo Tribunal Federal. 6. No que tange à ausência dos requisitos necessários para a configuração do ato de improbidade administrativa, estas matérias não foram devidamente prequestionadas, não tendo sido opostos embargos de declaração. Incidência, por analogia, das Súmulas 282 e 356, ambas com notória especialização e de artistas. De início, foram destacadas as principais diferenças entre as normas supracitadas, as inovações trazidas pela Nova Lei de Licitações e Contratos Administrativos, incluindo duas hipóteses de inexigibilidade e a previsão do § 2º do artigo 74 da Nova Lei (novo regramento acerca da comprovação da representação do artista por pessoas físicas e jurídicas), bem como a inserção de mais uma modalidade de serviço cujo procedimento licitatório é inexigível (alínea "h" do artigo 74, III, da Lei n. 14.133/2021).

Na sequência, abordados alguns conceitos inerentes à contratação direta de profissionais do setor artístico, como a inviabilidade de competição, a necessidade de pactuação com o artista ou através de empresário exclusivo, a consagração pela crítica ou opinião pública, a questão da viabilidade do preço e sua comprovação no processo administrativo. Ao elencar os julgados, foi possível apontar o posicionamento dos órgãos de controle externo e interno acerca dessas contratações e de tais requisitos, o que sugere a necessidade premente de a Administração Pública adotar

editadas pelo Supremo Tribunal Federal. 7. Por fim, as sanções foram determinadas de forma fundamentada e razoável, amparadas no conjunto fático-probatório dos autos e nas peculiaridades do caso, tendo, inclusive, sido fixadas nos limites mínimos determinados pelo art. 12, II da Lei 8.429/97, não havendo que se falar, portanto, em violação aos princípios da razoabilidade e da proporcionalidade. 8. Recurso especial parcialmente conhecido, e, nesta extensão, não provido. ACÓRDÃO. Vistos, relatados e discutidos esses autos em que são partes as acima indicadas, acordam os Ministros da SEGUNDA TURMA do Superior Tribunal de Justiça, na conformidade dos votos e das notas taquigráficas, o seguinte resultado de julgamento: 'A Turma, por unanimidade, conheceu em parte do recurso e, nessa parte, negou-lhe provimento, nos termos do voto do(a) Sr(a). Ministro(a)-Relator(a), sem destaque e em bloco'. A Sra. Ministra Eliana Calmon, os Srs. Ministros Castro Meira, Humberto Martins e Herman Benjamin (Presidente) votaram com o Sr. Ministro Relator. STJ RESP 1344325/MS – 2ª Turma – Acórdão publicado em 23.04.2013. Ação de Improbidade Administrativa. Contratação de advogado para prestação de serviços de assessoria jurídica na área de Direito Administrativo, auxílio em processos junto ao Tribunal de Contas, acompanhamento de Comissão Parlamentar de Inquérito e processo específicos. Contratações que desconsideram a existência de Assessor Jurídico na Câmara Prestação de serviço, além de aparentemente desnecessária, não comprovada a contento Ausência de singularidade e de especialização que justifiquem contratação direta – Recurso provido. TJ/SP – 13ª Câmara de Direito Público – Apelação n. 0006935-81.2010.8.26.0624 – publicado em 24.10.2013."

medidas visando aprimorar os processos de contratação de tais profissionais e a observância desses requisitos.

Especificamente sobre a representação do artista, debateu-se sobre a inovação trazida pelo § 2º do artigo 74 da Lei n. 14.133/2021, que, diversamente da jurisprudência ainda vigente nas Cortes de Contas, possibilitou, de forma expressa, que a comprovação da representação seja feita mediante contrato, declaração, carta ou outro documento que ateste a exclusividade permanente e contínua, o que por certo demandará uma revisão dos Tribunais quanto à exigência de contrato registrado em cartório. De outro lado, revelou-se que ambas as leis exigem que o empresário detenha uma exclusividade permanente, contínua, em nível estadual ou nacional.

No que se refere aos contratos com profissionais e empresas com notória especialização, demonstrou-se que, diversamente do que se deu com as contratações artísticas, a Nova Lei de Licitações, em seu artigo 74, III, manteve, na essência, os mesmos requisitos que devem ser observados na contratação de profissionais ou empresas com notória especialização. Destacou-se a exclusão da menção à singularidade dos serviços e o debate da doutrina sobre tal inovação, assim como a inclusão da expressão "predominantemente intelectual", que acresceu uma nova característica a ser observada na contratação de profissional ou empresa com notória especialização.

Tratou-se do conceito de notória especialização, acerca da vedação aos serviços de publicidade e propaganda mantida na nova norma, ressaltando-se a crítica da doutrina quanto a essa exclusão. Por fim, a exemplo da metodologia aplicada em relação às contratações artísticas, foi trazido o posicionamento dos órgãos de controle externo e interno sobre a inexigibilidade de licitação desses serviços, as súmulas do TCU e do TCE e as decisões recentes das Cortes de Contas acerca dos referidos contratos.

Espera-se, com isso, oferecer um estudo atualizado sobre as duas hipóteses de inexigibilidade de licitação, mediante um debate contemporâneo sobre as leis em epígrafe que tratam da matéria, bem como acerca da interpretação dos Tribunais de Contas, Controladorias e da doutrina sobre contratações matéria em debate.

Referências

ARAÚJO, Aldem Johnston Barbosa. Futura Nova Lei de Licitações: a inexigibilidade de licitação para a contratação de profissionais ou empresas de notória especialização e o fim da singularidade do serviço técnico. **Migalhas**, 23 mar. 2021. Disponível em: https://www.migalhas.com.br/depeso/342237/futura-nova-lei-de-licitacoes-a-inexigibilidade-de-licitacao-para-a.

ÁVILA, Diego. Inexigibilidade: serviços técnicos, notória especialização e a ausência de singularidade. In VARESCHINI, Julieta Mendes Lopes (coord.). **Diálogos sobre a nova lei e licitações e contratações**. Pinhais: JML, 2021.

BANDEIRA DE MELLO, Celso Antônio, **Curso de direito administrativo**. 31. ed. São Paulo: Malheiros, 2014.

CABRAL NETO, Adolfo Cirino. **Inexigibilidade de licitação**: contratação de artistas. Leme: Cronus, 2009.

CRETELLA JÚNIOR, José. **Das licitações públicas**. 5. ed. Rio de Janeiro: Forense, 1994.

FILHO, José dos Santos Carvalho. **Manual de direito administrativo**. 32. ed. São Paulo: Atlas, 2018.

GASPARINI, Diogenes. **Direito administrativo**. 17. ed., Editora Saraiva, 2012.

JUSTEN FILHO, Marçal. **Comentários à Lei de Licitações e Contratos Administrativos**. São Paulo: Revista dos Tribunais, 2021; 13. ed. São Paulo: Dialética, 2009.

MEIRELLES, Hely Lopes. **Licitação e contrato administrativo**. 27. ed. São Paulo: Malheiros, 2002.

MESQUITA, Marcos André Bezerra. **Singularidade do objeto e notória especialização** –indeterminação e interpretação. UNB. Brasília: UnB, 2021.

NIEBUHR, Joel de Menezes. **Dispensa e Inexigibilidade de Licitação Pública**. 4. ed. ver. e ampl. Belo Horizonte: Fórum, 2015.

PINHEIRO, Geny Marques. **Licitação de bens e serviços culturais**: um enfoque na contratação de shows musicais. Dissertação apresentada ao Programa de Pós-Graduação em Direito como requisito parcial para a obtenção do título de Mestre em Direito Constitucional. Fortaleza: Universidade de Fortaleza – Unifor, 2012.

VIEIRA, Evelise Pedroso Teixeira Prado. **Lei de Licitações e Contratos da Administração Pública Comentada**. 2. ed. São Paulo: Verbatin, 2014.

CAPÍTULO 8
A ACEITAÇÃO DOS EFEITOS FINANCEIROS / JURÍDICOS EM JULGAMENTOS DE ACOMPANHAMENTO DE EXECUÇÃO CONTRATUAL PELO TRIBUNAL DE CONTAS DO MUNICÍPIO DE SÃO PAULO – TCMSP

Adriano Cremonesi

1. Introdução

Entre outras atribuições, compete aos Tribunais de Contas brasileiros analisar editais publicados pelo poder fiscalizado, promover o acompanhamento da licitação, proceder à análise dos contratos administrativos firmados e de seus termos aditivos, bem como acompanhar as execuções contratuais.

No exercício de suas funções, a análise das representações e de editais são formais, uma vez que os órgãos técnicos das Cortes de Contas se debruçam sobre as cláusulas editalícias para verificar se estão de acordo com as normas vigentes, num autêntico exercício de conformidade legal.

No âmbito dos contratos administrativos e do julgamento de suas execuções, verifica-se, de modo cada vez mais presente, a figura de eventual aceitação dos efeitos financeiros / jurídicos. Neste capítulo, portanto, pretende-se discorrer sobre o tema e demonstrar como a Corte de Contas paulistana vem enfrentando essa questão.

Para discorrer sobre o tema, recorreu-se a acórdãos paradigmáticos do TCMSP que ilustram a forma como esse Tribunal tem enfrentado a questão da aceitação, ou não, dos efeitos financeiros/ jurídicos, e recorreu-se à análise da doutrina especializada e da legislação aplicável ao estudo.

Antes de adentrar na matéria cabe, de início, trazer um breve histórico quanto à criação, formação, composição e competência do TCMSP.

2. Tribunal de Contas do Município de São Paulo – TCMSP – Breve Histórico

Simões (2012, p. 32) define o Tribunal de Contas como "representante ou delegado do povo", e sustenta que "a expressão 'Contas' o individualiza porque ele é que detém o poder de tomar conta dos encarregados da gestão financeira do País, dos Estados e do Município".

O arcabouço de competência está disposto no artigo 71 da Constituição Federal, servindo o Tribunal de Contas da União como paradigma aos Tribunais de Contas Estaduais e Municipais.

No âmbito dos municípios brasileiros, o Tribunal de Contas do Município de São Paulo e o Tribunal de Contas do Município do Rio de Janeiro são os únicos com abrangência estritamente municipal e atuantes no País, ambos recepcionados pela Constituição Federal de 1988.

Criado no ano de 1968, com fundamento em autorização da Constituição Federal de 1967, o TCMSP ainda encontrou respaldo constitucional na edição do Ato Complementar n. 44 à referida Constituição Federal e na Emenda Constitucional n. 1/1969, tendo sido mantidas sua forma de funcionamento e sua estrutura organizacional. Com o advento da Constituição Federal de 1988, igualmente seguiu inalterado o funcionamento do TCMSP, ainda que, de acordo com o art. 31, § 4º, da CF/88, o constituinte originário tenha vedado ao Poder Legislativo criar "Tribunais, Conselhos ou órgãos de Contas Municipais".

O TCMSP atua há quase 35 anos no pleno exercício de sua missão institucional, em obediência aos ditames da Constituição em vigor. Acrescente-se que o fundamento constitucional para a criação dos Tribunais de Contas dos Municípios deu-se pela primeira vez (de forma explícita) na Constituição Federal de 1946, que estabelecia em seu artigo 22 que:

> (...) a administração financeira, especialmente a execução do orçamento, será fiscalizada na União pelo Congresso Nacional, com o auxílio do Tribunal de Contas, e nos Estados e Municípios pela forma que for estabelecida nas Constituições estaduais.

E, em seu artigo 24,

> (...) é permitida ao Estado a criação de órgão de assistência técnica aos Municípios.

Ao seu turno, a Constituição Federal de 1967 fez referência aos Tribunais de Contas em seu artigo 71[1] e admitiu, ainda que de forma indireta, a sua existência na órbita municipal através do artigo 179[2].

A Constituição do Estado de São Paulo de 1967 (elaborada com base na Constituição Federal de 1967) previu em seu artigo 106 que "o Município de São Paulo e os que tiverem renda superior a cinco por cento da arrecadação deste, poderão ter regime administrativo especial e Tribunal de Contas próprio, na forma que a Lei Orgânica dos municípios estabelecer", servindo de respaldo para a Lei Municipal n. 7.213, de 20 de novembro de 1968, que criou o Tribunal de Contas do Município de São Paulo, composto por 5 (cinco) Conselheiros.

Treze dias após a posse dos Conselheiros do TCMSP, em 29 de janeiro de 1969, foi editado o Ato Complementar n. 44 à Constituição Federal de 1967, que permitiu a criação de Tribunais de Contas apenas pelo Município que tivesse renda tributária acima de cem milhões de cruzeiros novos e população superior a quinhentos mil habitantes.

Posteriormente, em 29 de outubro de 1969, a Emenda Constitucional n. 1/1969 à Constituição Federal de 1967 impôs, no seu artigo 16, limites ainda mais severos à criação de Tribunais de Contas pelos Municípios, devido à repercussão dos gastos incompatíveis com os orçamentos Municipais, tendo estabelecido que somente poderiam instituir Tribunais de Contas os Municípios com população superior a dois milhões de habitantes e renda tributária acima de quinhentos milhões de cruzeiros novos.

[1] "Art 71 – A fiscalização financeira e orçamentária da União será exercida pelo Congresso Nacional através de controle externo, e dos sistemas de controle interno do Poder Executivo, instituídos por lei."

[2] "Art 179 – O disposto no art. 73, § 3º, *in fine*, combinado com o art. 109, III, não se aplica aos Ministros dos Tribunais de Contas da União, dos Estados e dos Municípios que estejam no exercício de funções legislativas ou que hajam sido eleitos titulares ou suplentes no pleito realizado a 15 de novembro de 1966."

Importante destacar que, de acordo com dados da Secretaria Municipal de Planejamento, em 1960 (quase dez anos antes da referida emenda) a cidade de São Paulo já contava com população superior a 3 (três) milhões de habitantes e arrecadação compatível com a sua dimensão, sendo chamada de Cidade-Estado e de locomotiva do Brasil.

Mesmo que a cidade de São Paulo já tivesse preenchido e até mesmo ultrapassado os requisitos impostos para a criação de Corte de Contas própria, o artigo 191 da Emenda Constitucional 1/1969 manteve expressamente o Tribunal de Contas do Município de São Paulo, dada a sua importância diante da própria magnitude da Capital paulista:

> Art. 191. Continuará em funcionamento apenas o Tribunal de Contas do Município de São Paulo, salvo deliberação em contrário da respectiva Câmara, sendo declarados extintos todos os outros Tribunais de Contas Municipais.

Dessa forma, criado no ano de 1968 – quase meio século atrás, dos quais 25 anos sob a égide da atual Carta Magna – com autorização da Constituição Federal de 1967, o TCMSP ainda encontrou respaldo constitucional na edição do Ato Complementar n. 44 à Constituição Federal de 1967 e na Emenda Constitucional n. 1, de 1969, sem sofrer qualquer alteração na sua forma de funcionamento ou na sua estrutura organizacional originária.

Sobreveio, então, a Constituição Federal de 1988, que recepcionou as duas únicas Cortes de Contas do Município existentes à época (São Paulo e Rio de Janeiro), mantendo-as nas suas exatas formas, composições e estruturas originais.

Como pontua Martins (2013, p. 199-205), ao analisar a questão:

> É de se concluir, portanto, que houve a recepção pelo constituinte do regime jurídico dos dois Tribunais de Contas Municipais então existentes (...). Desta forma, no sistema jurídico do controle financeiro externo das entidades federativas, coube à União e aos Estados fazê-lo, com exclusividade, por intermédio de suas Cortes especializadas, salvo no que tange aos Municípios de São Paulo e Rio de Janeiro, que tiveram a competência dos seus tribunais de contas preservados pelo texto constitucional.

A seguir, de acordo com a sistematização proposta por este estudo, parte-se para algumas reflexões sobre o contrato administrativo.

3. Da Análise do Contrato Administrativo[3]

De acordo com o parágrafo único do artigo 2º da Lei n. 8.666/1993, "considera-se contrato todo e qualquer ajuste entre órgãos ou entidades da Administração Pública e particulares, em que haja um acordo de vontades para a formação de vínculo e a estipulação de obrigações recíprocas, seja qual for a denominação utilizada".

O **contrato administrativo**, em sentido estrito, segundo Di Pietro (2014, p. 27), caracteriza-se pelos seguintes elementos: presença da Administração Pública como Poder Público; finalidade pública; obediência na forma prescrita em lei; procedimento legal; natureza de contrato de adesão; natureza *intuitu personae*; presença de cláusulas exorbitantes; e mutabilidade. Quando da análise formal dos contratos administrativos, os Tribunais de Contas examinam se os referidos ajustes preenchem os requisitos legais da Lei n. 8.666/1993, em específico os previstos no artigo 54 e seguintes.

Devem conter clareza e precisão das condições para sua execução, expressas em cláusulas que definam direitos, obrigações e responsabilidades das partes, em conformidade com os termos da licitação e da proposta a que se vinculam.

Segundo os arts. 60 e 61 do mesmo diploma:

> Art. 60. Os contratos e seus aditamentos serão lavrados nas repartições interessadas, as quais manterão arquivo cronológico dos seus autógrafos e registro sistemático do seu extrato, salvo os relativos a direitos reais sobre imóveis, que se formalizam por instrumento lavrado em cartório de notas, de tudo juntando-se cópia no processo que lhe deu origem.
> Parágrafo único. É nulo e de nenhum efeito o contrato verbal com a Administração, salvo o de pequenas compras de pronto pagamento, assim entendidas aquelas de valor não superior a 5% (cinco por cento) do limite estabelecido no art. 23, inciso II, alínea "a" desta Lei, feitas em regime de adiantamento.

[3] A análise dos casos apresentados neste Capítulo deu-se durante o período de vigência da Lei 8.666/1993, a ser revogada a partir de 30/12/2023 pela Lei 14.133/2021.

Art. 61. Todo contrato deve mencionar os nomes das partes e os de seus representantes, a finalidade, o ato que autorizou a sua lavratura, o número do processo da licitação, da dispensa ou da inexigibilidade, a sujeição dos contratantes às normas desta Lei e às cláusulas contratuais.

Já o artigo 58 da Lei Federal n.º 8.666/1993 estabelece:

Art. 58. O regime jurídico dos contratos administrativos instituído por esta Lei confere à Administração, em relação a eles, a prerrogativa de:
I – modificá-los, unilateralmente, para melhor adequação às finalidades de interesse público, respeitados os direitos do contratado;
II – rescindi-los, unilateralmente, nos casos especificados no inciso I do art. 79 desta Lei;
III – fiscalizar-lhes a execução;
IV – aplicar sanções motivadas pela inexecução total ou parcial do ajuste;
V – nos casos de serviços essenciais, ocupar provisoriamente bens móveis, imóveis, pessoal e serviços vinculados ao objeto do contrato, na hipótese da necessidade de acautelar apuração administrativa de faltas contratuais pelo contratado, bem como na hipótese de rescisão do contrato administrativo.

No TCMSP, a análise do ajuste é realizada pelos Órgãos Técnicos (Subsecretaria de Controle Externo, Assessoria Jurídica de Controle Externo) e pela Secretaria Geral.

Em linhas gerais, a análise em comento consiste em verificar se o referido instrumento possui cláusulas de acordo com a legislação vigente, além de outras formalidades, como numeração de páginas, assinatura tempestiva dos instrumentos, publicação dos atos no Diário Oficial da Cidade, entre outras.

As conclusões são encaminhadas à Origem para formação do contraditório e, após, com o processo regularmente instruído, inclusive com a manifestação da Procuradoria da Fazenda Municipal, os autos vão ao Plenário, Órgão máximo da Corte de Contas, onde os 5 (cinco) Conselheiros, que a compõem, apresentam seus votos[4].

[4] Dependendo do valor da contratação, o processo pode ser julgado por Juiz Singular ou Câmara.

No julgamento, os Conselheiros, a partir de suas convicções, poderão julgar os instrumentos "regulares" ou "irregulares". Em qualquer das hipóteses poderão realizar recomendações, determinações e, dependendo da gravidade das irregularidades, determinar a aplicação de multas aos responsáveis.

Nessa esteira o artigo art. 195 do Regimento Interno do TCMSP, que prevê:

> Art. 195 – Verificada a ilegalidade ou irregularidade de qualquer despesa, o Tribunal assinalará prazo para que a repartição de origem adote as providências necessárias ao exato cumprimento da lei e à regularização do ato ou contrato impugnado.
> § 1º – No caso de ato administrativo, o Tribunal, se não atendido:
> I – sustará a execução do ato impugnado;
> II – comunicará a decisão à Câmara Municipal de São Paulo, no prazo de 15 (quinze) dias;
> III – aplicará ao responsável a multa prevista neste Regimento.
> § 2º – No caso de contrato, se contratante e contratado não tiverem se manifestado no feito, o Tribunal promoverá sua intimação para produzirem defesa, que será submetida à apreciação do Tribunal Pleno.
> § 3º – Persistindo a conclusão de ilegalidade ou irregularidade apurada em contrato e não atendida a determinação para a sua regularização, o Tribunal comunicará o fato à Câmara Municipal de São Paulo, a quem compete adotar o ato de sustação e suscitar as medidas cabíveis a cargo do Executivo Municipal.
> § 4º – Se a Câmara Municipal de São Paulo ou o Poder Executivo Municipal, no prazo de noventa dias, não executar as medidas previstas no parágrafo anterior, o Tribunal decidirá a respeito da sustação do contrato.
> § 5º – Decidindo-se pela sustação do contrato, verificada a hipótese do parágrafo anterior, o Tribunal tomará as seguintes providências:
> I – determinará ao responsável que, no prazo de quinze dias, adote as medidas necessárias ao cumprimento da decisão;
> II – aplicará a multa prevista neste Regimento;
> III – comunicará o decidido à Câmara Municipal de São Paulo.
> § 6º – A decisão que deliberar pela fixação de prazo para a regularização de ato considerado ilegal executar-se-á, independentemente da identificação e apenação do responsável pela ilegalidade.

> § 7º – Fixado o prazo para a regularização do ato, nos termos do art. 71, inciso IX, da Constituição Federal, o responsável, ainda que pendente recurso da decisão, não poderá realizar pagamento ou assumir obrigação com base no ato impugnado, sob pena de, confirmada a decisão, responder, direta ou solidariamente, pelos danos decorrentes, nos termos dos artigos 186 e 942 do Código Civil, sem prejuízo das demais sanções legais.

Caberá recurso ordinário das decisões terminativas do Pleno do Tribunal, conforme previsto no inciso II do artigo 137 do Regimento Interno do TCM/SP:

> Artigo 137 – Das decisões interlocutórias, das terminativas e dos acórdãos, cabem, conforme o caso, os seguintes recursos:
> I – embargos de declaração;
> II – recurso ordinário;
> III – revisão;
> IV – agravo regimental;
> V – pedido de reexame.
> Parágrafo único – Das decisões terminativas proferidas por Câmara ou Juiz Singular, pela irregularidade ou ilegalidade de ato ou despesa executada, independentemente de menção expressa a recurso "ex officio", haverá reexame necessário pelo Tribunal Pleno, a ser processado segundo o rito estabelecido para o recurso ordinário.

Verifica-se, de modo cada vez mais presente, por ocasião da análise, também formal, dos contratos administrativos e durante o julgamento de suas execuções, a figura de eventual "aceitação dos efeitos financeiros/jurídicos", que não encontra lastro legal no Regimento Interno do TCMSP, tampouco em sua Lei Orgânica (Lei Municipal n. 9.167/1980).

Conforme apontado na Introdução deste capítulo, apresentar-se-á o resultado de pesquisa realizada em julgados do referido Tribunal. Antes, entretanto, cabe distinguir o julgamento de um processo de análise de contratos administrativos e do acompanhamento de sua execução dos demais julgamentos realizados pela Corte de Contas Municipal.

Assim, este trabalho se restringirá à análise dos contratos administrativos e ao acompanhamento de suas execuções.

4. Da Análise da Execução Contratual

Superada a breve explanação quanto à análise formal do contrato administrativo, cabe trazer à baila uma síntese sobre o exame da execução contratual, que se realiza, como regra, por amostragem em um período no qual o corpo técnico do Tribunal busca subsídios para analisar se o contrato está sendo cumprido conforme determinam os dispositivos legais aplicáveis e, principalmente, o conteúdo contratual que rege o contrato firmado entre as partes.

Não são raras as vezes em que os resultados dessa análise, com base no trabalho de auditorias internas, apontam desde irregularidades formais, como a falta de assinatura pelo engenheiro responsável, até irregularidades graves, a exemplo de superfaturamento de notas, descumprimento total ou parcial do contrato etc.

Uma vez reconhecidas as irregularidades, impõe-se verificar se há algum tipo de prejuízo ou indício de prejuízo ao Erário, apontado nos autos, bem como, se as irregularidades são formais ou graves a ponto de macularem a execução.

Nesse contexto, em um caso hipotético, se o órgão colegiado decidir pela irregularidade da execução, haverá necessidade de uma espécie de modulação da decisão pelos julgadores, levando em consideração se o objeto do contrato foi, ainda que com irregularidades, cumprido ou não.

Dessa decisão destacam-se: a decretação da irregularidade ou não da execução contratual; a eventual condenação do agente público responsável ao pagamento de multa; a recomendação para que a Origem tome as medidas cabíveis para o ressarcimento ao Erário no caso de apuração de prejuízo e, apesar de irregular o Contrato, decretar a aceitação dos efeitos financeiros/jurídicos.

Em qualquer das hipóteses, caberá ao julgador tecer juízo a respeito de como tratar a matéria, uma vez que, eivado ou não de irregularidades, aquele contrato se finalizou no tempo e, portanto, causou efeitos no mundo jurídico para todos os envolvidos, o que deve ser levado em consideração pelos julgadores.

5. Da Aceitação dos Efeitos Financeiros/Jurídicos

Antes de adentrar no tema propriamente dito, cabe uma explicação em relação ao conceito de efeitos financeiros e/ou jurídicos. Apesar da terminologia, os efeitos financeiros não se confundem, nem pressupõem a análise financeira integral da execução das despesas, limitando-se aos efeitos que o ato Administrativo produz no tempo.

Nos dizeres de Silva (2011, p. 278) sobre o tema:

> (...) [Portanto] podemos definir a eficácia jurídica como a possibilidade de a norma vigente ser aplicada aos casos concretos e de – na medida de sua aplicabilidade – gerar efeito jurídicos, ao passo que a eficácia social pode ser considerada como englobando tanto a decisão pela efetiva aplicação da norma, quanto o resultado concreto decorrente – ou não – desta aplicação.

Bandeira de Mello (2001, p. 338) lembra que "a Administração pratica vários atos que não interessa considerar como ato administrativo, dentre estes aponta os atos regidos pelo direito privado; os atos materiais e os atos políticos ou de governo praticados com margem de discrição e diretamente em obediência à Constituição".

Ainda, segundo Zancaner (2008, p. 62):

> a maneira pela qual um ato ganha existência jurídica encontra-se estabelecida na própria ordem normativa; assim, não é a simples exteriorização fática condição suficiente para que um ato adquira existência jurídica, embora seja condição necessária. Desta maneira, a existência ou perfeição se verifica mediante a totalidade da composição do ato jurídico, reunindo este todos os elementos estruturais necessários à sua formação.

Já o comando inserto no art. 59 da Lei n. 8.666/1993 impõe um regime de nulidades dos atos e contratos administrativos, na medida em que os atos analisados ou serão válidos, e não terão obstáculos à sua eficácia; ou serão inválidos, e deverão ser declarados nulos, situação que impede a produção de efeitos jurídicos futuros e desconstitui os efeitos já produzidos.

> Art. 59. A declaração de nulidade do contrato administrativo opera retroativamente impedindo os efeitos jurídicos que ele, ordinariamente, deveria produzir, além de desconstituir os já produzidos.
>
> Parágrafo único. A nulidade não exonera a Administração do dever de indenizar o contratado pelo que este houver executado até a data em que ela for

declarada e por outros prejuízos regularmente comprovados, contanto que não lhe seja imputável, promovendo-se a responsabilidade de quem lhe deu causa.

Em relação ao tema, Cretella Júnior (1972, p. 284) afirma que os vícios ou defeitos dos atos administrativos podem distinguir-se sob o ângulo do sujeito ou órgão de qual emanam: da sua vontade, da manifestação dessa vontade, ou do conteúdo do ato. No direito administrativo importa menos a natureza do defeito, em si, do que as repercussões que a invalidez do ato, atenta às circunstâncias eventuais, venha trazer ao interesse público, pelo que um mesmo vício pode, muitas vezes, acarretar consequências diversas.

Para Zancaner (2008, p. 24), a convalidação é um ato, exarado pela Administração Pública, que se refere expressamente ao ato a convalidar para suprir seus defeitos e resguardar os efeitos por ele produzidos, visando não apenas o restabelecimento da ordem jurídica, mas também a estabilidade das relações jurídicas pautadas tanto no princípio da legalidade quanto no princípio da segurança jurídica.

Por sua vez, Sundfeld (1990, p. 39) define a convalidação como sendo: um novo ato administrativo, que difere dos demais por produzir efeitos *ex tunc*, é dizer, retroativos. Não é mera repetição do ato inválido com a correção do vício; vai além disso. Por esse motivo, a possibilidade de praticá-lo depende, teoricamente, de dois fatores: a) da possibilidade de se repetir, sem vícios, o ato ilegal, porque assim poderia ter sido praticado à época; e b) da possibilidade de este novo ato retroagir.

Assim, sob a perspectiva de Medauar (2018, p. 182),

> (...) os defeitos encontrados no ato administrativo podem levar à sua retirada do mundo jurídico. Se o ato administrativo deve ingressar no mundo jurídico sob o impulso da lei para produzir efeitos válidos, que vão repercutir sobre os administrados e sobre a própria Administração, é evidente que também sob a égide da lei e de outros preceitos, mesmo não escritos, tal ato pode ser desfeito.

André Freire discorre sobre o princípio da vedação ao enriquecimento sem causa:

> (...) não se aplica aos casos em que o particular atuou de má-fé, desde que devidamente comprovada (lembre-se que não se presume a má-fé). Ora, se ele atuou de modo malicioso, praticando condutas ilícitas sozinho ou com um agente público, não poderia ser beneficiado, pois isso seria ofensivo ao princípio da moralidade.

Portanto, por ocasião do julgamento da análise de contrato administrativo, ou de sua execução, cabe à Corte de Contas, pois, exigir que o órgão controlado adote exatamente a medida requerida pela ordem jurídica para aquele caso, que consistirá, dentre outros efeitos, na manutenção e na invalidação da relação contratual, destacando os efeitos concernentes a essa decisão.

Na lição de Ferraz (2003, p. 49), o ato ou efeito produzido integra uma cadeia histórica que não há revogação ou invalidação que possa apagar:

> a) a extinção de um ato administrativo, como nuclear consequência, retira-lhe a força geratriz de continuar a produzir efeitos. Mas só por si não elimina os efeitos já produzidos até que extinto o ato; b) a extinção dos efeitos do ato também só por si não afeta os efeitos já antes produzidos validamente, acarretando, contudo, a extinção do ato, por isso que dele retira o atributo justificativo de sua existência: a produção de efeitos. Dizer, como fazem alguns notáveis autores, que, nesses casos, o ato em si continuará existente não nos parece correto: no campo jurídico, ele será um nada, se despido da qualidade de gerar efeitos. Sua relevância resumir-se-á ao viés histórico, seja para registrar as etapas dos desempenhos da Administração Pública, seja para nele espelhar-se a autoridade circunstancialmente incumbida de dizer da validade dos efeitos produzidos preteritamente à operação extintiva.

Nesse sentido, o reconhecimento dos efeitos financeiros/jurídicos estaria diretamente relacionado à verificação de potencial prejuízo ao Erário e de como a participação na consumação do resultado danoso pode afetar a extensão de seus direitos, levando-se em conta a boa-fé das partes envolvidas, bem como o tempo decorrido desde a finalização do contrato.

Segundo Freire (2007, p. 154), o princípio da vedação ao enriquecimento sem causa

> não se aplica aos casos em que o particular atuou de má-fé, desde que devidamente comprovada (lembre-se que não se presume a má-fé). Ora, se ele atuou de modo malicioso, praticando condutas ilícitas sozinho ou com um agente público, não poderia ser beneficiado, pois isso seria ofensivo ao princípio da moralidade.

Quanto ao tema, a Procuradoria da Fazenda Municipal elaborou um parecer no qual aduz que:

> Esta "aceitação dos efeitos" seria, assim, uma espécie de ressalva ao julgamento de irregularidade. Ou seja, o ato é irregular; ressalva-se, contudo, que alguns de seus efeitos devem ser mantidos, seja porque não houve prejuízo (ou prejuízo em potencial), seja porque não há indícios (nos estritos limites dos elementos constantes nos autos de cada TC) de que a irregularidade tenha sido fruto de má-fé ou dolo dos agentes públicos envolvidos.

E conclui que:

> A chamada análise dos efeitos financeiros, na opinião desta PFM, torna as decisões deste E. TCM ainda mais efetivas, pois chama a atenção precisamente para os casos mais graves, nos quais não são aceitos os efeitos dos atos viciados e, em consequência, a Administração deveria avaliar a adoção de providências mais concretas. (estudo de autoria de Guilherme Bueno de Camargo – Procurador Chefe da Fazenda Municipal São Paulo, 16 de novembro de 2015).

Assim, na prática, caso a conclusão dos Julgadores seja pela **irregularidade da execução**, deverão se debruçar na análise quanto à aceitação, ou não, dos efeitos financeiros/jurídicos, levando-se em conta a verificação de potencial prejuízo ao Erário e de como a participação na consumação do resultado danoso pode afetar a extensão dos respectivos direitos, a boa-fé das partes envolvidas e o tempo decorrido desde a finalização do contrato.

Dessa análise, caso os Julgadores entendam pela **não aceitação dos efeitos financeiros**, poderão ainda se manifestar quanto à aplicação ou não de multa aos responsáveis, levando em conta a gravidade das irregularidades apontadas e se a conduta do agente público interferiu direta ou indiretamente nesses apontamentos.

5.1. Apreciação de julgados do TCMSP que trazem a figura da aceitação, ou não, dos efeitos financeiros

No escopo de iluminar o tema, insta transcrever a seguir alguns julgados do TCMSP.

Por exemplo, no julgamento englobado dos TCs de nºs 1811/2006 e 2257/2006, 2529/2011 e 2528/2011, que cuidaram do exame de Contratos e suas execuções, celebrados, com fulcro no inciso XX do artigo 24 da Lei Federal n. 8.666/1993, entre a então Secretaria Municipal do Trabalho – SMTRAB, posteriormente denominada Secretaria Municipal do Desenvolvimento Econômico e do Trabalho – SEMDET, e a Associação para Valorização e Promoção de Excepcionais – AVAPE, tendo por objetivo a prestação de serviços específicos para funcionamento de postos do Centro de Apoio ao Trabalho – CAT, as conclusões alcançadas pela equipe técnica do TCMSP que efetuou a análise encontram-se consubstanciadas no item 4 do minucioso relatório encartado às fls. 389/408 daqueles autos e noticiam o seguinte:

> À vista dos exames documentais, compreendendo o período de Março/2010, Julho/2011 e Agosto/2011, da análise da legislação pertinente, e das verificações realizadas “in loco” nos CAT´s Santana, Interlagos, Tatuapé e Penha, concluímos que a execução contratual dessas amostras, no valor de R$ 3.761.339,21, apresenta as seguintes impropriedades:
>
> 4.1 – Não há evidências documentais que nos meses de julho de 2011 e agosto de 2011 foi avaliada a exatidão da prestação do número de horas medida, uma vez que foram apresentados os documentos relativos ao mês anterior de cada medição, isto é, apresentaram-se os documentos de junho na medição de julho/11 e os documentos de julho na medição de agosto/11. Além disso, esses processos não foram instruídos com a composição analítica de horas, o que consideramos falha no acompanhamento da execução contratual, em desacordo com o art. 67 da LF n. 8.666/93 (item 3.5.2).

4.2 – Na documentação para o pagamento das medições de maio de 2010, julho de 2011 e agosto de 2011 não foram apresentadas certidões de tributos mobiliários, em desacordo com a subcláusula 8.7 do contrato (item 3.5.2).

4.3 – Foram encontradas inconsistências, considerando que o custo unitário do contrato é medido por hora efetivamente prestada, na comparação da composição analítica da medição, que forma a quantidade de horas medida, com as folhas de ponto das unidades Tatuapé, Penha, Santana e Interlagos em razão de não terem sido descontadas as horas de alguns colaboradores que estiveram em licença-médica, faltaram, estiveram em férias, entre outros motivos, como segue resumidamente:

CAT Santana: Houve inconsistências na ficha de ponto de seis colaboradores, cujas divergências totalizam 64 horas no mês de julho/11 e 24 horas no mês de agosto/11 (Item 3.5.2 a).

CAT Interlagos: Houve inconsistências na ficha de ponto de sete colaboradores, cujas divergências totalizam 17,5 horas no mês de julho/11 e 156,5 horas no mês de agosto de 2011 (Item 3.5.2 b).

CAT Tatuapé: Houve inconsistências na ficha de ponto de 4 colaboradores, cujas divergências totalizam 142,66 horas no mês de julho/11 e 16 horas no mês de Agosto/11 (Item 3.5.2 c).

CAT Penha: Houve inconsistências na ficha de ponto de 2 colaboradores, cujas divergências totalizam 232 horas no mês de julho/11 e 8 horas no mês de Agosto/11 (Item 3.5.2 d).

No julgamento, os Conselheiros do Tribunal de Contas do Município de São Paulo, à unanimidade, de conformidade com relatório e voto do Relator[5], julgaram irregular os contratos, os termos aditivos e suas execuções, no período examinado, visto que restou consignada na instrução dos autos a presença de inconsistências nas fichas de ponto de alguns colaboradores, evidenciando fragilidade nos controles.

Com esse julgamento coube então aos Conselheiros analisarem, no caso em tela:

[5] Relator Conselheiro Maurício Faria.

- se houve prejuízo ao Erário, o que acarretaria uma determinação de envio aos órgãos competentes (Procuradoria da Fazenda, Controladoria ou Origem) para que efetuassem as ações cabíveis visando a cobrança do montante e demais determinações que entenderem pertinentes.

E assim foi feito, como demonstrado a seguir:

> (...) considerando, que os serviços foram prestados e que não há nos autos indícios de dolo, má-fé ou fraude, bem como de demonstração de prejuízo ao Erário Municipal, **aceitaram excepcionalmente os efeitos financeiros produzidos pelos referidos Contratos, nos períodos auditados,** à exceção do valor R$ 218.670,64 relacionado ao número de horas pagas a maior, na forma apurada no TC/002257/2006, que deverá ser ressarcido ao erário devidamente corrigido (destaques nossos).

Já no TC 4116/2016, que tratou do acompanhamento da execução do convênio firmado pela SME, cujo objeto era o atendimento de crianças por meio do Centro de Educação Infantil, a análise da Auditoria do TCMSP, acompanhada pelos demais órgão técnicos da Corte de Contas, apontou as seguintes irregularidades:

> 1. Falhas relativas à infraestrutura, à frequência, aos aspectos técnico-pedagógicos e à prestação de contas.
> 2. As falhas relativas ao projeto pedagógico são importantes, pois comprometem a qualidade do ensino oferecido. Lei 13.257/16.
> 3. Pagamentos realizados sem qualquer relatório prévio sobre as atividades desenvolvidas, bem como desembolsos de verba por crianças sem controle da real frequência à unidade escolar.

A matéria foi pautada ao Pleno, órgão máximo do TCMSP. Os Conselheiros, em votação unânime, **julgaram irregular** a execução.

Diante do indício de prejuízo ao Erário apontado pela Auditoria, os Conselheiros do TCMSP, em votação unânime, **não aceitaram os efeitos financeiros** e determinaram que a Origem: 1. Quantificasse o prejuízo ao Erário decorrente dos apontamentos. 2. Efetuasse a cobrança do valor devido. 3. Passasse a exigir que as entidades mantenham conta bancária exclusiva para movimentação dos recursos do convênio e apresentasse todos os extratos desta para fins de prestação de contas dos repasses efetuados.

Para ilustrar como se dão os julgamentos na prática, a seguir, alguns acórdãos proferidos pelo Pleno do TCMSP.

No primeiro exemplo, o julgamento do Processo TC/002984/2011 que, em um primeiro momento, cuidou da análise da execução do contrato de serviços de manutenção preventiva nos veículos leves e *pick-ups* da marca Ford, firmado pela Companhia de Engenharia de Tráfego – CET e, depois, do julgamento dos recursos *ex officio* da Procuradoria da Fazenda Municipal e voluntário da própria CET.

1) Decisão da análise da execução contratual

DECISÃO

Vistos, relatados e discutidos estes autos, dos quais é Relator o Conselheiro ROBERTO BRAGUIM.

DECIDEM os Conselheiros da Colenda Primeira Câmara do Tribunal de Contas do Município de São Paulo, à unanimidade, de conformidade com o relatório e voto do Relator, julgar irregular a execução do Contrato 003/2011, no período analisado, visto que os trabalhos identificaram discrepância entre o pactuado e o que foi executado, e, notadamente, graves falhas relacionadas ao planejamento, gestão e fiscalização do ajuste.

DECIDEM, ademais, à unanimidade, determinar que a Companhia de Engenharia de Tráfego promova o aperfeiçoamento do tratamento dado ao planejamento, gestão e fiscalização dos contratos a seu cargo.

DECIDEM, ainda, à unanimidade, em razão das irregularidades constatadas, aplicar a cada um dos responsáveis a multa de R$ 400,00 (quatrocentos reais), com fundamento nos artigos 52, inciso II, da Lei Municipal 9.167/80 e 86, inciso II, do Regimento Interno desta Corte. Recorrem "ex officio", nos termos do artigo 136, inciso V, combinado com o artigo 137, parágrafo único, do Regimento Interno desta Corte.

Participou do julgamento o Conselheiro Substituto ALEXANDRE CORDEIRO.

Presentes o Procurador Chefe da Fazenda CARLOS JOSÉ GALVÃO e o Procurador GUILHERME BUENO DE CAMARGO.
Plenário Conselheiro Paulo Planet Buarque, 26 de abril de 2017.
EDSON SIMÕES Conselheiro mais antigo no exercício da Presidência
ROBERTO BRAGUIM Relator.

2) Decisão da análise dos recursos interpostos

Vistos, relatados e discutidos estes autos, ora em grau de recurso, dos quais é Relator o Conselheiro JOÃO ANTONIO. ACORDAM os Conselheiros do Tribunal de Contas do Município de São Paulo, à unanimidade, de conformidade com o relatório e voto do Relator, em conhecer dos recursos "ex officio" e ordinários, pois presentes os requisitos regimentais de admissibilidade, e, quanto ao mérito, em dar-lhes parcial provimento para aceitar os efeitos financeiros decorrentes da execução do ajuste, relativamente ao período abrangido pela fiscalização, mantendo-se, no mais, a Decisão recorrida por seus próprios e jurídicos fundamentos.
ACORDAM, à unanimidade, em determinar, após as comunicações de praxe, o arquivamento dos autos.
Participaram do julgamento os Conselheiros EDUARDO TUMA – Revisor e MAURÍCIO FARIA.
Ausentou-se momentaneamente o Conselheiro DOMINGOS DISSEI.
Presente o Procurador-Chefe da Fazenda ROBINSON SAKIYAMA BARREIRINHAS.
Plenário Conselheiro Paulo Planet Buarque, 1º de dezembro de 2021.

Outro caso é o do TC nº 72-002.456/07-45, transcrito a seguir:

ANÁLISE. PREGÃO. CONTRATO, TERMOS ADITIVOS. SUBPREFEITURA. Serviços de limpeza, conservação, jardinagem, desinfecção, desinsetização e desratização com fornecimento de mão de obra, material, utensílios, máquinas e equipamentos. Ausência de publicação em jornal de grande circulação relevada. EFEITOS FINANCEIROS ACEITOS. Votação unânime.
A C Ó R D Ã O
Vistos, relatados e discutidos estes autos, dos quais é Relator o Conselheiro EDSON SIMÕES.

ACORDAM os Conselheiros do Tribunal de Contas do Município de São Paulo, por maioria, pelos votos dos Conselheiros JOÃO ANTONIO - Revisor, nos termos de sua declaração de voto apresentada, MAURÍCIO FARIA e DOMINGOS DISSEI, em julgar regulares o Pregão Presencial 025/05, o Contrato 001/CRS/AJ/2006 e os Termos Aditivos 035/CRSS/2006, 04/CRSS/2007, 015/CRSS/2007, 040/CRSS/2007 e 056/CRSS/2007, relevando a irregularidade apontada pelos Órgãos Técnicos desta Corte por se tratar de vício meramente formal que não maculou o certame, bem como considerando que o interesse público, consubstanciado pelos princípios da competitividade e da ampla concorrência, foi preservado. Vencido o Conselheiro EDSON SIMÕES - Relator, nos termos de seu relatório e voto, que julgou irregulares os citados instrumentos e aplicou multa aos responsáveis. ACORDAM, ainda, á unanimidade, em aceitar os efeitos financeiros e patrimoniais produzidos, sendo que o Conselheiro EDSON SIMÕES - Relator, o fez em caráter excepcional.

Conclusões

Pelo exposto, pode-se concluir que o papel que o Tribunal de Contas do Município de São Paulo desempenha ao realizar a análise da execução contratual, com base nos documentos que instruem o processo administrativo, é o de avaliar se existem irregularidades capazes de macular, no todo ou em parte, a execução contratual.

Caso a conclusão da maioria dos julgadores seja pela irregularidade da execução, poderão, levando em conta a verificação de potencial prejuízo ao Erário e de como a participação na consumação do resultado danoso pode afetar a extensão de seus direitos, a boa-fé das partes envolvidas e o tempo decorrido desde a finalização do contrato, aceitar ou não os efeitos financeiros/jurídicos produzidos.

Trata-se de uma verdadeira modulação do julgado, ao passo que projeta os efeitos da decisão para o futuro, relativizando a regra geral de lei ou ato normativo, e tendo em vista razões de segurança jurídica ou de excepcional interesse social restringe os efeitos daquela declaração ou decide a extensão de aplicabilidade das sanções legais no caso específico.

Referências

BANDEIRA DE MELLO, Celso Antônio. 14. ed. **Curso de direito administrativo**, 1992.

DI PIETRO, Maria Sylvia Zanella. **Direito administrativo**. 27. ed. São Paulo: Atlas, 2014.

FERRAZ, Sérgio. Extinção dos atos administrativos. Algumas reflexões. Rio de Janeiro. **Revista de Direito Administrativo**, v. 1, n. 231, jan./mar. 2003, p. 49.

LEITE, George Salomão. **Eficácia e aplicabilidade das normas constitucionais**. Brasília: Senado Federal, Conselho Editorial, 2020.

MARTINS, Ives Gandra da Silva. Tribunal de Contas do Município de São Paulo – desnecessidade de um membro do Ministério Público no quadro de Conselheiros – Breve Opinião Legal (Parecer n. 0779/11). São Paulo: Revista dos Tribunais. **RT**, ano 102, v. 927, jan. 2013, p. 199-205.

MEDAUAR, Odete. **Direito administrativo moderno**. São Paulo: Revista dos Tribunais, 2008.

SARLET, Ingo Wolfgang. **A eficácia dos direitos fundamentais**: uma teoria geral dos direitos fundamentais na perspectiva constitucional. São Paulo: Saraiva, 2016.

SILVA, José Afonso da. **A aplicabilidade das normas constitucionais**. São Paulo: Malheiros, 2002.

SILVA, Luis Virgilio Afonso da. O conteúdo essencial dos direitos fundamentais e a eficácia das normas constitucionais. Rio de Janeiro, **RDE: Revista de Direito do Estado**, v. 1, n. 4, p. 278.

SIMÕES, Edson. Tribunais de Contas Municipais ou Tribunais de Contas do Município e Municipais. In **Tratado do Direito Municipal**. São Paulo: Quartier Latin, 2012.

SUNDFELD, Carlos Ari. São Paulo: Revista dos Tribunais. **RT**, 1900 p. 49.

ZANCANER, Weida. **Da convalidação e da invalidação dos atos administrativos**. 2. ed. São Paulo: Malheiros, 1993.

CAPÍTULO 9
A ATUAÇÃO CAUTELAR DOS TRIBUNAIS DE CONTAS. ESTUDO DE CASO: ACOMPANHAMENTO DO EDITAL DA CONCESSÃO DA ZONA AZUL DE SÃO PAULO

Milena Giovannetti Magalhães Castro

1. Introdução

Neste capítulo, analisa-se o caso concreto da concessão da Zona Azul do município de São Paulo – edital da Concorrência Internacional n. 1/2019 –, sob a ótica da conformidade com os requisitos legais exigidos para a modelagem do instituto da concessão pública, com ênfase nos efeitos concretos da atuação prévia e concomitante do controle externo na correção de editais e, em última análise, na defesa do Erário.

Para tanto, realiza-se aprofundada análise do edital, sob diversos ângulos, no exercício do controle externo na modalidade prévia, em que as decisões são exaradas em caráter cautelar, nos termos do disposto nos artigos 31, parágrafo único, inciso XVI, 101, § 1º, alínea "d" e 196 do Regimento Interno do TCMSP.

Nesse contexto, será examinado o procedimento de acompanhamento prévio desta Corte de Contas do edital de concessão da Zona Azul, com ênfase nos aspectos técnicos que foram objeto de discussão, como: a adequação da modelagem da concessão; a natureza jurídica dos serviços objeto do contrato; a adequação do sistema de remuneração e dos valores de outorga fixa e variáveis; a proporcionalidade do prazo e dos valores pagos pela Administração frente aos investimentos previstos; o sistema de fiscalização da execução contratual; e as adequações das regras editalícias ao mercado no qual está inserido o objeto às disposições das Leis Federal e Municipal aplicadas às concessões, à luz dos princípios constitucionais norteadores da atividade administrativa.

Este estudo demonstrará a importância dos Tribunais de Contas na realização do controle concomitante da gestão pública, ao prolatarem, de forma legítima, decisões cautelares de urgência de determinação de suspensão de procedimentos licitatórios e de autorização para sua retomada, muitas vezes com determinações, recomendações e eventuais condicionantes.

A pesquisa possui cunho qualitativo, na medida em que, diante do caso concreto em exame, acerca da concessão dos serviços de gestão de estacionamento rotativo na cidade São Paulo, examinará os principais aspectos relativos ao exercício do poder geral de cautela pelos Tribunais de Conta, com destaque, em relação a esse certame, à relevante atuação dos órgãos técnicos, que integram a Corte de Contas do Município de São Paulo; do Plenário, como órgão máximo de atuação e decisão; e, por fim, a participação ativa da Administração no exercício do contraditório e ampla defesa, que busca receber orientação do Tribunal para correção de ilegalidades que possam causar prejuízos ao Erário e/ou à população usuária do serviço que se pretende contratar.

2. O Poder Geral de Cautela dos Tribunais de Contas no Controle Prévio de Editais

Ainda que os Tribunais de Contas sejam instituições centenárias (considerando a criação do TCU em 1890), é cediço que a atuação desses órgãos ganhou destaque e maior relevância após a Constituição Federal de 1988, que incrementou a competência fiscalizatória ao prever que os Tribunais podem assinar prazo para a Administração corrigir ilegalidades em atos e contratos administrativos, sendo possível a **sustação** em **caráter liminar**.

O Supremo Tribunal Federal pronunciou-se sobre o poder geral de cautela dos Tribunais de Contas no âmbito do complexo e polêmico julgamento do Mandado de Segurança 24.510, de Relatoria da ex-Ministra Ellen Gracie, no qual concluiu, com esteio na teoria dos poderes implícitos[1], conforme transcrição de parte do voto do ex-Ministro Celso de

[1] A teoria dos poderes implícitos tem origem na Suprema Corte dos EUA, no ano de 1819, no precedente Mc CulloCh vs. Maryland, segundo a qual quando uma Constituição

Mello, que os Tribunais de Contas possuem competência para expedir medidas cautelares tendentes a sustar procedimentos licitatórios, independentemente da fixação de prazo para o exato cumprimento da lei.

Na ocasião, o ministro Celso de Mello ressaltou em seu voto:

> (...) a atribuição de poderes explícitos, ao Tribunal de Contas, tais como enunciados no art. 71 da Lei Fundamental da República, supõe que se lhe reconheça, ainda que por implicitude, a titularidade de meios destinados a viabilizar a adoção de medidas cautelares vocacionadas a conferir real efetividade às suas deliberações finais, permitindo, assim, que se neutralizem situações de lesividade, atual ou iminente, ao erário público. (...) Impende considerar, no ponto, em ordem a legitimar esse entendimento, a formulação que se fez em torno dos poderes implícitos, cuja doutrina, construída pela Suprema Corte dos Estados Unidos da América, no célebre caso McCULLOCH v. MARYLAND (1819), enfatiza que a outorga de competência expressa a determinado órgão estatal importa em deferimento implícito, a esse mesmo órgão, dos meios necessários à integral realização dos fins que

concede uma função a determinado órgão ou instituição, também lhe confere, implicitamente, os meios necessários para a consecução das funções que lhe foram atribuídas. Um dos precedentes mais recentes da aplicação desta teoria no Brasil deu-se na decisão do STF, que analisou os limites dos poderes investigatórios do Ministério Público, estabelecendo que a Constituição não estipula a investigação criminal como exclusividade da polícia, tampouco afastaria os poderes de investigação do Ministério Público. Dessa forma, decidiu o STF que o inquérito policial não seria requisito indispensável para que o *Parquet* apresentasse uma denúncia, já que o próprio MP poderia realizar investigações. O poder investigatório do MP foi extraído da teoria dos poderes implícitos, considerando a sua atribuição expressa de ser o titular da ação penal, *in verbis*: "(...) o Ministério Público dispõe de competência para promover, por autoridade própria, e por prazo razoável, investigações de natureza penal, desde que respeitados os direitos e garantias que assistem a qualquer indiciado ou a qualquer pessoa sob investigação do Estado, observadas, sempre, por seus agentes, as hipóteses de reserva constitucional de jurisdição e, também, as prerrogativas profissionais de que se acham investidos, em nosso País, os Advogados (Lei n. 8.906/94, art. 7.º, notadamente os incisos I, II, III, XI, XIII, XIV e XIX), sem prejuízo da possibilidade — sempre presente no Estado Democrático de Direito — do permanente controle jurisdicional dos atos, necessariamente documentados (Súmula Vinculante n. 14), praticados pelos membros dessa Instituição" (RE 593.727, j. 14.05.2015, DJE de 04.09.2015).

lhe foram atribuídos (STF, Mandado de Segurança 24.510, voto Ministro Celso de Mello. Tribunal Pleno, j. 19/11/2003, publ. 19/3/2004).

Com efeito, o poder geral de cautela se constitui na adoção de provimentos atípicos (que não estejam necessariamente previstos em lei em rol taxativo) que visam garantir efetividade na atuação do controle externo e a finalidade última incumbida das competências que foram outorgadas de forma expressa aos Tribunais, qual seja, a de fiscalizar o uso e a destinação do dinheiro público, evitando infringências à lei, lesões e prejuízos ao Erário que sejam irreversíveis.

Em outras palavras, é atribuição dos Tribunais de Contas, na atuação cautelar, adotar, diante do caso concreto, medidas que tenham o condão de garantir a utilidade do provimento final de um processo administrativo ou evitar/minimizar um dano a um bem juridicamente tutelado (CABRAL, 2021, p. 153).

O também denominado controle concomitante, de caráter preventivo, tem, como se verá no exame do caso prático em comento, a finalidade de corrigir ou evitar irregularidades capazes de macular a lisura de certames licitatórios, bem como de causar risco de danos ao Erário, na eventualidade de serem celebrados contratos antieconômicos ou ilegais.

A medida torna-se ainda mais relevante quando se trata de análise de licitações das quais serão derivados contratos de concessão, que geralmente envolvem grandes somas de dinheiro e longos prazos de duração.

Por evidente, requer-se a concessão de medida cautelar se presentes os requisitos gerais aplicáveis aos procedimentos cautelares, a saber: (a) plausibilidade dos argumentos jurídicos que apontem a existência de indícios de irregularidades (*fumus boni juris*); e (b) receio iminente de grave lesão ao Erário ou de risco de ineficácia da decisão final de mérito (*periculum in mora*).

Nas lições de Humberto Theodoro Júnior (1994, p. 41-42):

> (...) toda cautela é, sempre, tomada contra um risco. Em matéria processual, este dano previsto, deve ser provável. Se o prejuízo não houver se manifestado, ao menos deve ser previsível com maior ou menor proximidade. Um dano iminente exige uma providência urgente. A urgência é característica das medidas cautelares em geral. O *periculum in mora* não é o perigo gené-

> rico ao dano jurídico, mas o dano resultante do retardamento de providência definitiva, que será concretizada somente com a sentença.

Importa ressaltar que, em situações urgentíssimas – e sem que isso signifique afronta ao devido processo legal –, há também a possibilidade de concessão de medida cautelar sem a prévia oitiva da Administração (cautelar *inaudita altera pars*).

No que diz respeito aos efeitos jurídicos das medidas cautelares, aqueles se traduzem em decisões de caráter temporário que suspendem o procedimento licitatório antes da sua abertura ou durante o seu decorrer (na fase em que se encontra), até que as irregularidades sejam sanadas, sendo possível, em alguns casos (como se verá na análise do caso concreto em questão), que o Tribunal autorize a continuidade do certame, condicionada, contudo, à efetivação de medidas por parte da Origem.

Também existem casos em que a retomada e a autorização de assinatura do respectivo contrato fiquem suspensas até a conclusão final do exame meritório pelo Órgão Colegiado da Corte.

Artigo da lavra do Conselheiro Dimas Ramalho (2021), do Tribunal de Contas do Estado de São Paulo, apresenta lições sobre o tema, *in verbis*:

> Como se percebe, o edital é um documento central tanto para a condução do certame quanto para a execução do futuro contrato. Portanto, é essencial a existência de um instrumento de controle externo preventivo, que possa averiguar a regularidade das disposições do instrumento convocatório (...). Os processos de Exame Prévio de Edital têm origem principalmente em representações realizadas por cidadãos comuns, advogados ou empresas interessadas no processo licitatório, em um procedimento totalmente público e transparente. Uma cópia do edital da licitação já publicado também pode ser requisitada pelo Tribunal para análise de ofício, ou seja, sem que ninguém tenha impugnado o instrumento convocatório (...).

Esse papel dos Tribunais de Contas também é destacado pelo Supremo Tribunal Federal:

> STF – A essencialidade dessa Instituição – surgida nos albores da República com o Decreto n. 966-A, de 7-11-1890, editado pelo Governo Provisório sob

> a inspiração de Rui Barbosa – foi uma vez mais acentuada com a inclusão, no rol dos princípios constitucionais sensíveis, da indeclinabilidade da prestação de contas da administração pública, direta e indireta (CF, art. 34, VII, *d*). A atuação do Tribunal de Contas, por isso mesmo, assume importância fundamental no campo do controle externo. Como natural decorrência do fortalecimento de sua ação institucional, os Tribunais de Contas tornaram-se instrumentos de inquestionável relevância na Administração Pública e o comportamento de seus agentes, com especial ênfase para os princípios da moralidade administrativa, da impessoalidade e da legalidade. Nesse contexto, o regime de controle externo, institucionalizado pelo ordenamento constitucional, propícia em função da própria competência fiscalizadora outorgada aos Tribunais de Contas, o exercício, por esses órgãos estatais, de todos os poderes explícitos e implícitos – que se revelem inerentes e necessários à plena consecução dos fins que lhe foram cometidos.

De acordo com Willeman (2020, p. 266), com fundamento no poder geral de cautela, admite-se que os Tribunais de Contas suspendam a realização de licitações, sustem o pagamento de parcelas remuneratórias irregulares a servidores ativos ou inativos e declarem a indisponibilidade de bens de responsáveis para assegurar o ressarcimento por danos ao Erário; enfim, admite-se que adotem providências, em cognição sumária, que podem interferir diretamente na atividade administrativa, caracterizando manifestação de poder de veto ou obstrução.

Demonstrando a sua relevância, a Nova Lei de Licitações e Contratos (Lei Federal n. 14.133/2021), em seu §1º do artigo 171[2], reconheceu aos Tribunais de Contas a prerrogativa de determinar a suspensão cautelar de procedimentos licitatórios realizados pela Administração Pública de todos os Poderes. O dispositivo guarda certa relação com o disposto no

[2] "Art. 171. Na fiscalização de controle será observado o seguinte:
(...).
§ 1º Ao suspender cautelarmente o processo licitatório, o tribunal de contas deverá pronunciar-se definitivamente sobre o mérito da irregularidade que tenha dado causa à suspensão no prazo de 25 (vinte e cinco) dias úteis, contado da data do recebimento das informações a que se refere o § 2º deste artigo, prorrogável por igual período uma única vez, e definirá objetivamente: (...)."

artigo 113, *caput* e §2º, da Lei Federal n. 8.666/1993[3], sendo, contudo, mais explícito na nova regulamentação.

O referido dispositivo enfatiza, na interpretação de Alves (2021), que deve ser viabilizada a "oportunidade de manifestação aos gestores sobre possíveis propostas de encaminhamento que terão impacto significativo nas rotinas de trabalho dos órgãos e entidades fiscalizados, a fim de que eles disponibilizem subsídios para avaliação prévia da relação entre custo e benefício dessas possíveis proposições".

Ainda segundo Alves (2021):

> "(...) essa medida se mostra importante para proporcionar uma maior abertura democrática para as decisões dos órgãos de controle que expeçam determinações ou recomendações que alterem os processos de trabalho do órgão fiscalizado, afetando o seu modo de funcionamento e o cumprimento de sua missão finalística. Afinal, não se pode esquecer que a organização e os seus agentes possuem um conhecimento acumulado de seu próprio negócio, assim como dos custos e das limitações materiais de sua operação, o que lhes confere legitimidade para participar da formatação das proposições em conjunto com o órgão de controle".

Sem adentrar no atual debate sobre a constitucionalidade[4] de alguns parágrafos do citado artigo 171 da Lei n. 14.133/2021, importa consignar que o presente debate se concentra apenas na autorização expressa con-

[3] "Art. 113. O controle das despesas decorrentes dos contratos e demais instrumentos regidos por esta Lei será feito pelo Tribunal de Contas competente, na forma da legislação pertinente, ficando os órgãos interessados da Administração responsáveis pela demonstração da legalidade e regularidade da despesa e execução, nos termos da Constituição e sem prejuízo do sistema de controle interno nela previsto.
(...).
§ 2º Os Tribunais de Contas e os órgãos integrantes do sistema de controle interno poderão solicitar para exame, até o dia útil imediatamente anterior à data de recebimento das propostas, cópia de edital de licitação já publicado, obrigando-se os órgãos ou entidades da Administração interessada à adoção de medidas corretivas pertinentes que, em função desse exame, lhes forem determinadas."

[4] *Vide* encaminhamento de representação à Procuradoria-Geral da República para oferecimento de ação direta de inconstitucionalidade do art. 171, §§ 1º e 3º, da Lei n. 14.133/2021 (Nova Lei de Licitações), conforme Acórdão n. 2463 – TCU – Plenário, de 21/06/2021.

tida na Lei para legalizar de forma cabal procedimento que já é prática no âmbito dos Tribunais de Contas, no controle prévio de licitações.

A análise do caso concreto deixará evidente que o controle eficaz deve ser realizado em tempo útil, ou seja, de forma contemporânea, para que se possa adequar o instrumento convocatório. Para que seja efetivo, precisa ser concomitante, pois assim contribui para a consecução dos objetivos da Administração. Com isso se dá o controle de gastos, evitando-se o desperdício de dinheiro público.

De acordo com Humberto Theodoro Júnior (1992, p. 17), "os provimentos de natureza cautelar acham-se instrumentalmente vocacionados a conferir efetividade ao julgamento final resultante do processo principal, assegurando, desse modo, plena eficácia e utilidade à tutela estatal a ser prestada".

Dessa forma, na prática, tem-se que o exercício do poder de cautela, pelos Tribunais de Contas, destina-se a garantir a própria utilidade da deliberação final a ser por ele tomada, com a finalidade de impedir que a eventual demora na apreciação do mérito da questão suscitada termine afetando, comprometendo e frustrando o resultado definitivo do exame da controvérsia.

Assim, ainda que a doutrina e a jurisprudência da Suprema Corte reconheçam a possibilidade de adoção de medidas cautelares e, mais recentemente, a matéria tenha sido positivada em norma, na sequência, elucidar-se-á com maior expressão que a atuação cautelar dos Tribunais de Contas possui vital importância no combate a ilegalidades e em evitar, tempestivamente, a concretização de prejuízos irreversíveis ao Erário e à população usuária do serviço, garantindo, em última análise, a efetividade e eficácia da sua missão constitucional.

3. Da Análise do Caso Concreto

O TCMSP, no exercício do controle externo, em consonância com a Lei Federal n. 8.987/1995 (dispõe sobre o regime de concessão e permissão da prestação de serviços públicos previsto no art. 175 da CF/1988), Lei Municipal n. 16.703/2017[5] e, especialmente, Lei n. 12.523/1997[6] e

[5] A lei disciplina as concessões e permissões de serviços, obras e bens públicos que serão realizadas no âmbito do Plano Municipal de Desestatização – PMD e introduziu altera-

respectivas regulamentações, analisa os aspectos gerais e os requisitos intrínsecos ao contrato de concessão de serviço público.

Em relação ao edital da Concorrência Internacional nº 001/SMT/2019, este teve por escopo a concessão onerosa de exploração, por particulares, do serviço de estacionamento rotativo em vias e logradouros públicos do município de São Paulo, no valor estimado de R$ 1.356.357.593,00 (um bilhão, trezentos e cinquenta e seis milhões, trezentos e cinquenta e sete mil quinhentos e noventa e três reais), pelo prazo de 15 anos, sendo objeto de análise pelo Tribunal de Contas do Município de São Paulo no âmbito do TC 1033/2019.

Com amparo no relatório preliminar da Auditoria, que apontou 33[7] irregularidades no edital, o Plenário referendou a decisão do então Relator Edson Simões, que determinou a suspensão cautelar do certame.

ções na Lei Municipal 16.211/2015, que, por sua vez, dispõe sobre a concessão, precedida ou não de execução de obra pública, para administração, manutenção e conservação, a exploração comercial e requalificação de terminais de ônibus vinculados ao sistema de transporte coletivo urbano de passageiros e do sistema de transporte público hidroviário na cidade de São Paulo; e confere nova redação ao inciso I do art. 21 da Lei n. 13.214, de 12 de dezembro de 2001 – dispõe sobre a organização dos serviços do sistema de transporte coletivo urbano de passageiros na cidade de São Paulo, autoriza o poder público a delegar a sua execução, entre outras providências.

[6] Esta lei autoriza o Executivo a outorgar, mediante licitação, concessão para exploração de estacionamento em vias e logradouros públicos, e dá outras providências.

[7] **4.1.** "A opção pela concessão dos serviços no atual contexto regulatório da tecnologia a ser empregada na atividade de fiscalização não restou justificada. Igualmente, não foi motivado o percentual definido para compartilhamento da receita bruta, bem como a antecipação do pagamento da parcela 2 da outorga fixa. Sendo assim, consideramos não atendida a exigência contida no art. 5º da LF 8.987/95 e no art. 5º da LM 16.703/17;

4.2. O parecer jurídico não é conclusivo e não aprova expressamente os termos do instrumento convocatório, além de conter apontamentos que não foram atendidos na instrução do processo administrativo e na versão final do edital, em infringência ao art. 38, parágrafo único da LF 8.666/93;

4.3. Os indicadores usados nos quesitos de avaliação das propostas técnicas desfiguram a finalidade do tipo de licitação "técnica e preço", e os pesos atribuídos a cada critério encontram-se injustificados, maculando o critério de julgamento adotado, em infringência ao art. 3º da Lei Federal 8.666/93;

4.4. A retificação do Edital publicada em 14.03.19 (p. 75 do DOC) não se enquadra no permissivo do art. 21, § 4º da LF 8.666/93, o qual requer que seja inquestionável o fato

Depois de alongada instrução processual, por meio da qual a Secretaria Licitante era cientificada dos relatórios dos Órgãos Técnicos, apresen-

de que as alterações não afetam a formulação das propostas, representando infringência ao referido dispositivo;

4.5. Não foram localizadas, nos autos do SEI, as publicações da abertura do edital e suas retificações em jornal de grande circulação, em infringência ao art. 21, III da LF 8.666/93;

4.6. Reputa-se insuficiente a justificativa para a admissibilidade de consórcio nos termos propostos pelo edital, em infringência ao art. 33 da LF 8.666/93 e ao caráter competitivo do certame, o que é vedado pelo inciso I do parágrafo 1º do art. 3º da LF 8.666/93;

4.7. A Audiência Pública deixou de cumprir sua finalidade precípua, dada a ausência de integração com os presentes e vez que o registro da reunião sequer permite conferir a fidedignidade das informações, frustrando a efetividade do instrumento de diálogo com a sociedade. Sendo assim, reputamos não atendido o desiderato do art. 39 da LF 8.666/93 e do art. 7º da LM 16.703/17;

4.8. As inadequações verificadas no plano de negócios de referência não permitem avaliar a pertinência do prazo de 15 anos, dado que este deve ser fixado considerando o período necessário para amortização dos investimentos;

4.9. A disposição da subcláusula 38.6.1 da Minuta Contratual, que estabelece a possibilidade de incorporação da solução amigável obtida em sede de mediação ao contrato por meio de termo aditivo, deve ser alterada a fim de delimitar sua abrangência, em observância ao princípio da vinculação ao instrumento convocatório (art. 37, XXI da CF c/c art. 3º, caput, da LF 8.666/93);

4.10. Reputa-se necessária a definição no Edital de critérios técnicos e fundamentos legais a serem observados para a implementação do georreferenciamento na ativação dos CADs em atendimento às disposições da Lei Federal 13.709/18;

4.11. Reputa-se necessário que a PMSP defina como o uso, direto ou indireto, do Portal SP156 será remunerado, compensatoriamente, em favor do Poder Concedente;

4.12. Consideram-se insuficientes as disposições do edital e seus anexos, relacionadas ao apoio à fiscalização da Zona Azul, em descumprimento ao art. 9º da LM 12.523/97 e dos artigos 21, VI, 24, VI e VII, e 280, §4º, todos do Código de Trânsito Brasileiro – CTB (LF 9.503/97);

4.13. É necessário que a Origem justifique por que deixou de considerar a participação de capital de terceiros nessa operação, causando alterações no fluxo de caixa do projeto e consequentemente no valor estimado para outorga, em infringência ao art. 5º da LM 16.703/17;

4.14. A ausência das possíveis fontes de receitas alternativas, complementares ou acessórias no edital infringe o art. 18 da LF n. 8.987/95, além de não dar conhecimento às licitantes de informações que garantam a elaboração de propostas isonômicas;

4.15. O plano de negócios de referência, baseado nos estudos apresentados nas notas técnicas, possui incongruências/impropriedades nas estimativas de investimentos, custos e despesas, não atendendo o art. 5º da LM n. 16.703/17;

tando suas justificativas e seus esclarecimentos, os quais eram novamente submetidos à apreciação dos Técnicos, a Secretaria Municipal de Mobi-

4.16. Entendemos necessário que a Origem justifique a inclusão e o prazo de pagamento da Parcela 2 da outorga fixa, dado que compromete o caráter competitivo da licitação e os princípios do planejamento e da transparência, bem como que seja atendida a disposição do art. 2º da LF 10.192/01 no que toca a previsão de lapso temporal mínimo de um ano para aplicação do reajuste aduzido no item 3.3 da Minuta de Contrato;
4.17. A inclusão da parcela de dedução da outorga no cálculo da outorga variável, de modo que a Administração Municipal absorva sozinha os riscos inerentes às indefinições e incertezas que envolvem o mecanismo de apoio à fiscalização, não possui respaldo legal;
4.18. Caso a alteração promovida na forma de pagamento da outorga, promovida pela LM 17.068/19, não produza efeitos em razão do vício constatado, prevaleceria a regra original definida por ocasião da autorização da concessão pelo Legislativo Municipal, devendo ser mensal o pagamento da outorga. Sendo assim, a forma prevista pelo edital infringiria o art. 1º, parágrafo único e art. 3º, parágrafo único, ambos da LM 12.523/97;
4.19. A inexistência, no edital de licitação, de cronograma físico-financeiro para investimentos necessários à concessão, caracteriza infringência ao art. 23, parágrafo único, inciso I da LF 8.987/95 (Item **3.13.7** do Relatório);
4.20. Os estudos técnicos elaborados pela Administração não contemplam cenários nos quais a política tarifária seja variável, tampouco mecanismos de incorporação à outorga dos possíveis ganhos econômicos que essa alternativa possa gerar, em inobservância ao art. 4º, §1º do DM 58.605/19;
4.21. A minuta do contrato deve ser ajustada para possibilitar que o reajuste ocorra conforme determina o §1º do art. 5º do DM n. 58.605/19, com a participação do Poder Concedente nesta decisão;
4.22. Cumpre à Origem adequar os dispositivos do Anexo IV do Edital a fim de compatibilizá-los com as premissas de compartilhamento e divisão de riscos inerentes às concessões de serviços públicos;
4.23. Reputam-se insuficientes os mecanismos de regulação da concessão com vistas a preservar o interesse da população efetivado pela implementação de políticas públicas de mobilidade capazes de afetar negativamente a exploração econômica da Zona Azul, bem como a preservar as condições de atratividade do negócio para a Concessionária;
4.24. Reputa-se necessária a comprovação de regularidade também por empresa sediada em outro município, em atendimento ao disposto no art. 29, III, da LF 8.666/93;
4.25. O edital deve prever os critérios em que se dará a avaliação objetiva dos demonstrativos contábeis a serem apresentados pelas licitantes, como forma de aferir a boa situação econômica das licitantes, e em consonância com o que dispõe o art. 31 da LF 8.666/93;
4.26. Os requisitos de qualificação técnica constantes no Item 16.6 do edital não estão de acordo com as disposições do art. 30 da LF 8.666/93;
4.27. Não há previsão legal para a Administração Pública valer-se de agentes da própria

lidade e Transportes efetuou diversas alterações no instrumento convocatório, em atenção às determinações do Tribunal, fato que levou à superação e ao saneamento de grande parte das infringências inicialmente apontadas, motivadoras de determinação de suspensão.

A matéria retornou ao Plenário por ocasião das 33 (trinta e três) irregularidades inicialmente apontadas, das quais remanesceram 9 (nove),

concessionária na atividade de fiscalização do ajuste, razão pela qual a Secretaria deverá promover correções na minuta contratual a fim de sanar a infringência em tela;

4.28. Reputa-se ilegítima a exigência de conduta dolosa ou de má-fé para caracterização de infrações médias e graves, como dispõem os subitens 36.4 e 36.5 da minuta contratual. Igualmente, é irrelevante a comprovação de benefício econômico pela concessionária para fins de apenação da conduta reprovada. Desta forma, as referidas qualificações devem ser excluídas dos itens mencionados;

4.29. A hipótese de prorrogação do prazo da concessão deve respeitar a legislação, inclusive o DM n. 37.292/98, que prevê em seu art. 4º que o prazo da concessão será de 15 (quinze) anos, portanto a alínea 'a' da subcláusula 26.4 da minuta contratual deve ser retificada;

4.30. Os parâmetros e referências para reequilíbrio econômico financeiro do contrato, cláusulas 28ª e 29ª da minuta de contrato não estão suficientemente especificados, potencializando a assimetria de informação entre as partes, diante da insuficiência de cláusulas que detalhem as referências a serem utilizadas em relação aos eventos de desequilíbrio, especialmente em relação a quantitativos, marcos temporais e projeções futuras de receitas e despesas, que permitam o acompanhamento, a modulação e a projeção dos efeitos dos pleitos de reequilíbrio ao longo do tempo. Isso dificulta, também, a vinculação dos reequilíbrios à situação inicial do ajuste e da proposta comercial, definida no art. 37, inciso XXI da CF/88 e no art. 65, inciso II-d e §6º da LF n. 8.666/93. Com isso, caracteriza-se potencialização do risco de desequilíbrio econômico-financeiro, tanto para o poder Público como para o particular;

4.31. É necessário que o Poder Público apresente soluções para que a CET não tenha suas atividades comprometidas pela perda de receitas obtidas com a comercialização dos CADs, apresentando planos técnicos e econômicos que visem preservar o equilíbrio orçamentário dessa empresa;

4.32. Reputa-se não atendido o art. 18, inciso X da LF 8.987/95, e o inciso X do §4º do art. 9º da LM 16.703/17, em razão da imprecisão na indicação dos bens reversíveis, e da ausência de detalhamento dos custos considerados no Plano de Negócios;

4.33. Necessidade que as disposições acerca da contratação do instituto de pesquisa e da realização da pesquisa de satisfação sejam revistos a fim de evitar a ingerência sobre as atribuições entre as partes dessa concessão, e que a contratação do referido instituto fique a cargo do Poder Concedente a fim de garantir observância ao princípio da segregação de funções."

de acordo com a conclusão conjugada da Auditoria e da Assessoria Jurídica de Controle Externo frente às muitas justificativas apresentadas pela Secretaria Licitante e ante às diversas alterações e correções efetivadas em nova versão de edital.

Nesse sentido, o Plenário autorizou a retomada do certame, impondo, contudo, as seguintes condicionantes:

> 1 – A Origem deverá **justificar**, quando da republicação do novo edital, **a legitimidade entre o prazo de concessão de 15 anos estabelecido,** calcada numa avaliação sobre a adequada proporção que deve existir na variável "**prazo da amortização dos investimentos/prazo da concessão**" (destaques nossos), conforme indicado no Relatório de Auditoria.
>
> 2 – A Origem **deverá "realizar as readequações que ainda faltam no Plano de Negócios de Referência"**, nos termos indicados no relatório da Auditoria uma vez que geram impactos nos valores apresentados – principalmente, no valor mínimo de outorga projetado, sendo necessária a "revisão da análise comparativa de cenários que na origem subsidiou a opção então selecionada pela Administração Pública municipal, devendo ser considerado para tanto o aumento da receita inicial e redução de investimentos e custos também do Cenário A, bem como a redução do incremento projetado com o aumento da respeitabilidade com o serviço de apoio à fiscalização (de 50% [cinquenta por cento] para 32% [trinta e dois por cento])" (destaques nossos).
>
> 3 – A Origem deverá "**excluir do edital a previsão de reajuste** para o caso de parcelamento da Parcela 2 de Outorga Fixa eis que a periodicidade correspondente é inferior a 12 (doze) meses, de forma a adequar-se ao disposto no artigo 2º, §1º, da Lei Federal n. 10.192/01" (destaques nossos).
>
> 4 – A Origem deverá "**apresentar novo cronograma físico-financeiro** para investimentos necessários à concessão – **adequado às correções do Plano de Negócios**" (destaques nossos).
>
> 5 – A Origem deverá "**adequar o rol de requisitos de qualificação técnica**: **excluindo** a parcela relativa ao **controle veicular** pois não guarda pertinência e relevância frente aos serviços pretendi-

dos – que é, para não se perder de vista, a exploração comercial das vagas de Zona Azul mediante a comercialização de CADs, bem como **excluindo a possibilidade de apresentação de atestados em nome de terceiros** para fins de comprovação de capacidade técnica, pois ilegal e contrário às Decisões do Pleno desta Corte de Contas, do Tribunal de Contas do Estado de São Paulo e do Tribunal de Contas da União" (destaques nossos).

6 – "A possibilidade de prorrogação do prazo de 15 [quinze] anos estará condicionada a superveniente alteração do Decreto Municipal n. 37.292/1998".

7 – "Especificação dos parâmetros e referências para reequilíbrio econômico-financeiro do contrato (cláusulas 28 e 29 da minuta de contrato): a Origem **deverá realizar a análise da exequibilidade do Plano de Negócios**, por sua experiência em operar o sistema, assim como os subsídios e os estudos por ela levados a efeito, **inserindo penalidade específica caso a futura concessionária não adote os procedimentos e as tecnologias definidos. Deverá, também**, revisar o prazo para apresentação do plano de negócios" (destaques nossos).

8 – A Origem "**deverá indicar e detalhar no edital de forma precisa os bens reversíveis**, bem assim o **estabelecimento de critérios objetivos com base nos quais desde logo seja possível identificá-los, assim como durante todo o prazo de vigência da concessão,** para fins de apresentação de inventários atualizados (art. 31, inciso II, da Lei n. 8.987/1995), ou ainda de se permitir a apuração de eventuais indenizações das parcelas dos investimentos vinculados aos bens reversíveis, ainda não amortizados ou depreciados".

Outra recomendação à Origem, pertinente ao item 4.1, foi a seguinte, que

(...) **justificasse tecnicamente** os contrapontos técnicos relativos à necessidade de modernização da fiscalização, à contingência insuficiente de agentes de trânsito para atuação específica, à possibilidade de redução das taxas de evasão, à escassez de recursos municipais para a realização dos investimentos, à reversibilidade da infraestrutura tecnológica e ao recebimento pelo Poder Público de outorga fixa e variável (compartilhamento de receita) (destaques nossos).

Depois de republicado o edital pela Origem, em 10 de outubro de 2019, a Auditoria da Corte, ao emitir Relatório, concluiu que não haviam sido cumpridas 4 (quatro) das 9 (nove) determinações impostas pelo Pleno como condicionantes para a retomada do certame, motivo pelo qual, em 23 de outubro de 2019, o Plenário determinou nova suspensão da Concorrência Internacional n. 1/2019/SMT, em razão do não cumprimento das condicionantes impostas pelo Pleno para sua retomada.

As condicionantes foram, contudo, atendidas, decidindo o Pleno, em 27 de novembro de 2019, por maioria de votos, nos termos do voto do Relator (apresentado depois de estudar e examinar os últimos pareceres técnicos, contrapondo-os às alterações promovidas pela Origem na nova versão do edital republicada no dia 25/09/2019 e aos esclarecimentos, às notas técnicas e aos documentos por ela apresentados, assim como diante da sentença proferida – às vésperas – nos autos do Mandado de Segurança n. 1016339-91.2019.8.26.0053), **autorizar a retomada do certame**, determinando, entretanto, que a assinatura do contrato fosse previamente autorizada pelo Tribunal.

As análises técnica e jurídica do caso concreto evidenciam que a intervenção concomitante do TCMSP possibilitou que infringências inicialmente apontadas fossem corrigidas, evitando-se a concretização de danos à Administração e à coletividade.

Como exemplo, é possível citar a alteração promovida no edital pela Origem de forma a permitir a participação de empresas em consórcio, limitando, contudo, o número de empresas à quantidade de atividades integrantes do objeto licitado, no caso 5 (cinco): (1) apoio à fiscalização; (2) tecnologia; (3) comercialização de CADs; (4) implantação de sinalização horizontal e vertical; e (5) a figura de um investidor financeiro.

A mencionada alteração do edital proporcionou substancial aumento do universo de participantes, uma vez que empresas menores e com finalidades específicas poderiam se unir em consórcio para juntas conseguirem executar todas as atividades integrantes do objeto da concessão.

Com relação à irregularidade apontada pela Auditoria (subitem 4.1), relativa a inserção de mediação para resolução de conflitos, dada a sua abrangência, a Origem fez constar no edital que a mediação estaria limitada a encontrar a resolução de uma controvérsia que tratasse sobre a interpretação ou a execução do contrato e que, portanto, não se admitiria que futura alteração pudesse infringir "o cenário concorrencial estabelecido durante o procedimento licitatório".

Assim, ficou esclarecido que ante a incompletude regulatória – que é inerente ao regime de concessão –, haveria a possibilidade de revisão das regras contratuais, em consonância com o objeto da concessão.

É de se ressaltar, outrossim, que durante a instrução processual foi editada a Lei Municipal n. 17.068/2019, que, entre outras alterações, revogou o parágrafo único do artigo 1º e o artigo 3º da Lei Municipal n. 12.523/1997, lei esta que autoriza o Executivo a outorgar, mediante licitação, concessão para exploração de estacionamento em vias e logradouros públicos, entre outras providências. A revogação dos aludidos dispositivos possibilitou que houvesse fundamento para a alteração na forma de pagamento a fim de estabelecer que a parcela 2 da outorga fixa seria paga à vista, visto que utilizada para fins da avaliação e elaboração da proposta comercial, sendo a parcela 1 da outorga fixa paga ao Poder Público por meio de quantia mensal pela exploração concedida, na proporção que vier a ser estabelecida na respectiva licitação.

Além disso, sobreveio durante a instrução o Decreto Municipal n. 58.605/2019, que, ao regulamentar o sistema de estacionamento rotativo pago no Município de São Paulo, entre outras providências, estabeleceu a forma de reajuste tarifário.

Assim, a minuta contratual sofreu alteração para dar maior previsibilidade aos licitantes, prevendo um novo mecanismo de recomposição do equilíbrio econômico-financeiro, caso o Poder Concedente desejasse manter a política tarifária.

O cálculo do Fator de Reajuste se limita a assegurar que a Concessionária seja compensada pela perda em termos reais do não reajuste do valor do CAD. Baliza-se tal montante na venda efetiva do ano anterior, por se tratar de estimativa mais acurada para o período seguinte. Assim, são afastados desacordos acerca de projeções de vendas para o período, sem, no entanto, deixar de haver a devida compensação pela perda econômica.

Essa previsão proporcionou maior segurança aos licitantes e promoveu maior atratividade ao certame.

A Origem também acatou o apontamento da Corte relativo à comprovação de regularidade fiscal dos licitantes, promovendo a complementação da redação quanto à regularidade fiscal e trabalhista, para incluir a exigência de comprovação de regularidade perante a sede do licitante. Com isso, eliminou-se exigência que poderia restringir a participação de licitantes, além de excluir previsão que se encontrava em desacordo com matéria já sumulada pelo TCESP e pelo TCU.

Outro ponto de grande relevância foi o referente à atuação do Tribunal quanto aos requisitos de qualificação técnica.

A Origem elegeu a atividade de "controle veicular" como preponderante para a Concessão.

No entendimento defendido pela Secretaria Municipal de Transportes, o controle veicular consistiria em "métodos e/ou tecnologias de identificação e/ou monitoramento de veículos", admitindo-se as seguintes atividades para fins de qualificação técnica: identificação de placas veiculares por métodos automatizados ou manuais; verificação do uso regular de estacionamentos públicos e/ou privados; e gestão e monitoramento de praças de pedágios.

O referido "controle veicular" seria atividade central da concessão, pois dela decorreria a redução da evasão que ancoraria os "ganhos" da Concessão.

Todavia, após a intervenção do Tribunal, a Origem concordou que deveria adequar o edital, a fim de sanar a exigência de que o licitante tivesse operado e administrado serviços de controle veicular, reformando o critério de qualificação técnica para abarcar, igualmente, a comercialização de tíquetes de estacionamento rotativo para aferição da capacidade técnica.

De fato, a atividade de apoio à fiscalização não constituía parcela de maior relevância e valor significativo do objeto de modo a justificar a exigência de capacidade técnica do Licitante em desempenhar essa função.

Assim, a condição alternativa que conferia ao Licitante a possibilidade de comprovação de qualificação técnica também através da comercialização de tíquetes de estacionamento rotativo ampliava a competitividade e se adequava à expertise do objeto principal, a fim de demonstrar aptidão, conhecimento, equipamento e experiência parta executar o objeto contratual.

Por fim, foi determinado que, ao inserir a exigência em questão, a Origem deveria adotar os critérios mínimos razoáveis no que se refere à quantidade de comercialização de tíquetes de estacionamento rotativo para melhor adequar a fase e o objetivo da etapa de qualificação técnica.

Com o objetivo de adequar o edital às disposições da superveniente Lei Municipal n. 17.068/2019, houve modificação no tipo de licitação para "maior valor da outorga", de forma que seria classificado em primeiro lugar o licitante que, atendendo a todos os requisitos correspondentes, apresentasse o maior valor relativo à parcela 1 de outorga fixa entre as propostas comerciais entregues, sem, contudo, desprestigiar a técnica em atenção à determinação do Tribunal de Contas, de maneira que as novas configurações do edital servissem de estimulo à automatização e à maior abrangência do serviço de apoio à fiscalização, pelo incentivo à maior automatização e abrangência do serviço e pela disposição do Sistema de Mensuração de Desempenho (SMD), que contratualiza o índice de cobertura territorial.

Outro ponto de grande destaque foi o questionamento do Tribunal acerca da opção pela concessão e a motivação prévia da modelagem pretendida.

O apontamento em questão abordou aspectos inerentes à discricionariedade e motivação: (i) a escolha da Administração para a concessão dos serviços no atual contexto regulatório da tecnologia a ser empregada na atividade de fiscalização; e (ii) o percentual definido para compartilhamento da receita bruta e a antecipação do pagamento da parcela 2 da outorga fixa.

Sobre a prévia da escolha, tem-se que, conforme a exigência contida no art. 5º da Lei Federal n. 8.987/1995[8], a justificativa da conveniência da outorga de concessão deve estar contida em ato publicado previamente ao instrumento convocatório.

[8] "Art. 5º O poder concedente publicará, previamente ao edital de licitação, ato justificando a conveniência da outorga de concessão ou permissão, caracterizando seu objeto, área e prazo."

No caso em questão, o Tribunal entendeu, ainda, que os subsídios técnicos e a comparação entre o modelo de contratação comum e a concessão proposta tinham sido apresentados pela Origem com a licitação já em andamento. As alterações perpetradas no edital e a consequente necessidade de sua republicação poderiam, excepcionalmente, atender à exigência legal.

O Tribunal enfatizou que a exclusão do limite de 60.000 vagas para o estacionamento rotativo do Município, alterando as perspectivas do plano de negócios, feita pelo Decreto Municipal n. 58.704/2019, poderia resultar na captura regulatória da Prefeitura pelo concessionário. Em outras palavras, a matéria passou a ter um viés inerente à política de mobilidade urbana e ao possível conflito entre o interesse na manutenção ou no aumento da quantidade de vagas de Zona Azul por parte da concessionária e as diretrizes de fomento ao transporte público e alternativo de interesse da sociedade.

Ao mesmo tempo em que o Tribunal salientou a discricionariedade da Administração nos aspectos inerentes à escolha pela concessão ou à política de mobilidade urbana, ponderou sobre a necessidade de uma política afirmativa, no sentido de, ao menos, parametrizar a quantidade de vagas a ser explorada pelo particular.

Diante disso, foi determinada a imposição de um limite de vagas de estacionamento rotativo a fim de evitar obstáculo à própria modelagem da concessão, visto que o ponto interferiria diretamente nos investimentos que seriam necessários, até porque as diretrizes de fomento ao transporte público e alternativo, de igual forma, poderiam interferir na delimitação das vagas a serem exploradas, na medida em que possíveis alterações de ciclovias, por exemplo, também teriam o condão de intervir na própria estrutura do Plano de Negócios.

Assim, a questão estaria inserida no campo da "discricionariedade técnica", que, de acordo com Carvalho Filho (2005, p. 33), na função de administrar:

> "(...) de tão significativa carga de densidade, alojam-se atividades de perfil eminentemente técnico – aquelas que dependem de conhecimentos especiais para seu desempenho e de profissionais com real aptidão para desenvolvê-las. (...) O problema surgido desses aspectos próprios da modernidade

exigiu que o Estado tivesse que escolher a melhor estratégia para enfrentar o problema das atividades técnicas: ou continuaria exclusivamente o Legislativo com a tarefa de disciplinar trais atividades, opção que geraria inevitável vazio legislativo – e isso porque aquele Poder reconhecidamente não atua com velocidade compatível com as mudanças sociais – ou seria imperioso delegar à Administração alguma parcela da função normativa, a ser executada em nível de complementariedade".

Assim, tendo em vista que o ato administrativo que delimita os motivos ensejadores da modelagem pretendida no edital da concessão é embasado por critérios técnicos/científicos e não por simples juízo de conveniência e oportunidade, viu-se como indiscutível a possibilidade de intervenção do Tribunal nessa questão.

Outro ponto importante na análise do edital em comento foi a possibilidade de realização das atividades de "apoio à fiscalização da Zona Azul" pelo Concessionário.

A SP Parcerias esclareceu que as atividades de apoio à fiscalização seriam realizadas por mecanismos automatizados com a minimização da interferência humana, impedindo que houvesse o envolvimento de elemento volitivo ou a possibilidade de colocar em dúvida a aferição exercida pela Concessionária.

Ademais, a Concessionária deveria respeitar as disposições do Caderno de Encargos da Concessionária (CEC), que incluía a disponibilização de informações como: veículo estacionado de maneira regular e irregular (Cartão Azul Digital – CAD não pago ou expirado).

A SP Parcerias ressaltou que o tema em questão não dependia da tecnologia OCR (fiscalização por veículo equipado com câmeras especiais – *Optical Character Recognition* – Reconhecimento Óptico de Caracteres), dado que o fornecimento de dados e informações transcende ao meio utilizado para a atividade delegada, havendo necessidade de a futura Concessionária fornecer dados de veículos regulares.

Depois de atendidas as exigências do Tribunal de Contas, foram inseridas garantias no instrumento licitatório, a fim de prever que as imagens e informações do veículo estacionado seriam obtidas de forma automatizada, e a comprovação de se utilizarem, alternativamente, novas tecnologias no apoio à fiscalização dependeria da aprovação de ato estatal.

Essa alteração do edital implicou adequação da fórmula de cálculo do valor da outorga variável, pois esta não mais estaria definida como risco do Poder Concedente ante eventual não regulamentação das tecnologias relacionadas aos mecanismos de apoio à fiscalização.

Efetivou-se, também, alteração da cláusula 27ª da minuta de contrato, em respeito a determinação do Tribunal, a fim de estabelecer que o Poder Concedente buscaria atender a, no mínimo, 80 (oitenta) mil chamados ao mês, abatendo-se do valor da outorga variável caso esse quantitativo não fosse atendido[9].

A Corte de Contas também firmou entendimento de que o objeto da licitação era a prestação, por meio da comercialização de CADs, do serviço de estacionamento rotativo na Cidade de São Paulo, e o apoio à fiscalização constituía **atividade acrescida ao objeto passível de exploração econômica por opção da Administração, não perfazendo, portanto, cerne principal do objeto da concessão**.

Ademais, o Órgão Julgador terminou por entender que a homologação tecnológica depende, em específico, de atuação estatal, de modo que afastou qualquer atuação empresarial ineficiente por parte da concessionária justamente porque o risco da modelagem se atribui ao ente público.

Por fim, no que diz respeito à possibilidade de contratação, pelo próprio concessionário, de serviço de apoio à fiscalização, o entendimento foi no sentido de que existe previsão no art. 13, parágrafo único, da Lei Municipal n. 16.703/2017[10], sendo possível, inclusive, que o chamado Agente de Apoio seja remunerado pela própria Concessionária, desde

[9] "27.3. O PODER CONCEDENTE buscará atender a todos os chamados abertos pela CONCESSIONÁRIA, sendo obrigado a atender, pelo menos, 80.000 (oitenta mil) chamados por mês, excetuados aqueles chamados em desconformidade.
27.4. Caso a CONCESSIONÁRIA abra, no mês, menos de 80.000 (oitenta mil) chamados, o PODER CONCEDENTE deverá atender a totalidade dos chamados, excetuados aqueles chamados em desconformidade."

[10] "Art. 13. A fiscalização dos contratos de concessão ou de outros ajustes firmados para a consecução do PMD poderá contar com o auxílio de auditoria contratada, verificador independente ou outras pessoas especializadas. Parágrafo único. O verificador independente de que trata o 'caput' deste artigo poderá ser contratado pela Administração ou pelo contratado, desde que conte com anuência da Administração."

que os dados e informações por ele coletados sejam disponibilizados de forma integral e transparente para o Poder Concedente.

Sem prejuízo da existência de disposição legal viabilizadora da contratação de agente de apoio à fiscalização pela concessionária, o Tribunal entendeu pertinente a expedição de recomendação à Origem de não utilização de mencionada estruturação, para que se preservasse a segregação de funções existente entre Poder Concedente/Fiscalizador e Concessionária/Fiscalizada.

Nesse contexto, o permissivo legal poderia ensejar um conflito de interesses entre a Concessionária/Fiscalizada e o agente de apoio à fiscalização por ela contratado, o que reverberaria, em tese, sobre o próprio acompanhamento da execução do ajuste pelo Poder Concedente.

A recomendação foi acatada pela Origem, tornando superado o apontamento e todos os riscos que poderiam ser causados ao contrato em questão nesse quesito.

No que diz respeito à questão relacionada à possibilidade de prorrogação do prazo da concessão, a atuação preventiva e concomitante do Tribunal de Contas também ganhou destaque, uma vez que, ao enfatizar que o Decreto n. 58.956/2019 havia incluído parágrafo único ao artigo 4ª do Decreto n. 37.292, de 27 de janeiro de 1998, proferiu o seguinte entendimento:

> O prazo da concessão poderia ser prorrogado para fins de equilíbrio econômico-financeiro do contrato, ficando vedado, em qualquer hipótese, ultrapassar do limite estabelecido no artigo 4º da Lei n. 12.523, de 28 de novembro de 1997.

Assim, a despeito de a prorrogação do ajuste não ter o papel de viabilizar a recomposição do equilíbrio econômico-financeiro do contrato, o disposto no art. 11, incisos I, III e XIII, do Decreto Municipal n. 37.292/98[11] permitiu que, de forma excepcional, fosse o prazo prorro-

[11] "Art. 11 – O termo de outorga da concessão deverá conter, entre outras disposições, as seguintes cláusulas obrigatórias:
I – O objeto, a área e o prazo da concessão;
(...);

gado, **desde que sobreviesse nova normatização que modificasse o prazo da concessão**.

No que tange à questão relacionada à indicação dos bens reversíveis e à ausência de detalhamento dos custos considerados no Plano de Negócios, o edital também sofreu alterações a fim de atender o Tribunal de Contas, sendo feitas adequações nas subcláusulas que tratavam sobre a reversibilidade dos bens, de modo a torná-los **todos reversíveis**, com ressalva dos objetos e bens móveis utilizados diretamente nas atividades desempenhadas para a exploração de receitas acessórias, em conformidade com o previsto no art. 2º, parágrafo único, do Decreto n. 37.292/1998[12], não havendo a sua obrigatoriedade, dado o caráter acessório à prestação do serviço concedido.

Quanto à justificativa e necessidade de adequação do prazo de 15 anos frente ao valor dos investimentos, ainda que da atuação do Tribunal não tenham decorrido alterações no edital (permanecendo o prazo inicialmente estipulado de 15 anos para o contrato), é certo que os esclarecimentos apresentados pela Origem, a pedido da Corte de Contas, foram determinantes para que a autorização de seguimento estivesse amparada tecnicamente.

O prazo de 15 anos restou justificado, haja vista que o instrumento da concessão de serviços pressupõe a delegação ao futuro Concessionário de uma obrigação de mantê-lo de maneira adequada, ao longo de toda a vigência contratual, nos termos do art. 6º, §§1º e 2º, da Lei Federal

III – As condições econômicas e financeiras da exploração, prevendo, inclusive, os mecanismos de preservação do equilíbrio inicialmente estabelecido;
(...);
XIII – As condições de eventual prorrogação da concessão; (...)".

[12] "Art. 2º A exploração do estacionamento em vias e logradouros públicos deverá ser feita através de controle automatizado e informatizado, por meio de parquímetros ou equipamentos eletrônicos de coleta, que permitam total integridade financeira da arrecadação, aferição imediata de receitas e auditoria permanente por parte do poder concedente.
Parágrafo Único – Ao final do prazo da concessão, os equipamentos, obras e instalações utilizados na exploração dos estacionamentos reverterão para o Poder Público, sem qualquer pagamento ao particular, desde que respeitado o equilíbrio econômico e financeiro firmado no início da concessão."

n. 8.987/1995[13], bem como o compromisso de o futuro Concessionário empreender modernidade das técnicas, do equipamento e das instalações e a sua conservação, bem como a melhoria e expansão do serviço.

Nesse sentido, o Tribunal garantiu que a Municipalidade seria beneficiada pela referida manutenção da atualidade tecnológica, de forma que tais ganhos seriam efetivados sem a necessidade de aumentos reais da tarifa cobrada para utilização do serviço de estacionamento rotativo.

Além disso, o Decreto Municipal n. 58.605, de 17 de janeiro de 2019, como dito anteriormente, editado durante a licitação, fixou em seu artigo 4º, referente à aquisição do Cartão Azul Digital – CAD, a tarifa básica do serviço em R$ 5,00 (cinco reais), trazendo maior segurança.

Outrossim, mostrou-se relevante a atuação do Tribunal de Contas sobre o plano de negócios, que, inicialmente, era viciado por incongruências quanto às estimativas de receitas, investimentos, custos e despesas.

A Origem adequou o instrumento convocatório à orientação da Auditoria, de modo que a taxa de ocupação inicial foi atualizada com base nos dados mais recentes da operação da Companhia de Engenharia de Tráfego – CET, e o Plano de Negócios foi readequado nos seguintes aspectos: (i) estimativa de quantidade de motocicletas e o custo de seu aluguel; (ii) estimativa de quantitativo de investimento em sinalização vertical e horizontal, com base em dados recentes da CET; (iii) estimativa de dispêndios para a estruturação do Centro de Controle Operacional – CCO; e (iv) estimativa do custo do verificador independente.

No tocante às adequações no Plano de Negócios de Referência, o Tribunal determinou que fosse feita a atualização das premissas relativas à taxa de ocupação projetada para a Concessão, de forma que as infringências inicialmente verificadas sobre a estimativa de receitas e ao Custo Médio Ponderado de Capital (WACC) ficaram parcialmente superadas.

13 "Art. 6º Toda concessão ou permissão pressupõe a prestação de serviço adequado ao pleno atendimento dos usuários, conforme estabelecido nesta Lei, nas normas pertinentes e no respectivo contrato.

§ 1º Serviço adequado é o que satisfaz as condições de regularidade, continuidade, eficiência, segurança, atualidade, generalidade, cortesia na sua prestação e modicidade das tarifas.

§ 2º A atualidade compreende a modernidade das técnicas, do equipamento e das instalações e a sua conservação, bem como a melhoria e expansão do serviço."

Outrossim, a modelagem da Concessão na nova versão do edital estimou uma taxa de remuneração ao investidor compatível com o mercado.

Ademais, foi majorado o valor de compartilhamento de receita (para 15%, quando a receita bruta ultrapassar R$ 150 milhões), em conformidade à determinação do Tribunal, ficando, com isso, mais protegido o Poder Concedente contra o risco de perda de receitas.

Em relação aos subitens remanescentes (1• Montante de investimento em Kit OCR; 2• Montante de investimento em Sinalização Vertical e Horizontal; 3• Montante de investimento no desenvolvimento do sistema do CCO (Centro de Controle Operacional) / CAV (Centro de Avaliação e Validação); e 4• Estimativa do custo com contratação de Verificador Independente), a Origem comprovou ter realizado as adequações complementares no Plano de Negócios de Referência, nos termos determinados pelo Plenário.

Sobre os valores dos Kits OCR em motocicletas, houve redução do valor de investimento estimado nesse item de R$ 5,9 milhões para R$ 2,8 milhões (52,54% de diminuição).

Quanto à sinalização horizontal e vertical, foi aplicada redução do montante de investimento estimado de R$ 7,2 milhões para R$ 2,5 milhões (o que representa uma diminuição de 65,28%).

Quanto ao CCO / CAV, houve diminuição do valor de investimento estimado nesse item de R$ 8,4 milhões para R$ 2,9 milhões (o que representa uma queda/diminuição de 65,48%), sendo R$ 2,4 milhões relativos ao desenvolvimento de sistema.

É possível inferir do exposto que, por meio das alterações realizadas pela Origem no edital, após a intervenção tempestiva do Tribunal de Contas, os valores pendentes de discussão representavam, juntos, impacto menor que 1,1% no valor estimado de outorga da Concessão em R$ 788 milhões, a valor presente (o que representa R$ 8,67 milhões), e que, considerando o Valor do Contrato a valor presente de R$ 1,03 bilhão[14], tais valores representavam 0,8% do total.

Finalmente, sobre o valor da outorga, importa destacar que corroboraram o entendimento do Tribunal de Contas inúmeras decisões judi-

[14] Base R$ 1,03 bilhão, conforme fl. 26 da peça 227.

ciais que enfrentaram a questão, alcançando tanto o Judiciário quanto o TCMSP a mesma conclusão, qual seja, de não haver nenhuma ilegalidade no valor estipulado, pois (i) o alto valor da outorga fixa mostrou-se compatível com o valor do contrato e o prazo de concessão (15 anos); (ii) não havia nenhuma limitação ou vedação imposta pela lei; (iii) não havia indícios ou comprovação de que a exigência de pagamento de alto valor de outorga fixa possa ter limitado a concorrência ou causado direcionamento; e (iv) a imposição do valor de outorga encontrava-se no âmbito da discricionariedade da Administração.

Conclusões

Observa-se, de todo o exposto, que a análise do Edital da Concorrência Internacional n. 1/2019 pelo Tribunal de Contas do Município de São Paulo envolveu extenso e detalhado trabalho, desenvolvido em procedimento administrativo e autônomo que, conforme disposto em seu regimento interno, contou com a emissão de pareceres dos Órgãos Técnicos. Como demonstrado, as referidas análises basearam-se nas defesas, justificativas e nos esclarecimentos que foram encaminhados pela Administração (Pasta Licitante), sendo-lhe garantido, à luz do art.5º, LV, da CF/1988, o exercício do contraditório e da ampla defesa.

Todo procedimento de instrução que, na fase cautelar, envolve a participação do Órgão Pleno na tomada de decisões tem por objetivo corrigir irregularidades verificadas no edital e sanar incorreções que podem, futuramente, gerar danos à própria Administração e à coletividade.

Nesse sentido, conforme demonstrado neste capítulo, ao se analisar o caso concreto em epígrafe, ainda que a atuação precípua do Tribunal de Contas consista em exercer o controle externo das contas públicas, em auxílio ao Legislativo, pode-se ventilar que o Tribunal de Contas, por via indireta, assiste o Executivo no sentido de aprimorar o trabalho de elaboração de seus próprios instrumentos convocatórios, permitindo-lhe adequá-los à legislação vigente, bem como às mais recentes correntes doutrinárias e jurisprudenciais, mediante o saneamento de quaisquer ilegalidades.

Em outros termos, frise-se, por oportuno, que o exercício de controle externo não atrai para o Tribunal de Contas a responsabilidade de adequar os editais, pois, quanto a eventuais consequências, motivadas por infringências constantes dos respectivos certames, recorde-se que a competência, a atribuição e a responsabilidade em licitar e contratar são exclusivas do Executivo, por meio de seus órgãos e agentes públicos.

Frise-se que o Tribunal de Contas, ao atuar no controle prévio e concomitante por intermédio de notificação da Origem sobre irregularidades que foram apontadas pelos Órgãos Técnicos, cientificando-a da existência de infringências e, por vezes, recomendando a suspensão ou o adiamento dos certames até que aquelas sejam superadas, exerce o seu papel de controle externo, sem que seja necessariamente determinada ou imposta a sua suspensão.

Entrementes, compete à Origem, quando cientificada de infringências em seus editais ou contratos, sopesar, frente ao caso concreto, as ações que deve adotar, tendo em mente que os agentes públicos responsáveis poderão e serão responsabilizados nos termos da Lei caso aquele procedimento seja futuramente julgado irregular pelo Plenário do Tribunal.

De outra parte, verifica-se no presente estudo que a ação preventiva e concomitante deste Tribunal na análise do edital possibilitou que fossem feitas diversas correções pelo Executivo durante a instrução processual, e as determinações do Órgão impediram que fosse realizada licitação de grande porte e relevância social com irregularidades. Isso certamente geraria prejuízos à própria Administração e à população usuária do serviço.

Dentre os muitos exemplos citados neste artigo é possível extrair aquele referente à atividade de apoio à fiscalização. Nesse diapasão, saliente-se que o Tribunal apontou que seria inconstitucional a Secretaria Municipal de Transportes incluir no objeto da concessão a atividade de fiscalização, uma vez que esta seria de competência da Companhia de Engenharia de Tráfego, em conjunto com os agentes da própria Secretaria Municipal de Transportes – SMT.

Assim, as alterações no edital visaram constar que os chamados agentes de "apoio a fiscalização" (integrantes e contratados da Concessionária) apenas poderiam fazer vídeos e fotografias dos veículos estacionados nas vagas destinadas ao estacionamento rotativo que supostamente estariam cometendo infrações. A SMT e a CET continuariam com a competência para, ao receber tais imagens, lavrar e emitir eventuais autos de infração e multa. Os veículos que se veem hoje nas ruas não possuem atribuição de multar, mas de relatar os fatos que, depois de analisados pelos agentes da Administração, poderão ser objeto de multa.

De outra parte, como se viu, a decisão do Tribunal que autorizou a retomada do certame o fez mediante a imposição de condicionantes que representavam medidas e correções que deveriam ser cumpridas e efetivadas pela Origem para regularizar os pontos pendentes. Tal ato devolveu à Administração a responsabilidade de prosseguimento do certame, evitando que a suspensão perdurasse por tempo indeterminado.

Seja como for, a atuação cautelar do Tribunal de Contas encontra-se em evidência, em especial pelas alterações e inovações trazidas pela Nova Lei de Licitações, que positivou a competência das Cortes de Contas para atuarem previamente por meio de decisões liminares. Trata-se do estabelecido no art. 171 da Nova Lei, que revogará a Lei Federal n. 8.666/1993 no ano de 2023.

É importante também destacar a preocupação do legislador em evitar que os certames fiquem suspensos por tempo indeterminado – isso pode causar o efeito contrário que se almeja com as decisões cautelares, qual seja, sempre o de evitar ilegalidades aptas a gerar danos ao Erário.

Assim, nota-se que o legislador pretendeu assegurar prazo razoável para o definitivo saneamento de processos licitatórios que tenham sido suspensos cautelarmente por decisão dos Tribunais de Contas, de modo a evitar o chamado "periculum in mora reverso", isto é, o risco de que a eventual demora na apreciação do mérito acarrete maiores prejuízos ao interesse público.

Nesse sentido, o art. 171, §1º, da Lei n. 14.133/2021 determina que as Cortes de Contas deverão decidir o mérito de cautelar eventualmente concedida no prazo de 25 (vinte e cinco) dias úteis. O prazo inicia-se a partir da data do recebimento das informações solicitadas à Administração, podendo ser prorrogado por igual período uma única vez.

Com efeito, conforme se pretendeu demonstrar, durante o acompanhamento do edital da concessão da Zona Azul, o Tribunal de Contas autorizou a retomada do certame com a imposição de condicionantes. Tal medida visou também impedir que o certame ficasse suspenso por tempo indeterminado, ao mesmo tempo em que devolveu para a Origem a responsabilidade em efetivar as medidas impostas para o prosseguimento do certame.

Destarte, registrem-se neste estudo o extenso trabalho de acompanhamento de edital feito pelo Tribunal de Contas, suas etapas e decisões, e as consequências positivas, cujo alcance foi obtido por meio das correções determinadas no edital, estas possíveis de serem efetivadas apenas em razão de o controle ter sido efetivado concomitantemente, com a utilização de decisões de natureza cautelar.

Referências

ALVES, Francisco Sérgio Maia. A Nova Lei de Licitações e as disposições sobre a fiscalização dos tribunais de contas. 2021. Disponível em: https://www.financasecontrole.com.br/artigo/a-nova-lei-de-licitacoes-e-as-disposicoes-sobre-a-fiscalizacao-dos-tribunais-de-contas.

BRASIL, Constituição da República Federativa do. Disponível em: http://www.planalto.gov.br/ccivil_03/Constituicao/Constitui%C3%A7ao.htm. Acesso em: 4 maio 2022.

CABRAL, Flávio Garcia. **Medidas cautelares administrativas**: regime jurídico da cautelaridade administrativa. Belo Horizonte: Fórum, 2021.

CABRAL, Flávio Garcia. **O que é (ou deve ser) o poder geral de cautela do TCU?** Belo Horizonte: Fórum, 2021.

CARVALHO FILHO, José dos Santos. A discricionariedade: análise de seu delineamento jurídico. In GARCIA, Emerson. **Discricionariedade administrativa**. Rio de Janeiro: Lumen Juris, 2005.

FERRAZ, Luciano. Controle Externo das licitações e contratos administrativos. In. FREITAS, Ney (Coord.). **Tribunais de Contas**: aspectos polêmicos – homenagem ao Conselheiro João Féder. Belo Horizonte: Fórum, 2010.

FURTADO, José Robamar Caldas. Controle de legalidade e medidas cautelares dos Tribunais de Contas. **Revista do TCU**, n. 110, set./dez. 2007.

MEREILLES, Hely Lopes. **Direito administrativo brasileiro**. 15. ed. São Paulo: Revista dos Tribunais, 1990.

NERY JÚNIOR, Nelson e ANDRADE NERY, Rosa Maria. **Código de Processo Civil e Legislação Processual Extravagante em vigor Comentado**. São Paulo: RT, 1999.

RAMALHO, Dimas. Controle Externo Preventivo – Exame Prévio de Edital permite que Tribunal de Contas atue antes de falhas e fraudes em licitações. Disponível em: https://www.tce.sp.gov.br/publicacoes/artigo-controle-externo-preventivo-dimas-ramalho. Publicado em 11.05.2021.

PASCOAL, Vadecir. O poder cautelar dos Tribunais de Contas. Brasília, **Revista do Tribunal de Contas da União**, n. 115, p. 103-118, maio/ago. 2009. Disponível em: http://revista.tcu.gov.br/ojs/index.php/RTCU/article/viewFile/320/365. Acesso em: 13 maio 2022.

PAULO, Antônio Marcos de. O poder cautelar dos Tribunais de Contas no exame de licitações. **Revista Jus Navigandi**, ISSN 1518-4862, Teresina, ano 27, n. 6802, 14 fev. 2022. Disponível em: https://jus.com.br/artigos/96402/o-poder-cautelar--dos-tribunais-de-contas-no-exame-de-licitacoes. Acesso em: 13 maio 2022.

STF, Mandado de Segurança 24.510, Rel. Min. Ellen Gracie, Tribunal Pleno, j. 19/11/2003, publ. 19 mar. 2004.

STF, Suspensão de Segurança n. 1.308-9/RJ, Rel. Min. Celso de Mello (Presidente), **Diário da Justiça**, Seção I, 19 out. 1998, p. 26.

THEODORO JÚNIOR, Humberto. **Processo cautelar**. 15. ed. São Paulo: LEUD, 1994.

UNIÃO, Tribunal de Contas da. Regimento interno do TCU: aprovado pela Resolução Administrativa n. 15, de 15 de junho de 1993. Disponível em: http://www.tcu.gov.br/institucional/Legislacao/Regimento/home.html.

WILLEMAN, Marianna Montebello. O controle de licitações e contratos administrativos pelos Tribunais de Contas. Rio de Janeiro, **Revista do TCE-RJ**, v. 01, n. 02, p. 58-81, jul./dez. 2011.

CAPÍTULO 10
TELETRABALHO NO TRIBUNAL DE CONTAS DO MUNICÍPIO DE SÃO PAULO – DESAFIOS E INOVAÇÕES À LUZ DO PRINCÍPIO CONSTITUCIONAL DA EFICIÊNCIA NA ADMINISTRAÇÃO PÚBLICA

Cristiane Simões Gonçalves
Daniel Paulo Alves

1. Introdução

Neste capítulo, pretende-se demonstrar como o Tribunal de Contas do Município de São Paulo – TCMSP, com apoio do seu Núcleo de Tecnologia da Informação, diante do momento mais crítico da pandemia por Covid-19, enfrentou o desafio para implementar procedimentos de capacitação aos servidores para acesso à sua mesa de trabalho de modo virtual, justamente quando os usuários, em sua maioria, não detinham experiência na referida tecnologia e, em boa parte dos casos, havia na época a questão envolvendo o equipamento mais adequado em razão das especificações técnicas recomendadas e o ambiente residencial do servidor, que deveria reunir o mínimo de condições para a execução do trabalho.

Considerando que antes da pandemia havia cerca de 100 licenças, número suficiente para atender à demanda de acessos remotos então vigentes, outro desafio foi o de ampliar essa necessidade, pois, até o primeiro trimestre de 2022, graças às aquisições, estas proporcionaram:

- média de conexões diárias por VPN[1] (Virtual Private Network) = **200**;
- média de conexões diárias por VDI[2] (Virtual Desktop Infrastructure) = **150**.

Verificou-se, também, que em face dos procedimentos internos, a instalação dos sistemas VPN (Virtual Private Network) e VDI (Virtual Desktop Infrastructure), a serem tratados de forma mais detalhada neste capítulo, tornou-se indispensável para a adoção do teletrabalho, proporcionaram economia de tempo, agilização do trabalho, redução do tempo de deslocamento entre a residência do servidor e o Tribunal, além de ganho na qualidade de vida dos servidores do Tribunal.

Diante dos resultados desta pesquisa, constatou-se que o NTI desempenhou durante a pandemia – e desempenha diariamente com muito dinamismo e presteza – papel indispensável ao Órgão, por manter internamente os parâmetros de produtividade, eficiência e interligar todas as áreas internas conforme essas premissas.

Finalmente, registre-se que, para conduzir este estudo, recorreu-se à metodologia de pesquisa de campo, mediante entrevistas aos servidores responsáveis pela área de TI do TCMSP, e à revisão de literatura, com

[1] Rede Privada Virtual (VPN): ao usar uma VPN, o aplicativo no dispositivo cliente (por exemplo, PC ou Mac) estabelece uma conexão segura e cria um túnel entre o dispositivo e a rede corporativa. O dispositivo do usuário final se comporta como se estivesse no escritório. Todos os aplicativos e serviços oferecidos podem enviar dados com segurança pelo túnel criptografado. O processamento é feito na máquina cliente (PC ou Mac do usuário), ao contrário do VDI.

[2] Infraestrutura de área de trabalho virtual (VDI): ao usar o VDI, todos os usuários têm sua própria estação dedicada que eles podem personalizar, embora o administrador possa definir políticas para decidir o que pode ser modificado e o que é uniforme entre os diferentes sistemas virtuais. Os usuários terão um ambiente Microsoft Windows 10 (ou outro) mais familiar para se conectar. Como os recursos são definidos e completamente dedicados a cada máquina, isso significa que cada máquina trabalha independentemente das outras, o que pode ser importante para ambientes altamente regulamentados ou seguros. *Vide* Principais diferenças entre VPN e VDI para Home Office. Disponível em: https://www.gruppen.com.br/blog/principais-diferencas-entre-vpn-e-vdi-para-home-office/. Acesso em: 20 abr. 2022.

ênfase no princípio constitucional da eficiência no âmbito da Administração Pública, bem como consultas à literatura pertinente ao tema.

2. O Princípio Constitucional da Eficiência na Administração Pública

Sob o ponto de vista histórico, conforme Bulos (2009, p. 646), lembre-se de que o princípio da eficiência, estudado por autores italianos, encontra-se previsto, por exemplo, no âmbito do direito comparado, nas Constituições da Espanha de 1978 (art. 103), da República das Filipinas de 1986 (art. IX, *b*, seção 3) e da República do Suriname de 1987 (art. 122).

Em nossa Carta, está inserido entre os demais princípios constitucionais da Administração Pública (legalidade, impessoalidade e moralidade), por força da Emenda Constitucional n. 19[3], de 4 de junho de 1998, que o incorporou à redação anterior do artigo 37, *caput*, da Constituição de 1988.

"Eficiência" traz a ideia de presteza, rendimento funcional, responsabilidade no cumprimento de deveres impostos a todo e qualquer agente público. Bulos (2009, p. 646) acrescenta: "Seu objetivo é claro: a **obtenção de resultados positivos no exercício dos serviços públicos**, satisfazendo as necessidades básicas dos administrados" (grifos nossos).

Gordillo (1997, t. 1, p. 16), em síntese, afirma que a aplicação do princípio constitucional da eficiência possui a virtude de gerar mudanças no comportamento funcional da Administração, mas isso depende da mentalidade dos administradores e dos próprios administrados.

O Superior Tribunal de Justiça, antes do advento da EC n. 19/1998, já reconhecia caber ao Estado o exercício do poder indeclinável de regular e controlar os serviços públicos, exigindo sempre sua **atualização** e **eficiência**, em respeito ao público (STJ, RMS 7.730/96/RS, rel. Min. José Delgado, 1ª Turma, *DF* 1, de 27-10-1997, p. 54720).

[3] "**Art. 37.** A administração pública direta e indireta de qualquer dos Poderes da União, dos Estados, do Distrito Federal e dos Municípios obedecerá aos princípios de legalidade, impessoalidade, moralidade, publicidade e **eficiência** e, também, ao seguinte: (...)" (grifos nossos) – redação dada pela Emenda Constitucional n. 19, de 1998.

Em caráter complementar, lembre-se de que outro dispositivo que alude a esse princípio é o artigo 2º, *caput*, da Lei n. 9.784/1999[4], que regula o processo administrativo no âmbito da Administração Pública Federal.

Meirelles (2009, p. 98) discorre sobre o princípio da eficiência:

> O princípio da eficiência exige que a atividade administrativa seja exercida com presteza, perfeição e rendimento funcional. É o mais moderno princípio da função administrativa, que já não se contenta em ser desempenhada apenas com legalidade, exigindo resultados positivos para o serviço público e satisfatório atendimento das necessidades da comunidade e de seus membros.

Maria Silvia Zanella Di Pietro (2005, p. 84) demonstra a seguinte relação entre o princípio da eficiência e as condutas dos agentes públicos e administradores:

> O princípio da eficiência (...) pode ser considerado em relação ao modo de atuação do agente público, do qual se espera o melhor desempenho possível de suas atribuições, para lograr os melhores resultados; e em relação ao modo de organizar, estruturar, disciplinar a administração pública, também com o mesmo objetivo de alcançar os melhores resultados na prestação do serviço público.

A ineficiência no serviço público pode gerar consequências sociais e econômicas gravíssimas e ser tão danosa quanto a improbidade, pois pode prejudicar um Órgão todo, bem como ter efeitos diretos na sociedade.

Como será demonstrado a seguir, tendo como pressuposto a eficiência na Administração Pública, coube ao referido Núcleo de Tecnologia da Informação a condução de iniciativas que foram capazes de prever e adequar os sistemas internos de comunicação via remota e gerenciar

[4] "Art. 2º A Administração Pública obedecerá, dentre outros, aos princípios da legalidade, finalidade, motivação, razoabilidade, proporcionalidade, moralidade, ampla defesa, contraditório, segurança jurídica, interesse público e **eficiência**" (grifo nosso).

com prontidão a ocorrência de qualquer evento inesperado durante a pandemia.

Nesse sentido, diante das iniciativas do setor, as inovações tecnológicas foram capazes de oferecer, com celeridade e funcionalidade, soluções ao Tribunal de Contas do Município de São Paulo, tornando o órgão referência também nesse âmbito.

Registre-se que, ao longo da pandemia, o trabalho no Tribunal de Contas manteve-se produtivo e eficiente, pois os servidores desempenharam normalmente as respectivas funções a partir de suas próprias casas, graças a medidas de auxílio e à própria estrutura do setor, que oferece suporte ao usuário, desenvolvimento de sistemas e administração de banco de dados.

3. Breve Histórico sobre a Implementação do Acesso Remoto

Em entrevista com o chefe do Núcleo de Tecnologia da Informação, Mário Augusto de Toledo Reis, e com os servidores da sua equipe, Estevan Gomes de Camargo – coordenador de Redes, Infraestrutura e Desenvolvimento e Ricardo Mendes Leal – supervisor Unidade Técnica de Suporte ao Usuário, verificou-se que desde 2018 o Núcleo já trabalhava na implantação do projeto de acesso remoto para atender às necessidades internas dos servidores e aos convênios firmados com outros órgãos municipais.

O projeto visava oferecer uma ferramenta aos agentes de controle externo e aos órgãos conveniados, que possibilitasse o acesso aos sistemas do Tribunal de Contas de forma remota.

Para tal iniciativa, foi adquirida uma ferramenta para virtualização de *desktops*. Na ocasião, como indicado anteriormente, foram adquiridas 100 licenças, número suficiente para atender à demanda.

Na sequência, tratar-se-á com mais detalhes de cada sistema, no caso, o VPN – Virtual Private Networ e o VPI – Virtual Desktop Infrastructure.

3.1. Sistema VPN –Virtual Private Network

Pode-se descrever o sistema VPN da seguinte forma:

> **Rede privada virtual**, do inglês *Virtual Private Network* (VPN), é uma rede de comunicações privada construída sobre uma rede de comunicações pública

(por exemplo, a Internet). O tráfego de dados é levado pela rede pública utilizando protocolos padrões, não necessariamente seguros. Em resumo, cria uma conexão segura e criptografada, que pode ser considerada como um túnel, entre o seu computador e um servidor operado pelo serviço VPN.
Uma VPN é uma conexão estabelecida sobre uma infraestrutura pública ou compartilhada, usando tecnologias de tunelamento e criptografia para manter seguros os dados trafegados. VPNs seguras usam protocolos de criptografia por tunelamento que fornecem a confidencialidade, autenticação e integridade necessárias para garantir a privacidade das comunicações requeridas. Alguns desses protocolos que são normalmente aplicados em uma VPN estão: Layer 2 Tunneling Protocol (L2TP), L2F, Point-to-Point Tunneling Protocol (PPTP) e o IP Security Protocol (IPsec). Quando adequadamente implementados, estes protocolos podem assegurar comunicações seguras através de redes inseguras.
Deve ser notado que a escolha, implementação e uso destes protocolos não é algo trivial, e várias soluções de VPN inseguras podem ser encontradas no mercado. Adverte-se os usuários para que investiguem com cuidado os produtos que fornecem VPNs.
Para se configurar uma VPN, é preciso utilizar serviços de acesso remoto, tal como o Remote Access Service (RAS), encontrado no Microsoft Windows 2000 e em versões posteriores, ou o Secure Shell (SSH), encontrado nos sistemas GNU/Linux e outras variantes do Unix.

O modelo segurança das VPNs fornece:

- Confidencialidade de modo que mesmo quando o tráfego de rede seja atacado em nível de pacote, um invasor só possa ver dados criptografados.
- Autenticação do remetente para evitar que usuários não autorizados acessem a VPN
- Integridade de mensagem para detectar quaisquer instâncias de adulteração das mensagens transmitidas[5].

[5] Disponível em: https://pt.wikipedia.org/wiki/Rede_privada_virtual Acesso em: 09 mar. 2022.

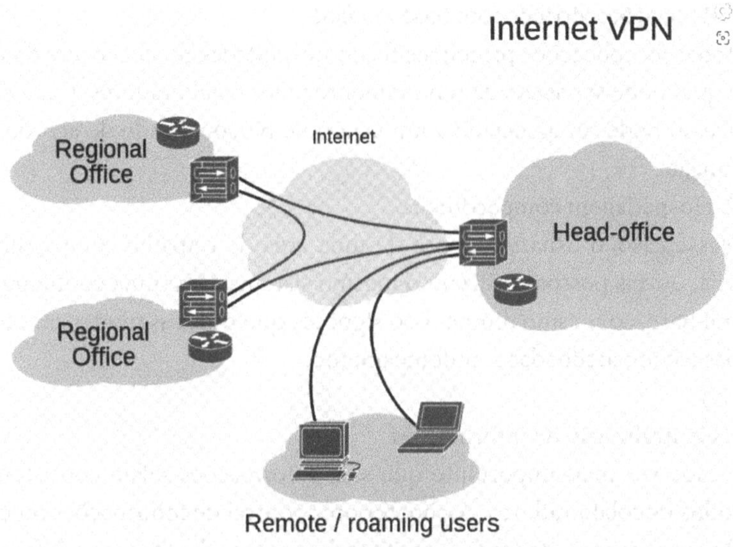

No TCM, os servidores que acessam o sistema pelo VPN conseguem visualizar a sua máquina na íntegra, com todas as informações armazenadas no HD interno do computador, até a fixação de ícones, ou seja, acessam de suas casas os dados do computador do Tribunal, lembrando que o equipamento (CPU) - computador do usuário no TCM - deverá estar ligado e conectado.

3.2. Sistema VDI - Virtual Desktop Infrastructure

Por sua vez, em relação ao sistema VDI, este pode ser assim descrito:

> Virtualização do sistema operacional do computador, permitindo que sejam criadas várias máquinas virtuais dentro do sistema. A partir disso, cada computador físico usado pela equipe atua como ponto de acesso para o sistema da empresa.
> Como funciona o VDI (Virtual Desktop Infrastructure)
> Existem diversas formas de aplicar esse recurso, mas todas elas remontam ao conceito básico de remover o sistema operacional da máquina que o colaborador opera. Dessa forma, ele pode utilizar o sistema a partir de outros aparelhos remotamente. Alguns exemplos de como essa tecnologia é implantada são:

1. Aplicações virtuais com base em *host*
Todas as aplicações principais ficam hospedadas no *data center* da empresa, a qual pode ser acessada remotamente pelos colaboradores. Cada cliente de acesso pode ser associado a um usuário e personalizado de acordo com sua função.
2. Hospedagem compartilhada
Nesse caso, o usuário faz uso de uma área de trabalho compartilhada. Ou seja, outras pessoas utilizam o mesmo sistema, com uma configuração central base, ao mesmo tempo. Isso significa que todas as mudanças são recebidas e compartilhadas simultaneamente.
(...)
1. Centralização de informações
é cada vez mais importante que suas informações sejam consistentes para todos os colaboradores. Assim, ter uma central de informações ou um servidor ativo para os dados (...), facilitando o acesso de diversos colaboradores, é muito importante na era da informação e da conectividade.
Dependendo da forma como você aplicar o VDI (Virtual Desktop Infrastructure) (...), essas informações podem ser compartilhadas entre diferentes usuários facilmente.
2. Mais segurança para os dados
É mais difícil proteger um grande número de máquinas do que apenas uma delas por vez. Por isso, muitos profissionais de TI trabalham para centralizar o sistema da empresa e diminuir a quantidade de computadores que precisam ser administrados individualmente.
Com uma central (...), será mais fácil prevenir o roubo de dados e outras perdas do que seria em aparelhos móveis, notebooks e afins.
3. Possibilidade de posicionamento em nuvem
(...) são diversos os benefícios (...). Escalabilidade, performance, disponibilidade e segurança são alguns dos principais valores agregados ao se optar por utilizar um ambiente alocado em *data center* em detrimento a uma infraestrutura local.
Quando adequamos essa realidade para uma aplicação em VDI, elevamos ainda mais os seus benefícios de operação[6].

[6] Afinal, o que é VDI (Virtual Desktop Infrastructure? Disponível em: https://www.eveo.com.br/blog/o-que-e-vdi/ Acesso em: 24 mar. 2022.

No sistema VDI, os usuários visualizam a rede e não dependem do seu computador que está no Tribunal, podendo acessar de qualquer plataforma com acesso à internet.

Lembre-se de que o sistema VDI, a partir de abril de 2022, foi substituído por nova ferramenta de acesso, o Parallels Client, descrito, de forma resumida, a seguir.

3.3. Sistema Parallels

O Parallels oferece uma área de trabalho virtual e disponibiliza vários aplicativos em sua plataforma. Permite que o usuário acesse no seu computador pessoal, de uma forma rápida e segura em ambiente virtual, várias tarefas corporativas, como: diretório dos arquivos, sistemas do TCM, e-mail e intranet.

Dessa forma, há melhora na capacidade de gerenciamento da área de trabalho, segurança e desempenho.

Trata-se de um aplicativo que pode ser executado tanto a partir de um navegador web, como também pelo computador do usuário, depois de instalado em sua versão "Client". Em suma, os usuários finais podem usar o Parallels para visualizar, iniciar e trabalhar com aplicativos remotos do TCM de uma maneira muito prática, interagindo de uma forma amigável com suas tarefas pessoais, visualizadas na barra de tarefas.

O único requisito para usar o Parallels é um computador pessoal com conexão à Internet[7].

4. Período Pré-Pandemia

O servidor Mário Toledo – chefe do NTI relatou que o processo de transição do modelo presencial para o de teletrabalho, devido ao isolamento social, foi possível porque o NTI dispunha dos equipamentos necessários. Além dos equipamentos, a implantação do sistema de visualização de processos eletrônicos – ETCM[8], que é o Sistema de Processo Eletrônico do Tribunal de Contas do Município de São Paulo, instrumento de

[7] Disponível em: https://kb.parallels.com/en/123927?language=es. Acesso em: 10 jun. 2022.

[8] ETCM foi implementado no Tribunal de Contas do Município de São Paulo no dia 20 de agosto de 2018 – normatizado pela Resolução n. 16/2018 TCMSP.

tramitação, comunicação de atos e instrução de processos e documentos no âmbito do Tribunal de Contas do Município de São Paulo, previsto na Resolução 16/2018, foi fundamental para que todos os servidores pudessem executar suas atividades sem prejuízo, podendo acessar todo o ambiente de trabalho virtualmente.

O chefe do Núcleo enfatizou que o objetivo foi sempre manter o ambiente tecnológico do TCM atualizado, com os melhores equipamentos e softwares do mercado.

Para demonstrar que o NTI vem obtendo sucesso nesse modelo, o Sr. Mário destacou como foi a repercussão na mídia das implementações na área de TI e destacou uma matéria que foi replicada em *sites* especializados em 2015, intitulada "TCM-SP reinventa sua infraestrutura de TI"[9].

Segundo Estevan Camargo, o Tribunal de Contas do Município mudou sua filosofia com a virtualização. E acrescentou:

> Melhorou muito. Com o ambiente e *backup* virtualizados, entre outros recursos, tenho mais segurança e performance. Alguns sistemas melhoraram significativamente o tempo de resposta: a Intranet, por exemplo, ficou muito mais rápida.

Com mais processamento e um *storage* de melhor tecnologia, o executivo explicou que agora o Tribunal conta com dois ambientes, replicados de forma transparente para o usuário: "Agora, visualizo todo o ambiente em uma única ferramenta, faço as manobras necessárias em toda a infraestrutura, tenho total domínio".

Conforme citação do editorial:

> (...) no começo, foram migrados banco de dados, serviços administrativos, correio eletrônico, serviço de usuário, sistema operacional Windows e suas aplicações. "O foco sempre foi na alta disponibilidade dos serviços: em 2011 foi a vez de migrar o Microsoft SharePoint e começar a eliminar *clusters*, que

[9] The São Paulo Times. TCM-SP reinventa sua infraestrutura de TI. Disponível em: https://saopaulotimes.com.br/tcm-sp-reinventa-sua-infraestrutura-de-ti/). Acesso em: 09 mar. 2022.

não eram mais necessários: fizemos um *upgrade* de *hardware* visando a melhoria da performance do equipamento".

O editorial foi publicado em 9 de junho de 2016; como constatado, o setor de TI já demonstrava preocupação com as novas tecnologias e destacava-se por seu empenho e visão eficiente dos recursos para melhor atender aos usuários.

No *blog* Casos de Sucesso OS&T, "TCM-SP Reinventa sua Infraestrutura de TI", o servidor Estevan apresentou os resultados alcançados com as novas funcionalidades dos sistemas e as melhorias na segurança dos dados e agilidade no tempo de resposta no processamento dos dados[10]:

> A ideia agora é fazer o ajuste fino de tudo, identificar o que ainda pode melhorar, ter uma máquina para restauração mais rápida, segmentar serviços, explorar o máximo das ferramentas e entender a saúde de cada servidor virtual a partir dos recursos de gerenciamento da VMware.

5. Reflexos da Pandemia – Medidas Adotadas no Tribunal de Contas do Município de São Paulo

Em 13 de março de 2020 foi publicada a Portaria n. 141/2020[11], a primeira que tratou das medidas temporárias de prevenção ao contágio pelo novo Coronavírus (Covid-19) no Tribunal de Contas do Município de São Paulo, sendo instituído o Comitê de Gerenciamento do novo Coronavírus.

Nos termos do art. 15 da referida Portaria,

> (...) devem ser evitadas as reuniões de trabalho e outras atividades com aglomeração de pessoas em ambiente fechado, cuja realização deve ficar limitada aos casos inadiáveis ou se inviável o uso de videoconferência.

[10] **Casos de Sucesso OS&T**. TCM-SP reinventa sua infraestrutura de TI. Disponível em: https://blogs.vmware.com/brasil/files/2016/06/InTheCloud_ed_05-CasosSucesso1.pdf. Acesso em: 09 mar. 2022.

[11] Portaria n. 141/2020 TCMSP, de 13/03/2020.

Parágrafo único. **O Núcleo de Tecnologia da Informação - NTI deverá auxiliar as unidades do Tribunal quanto à adoção de videoconferência para a realização de reuniões** (grifos nossos).

Em 22 de março de 2020, por sua vez, foi publicada a Portaria n. 147/2020, cujo artigo 1º previa a suspensão, entre 18 de março a 30 de abril de 2020, dos prazos processuais e administrativos no âmbito do Tribunal de Contas do Município de São Paulo, excetuados aqueles relativos a processos que demandassem providências de natureza cautelar e os que se referissem a licitações promovidas pelo Tribunal e contratos, parcerias e instrumentos congêneres por ele firmados.

A mesma Portaria também suspendeu, por prazo indeterminado, a tramitação interna de processos físicos, priorizando-se os processos eletrônicos para a continuidade dos trabalhos do Tribunal.

O artigo 3º determinou o fechamento dos edifícios sede e os seus anexos a partir de 24 de março de 2020, por prazo indeterminado, cujo acesso só foi permitido para a realização de atividades que não puderam ser desempenhadas em regime de teletrabalho.

Em 2 de setembro de 2021 foi determinado pela Resolução TCMSP n. 16/2021, que instituiu as normativas para o teletrabalho, o maior desafio ao Núcleo de Tecnologia da Informação, qual seja, auxiliar os servidores do TCMSP a se prepararem para acessar, de forma remota, o ambiente do Tribunal. Entre várias iniciativas, destaca-se a que se destinou a configurar o equipamento particular, de forma a deixá-lo pronto para realizar o acesso remoto, utilizando o recurso da VPN –Virtual Private Network ou VDI – Virtual Desktop Infrastructure. A obsolescência do equipamento do servidor foi o fator que mais causou falha ou lentidão no acesso ao ambiente virtual, além disso a velocidade do pacote de internet que cada servidor possuía trouxe grandes dificuldades para a manutenção dos sistemas.

Ao se adotarem os dois sistemas VPN e VDI em função do teletrabalho, constataram-se vários benefícios, como agilização do trabalho, redução do tempo de deslocamento dos servidores e, por conseguinte, ganho na sua qualidade de vida.

Cumpre destacar, também, que o setor de Informática habilitou em 7 dias o *Firewall*, um dispositivo de segurança da rede que monitora o tráfego de rede de entrada e saída e decide permitir ou bloquear tráfegos específicos de acordo com um conjunto definido de regras de segurança.

Os *firewalls* têm sido a linha de frente da defesa na segurança de rede há mais de 25 anos. Eles colocam uma barreira entre redes internas protegidas e controladas que podem ser redes externas confiáveis ou não, como a Internet. Um *firewall* pode ser um *hardware*, *software* ou ambos, e capacidade para 2500 conexões de licença VPN. A partir daí, foram feitas configurações para receber todos os servidores do TCM, bastando apenas ter usuário e senha para se logar.

Como apontado anteriormente, bem antes da pandemia, os técnicos do NTI já usavam a VPN, uma rede privada em que o usuário tem acesso total a sua estação de trabalho ou a qualquer outra máquina da rede, desde que esse acesso seja permitido pelas regras de segurança.

Para obter acesso via VPN, muitos servidores o conseguiram por meio do Manual de Acesso Remoto, porém outros tiveram dificuldades e precisaram do auxílio da Equipe do Suporte para a instalação.

Como o número de acessos via VPN era limitado, foi criada outra ferramenta de acesso, o VDI, para acessar o ambiente de desktop virtual do TCMSP, em que se faz necessário abrir um navegador (Chrome, Firefox ou Internet Explorer) e utilizar a seguinte URL: https://vdi.tcm.sp.gov.br.

Após essa fase, com 100 acessos inicialmente, diante da demanda em 2021, foram compradas mais 200 licenças de outro aplicativo, chamado Parallels Client, que, pode ser acessado pelo endereço https://remoto.tcm.sp.gov.br.

Saliente-se que, nesse período, alguns servidores não tinham computadores para fazer as atividades, por isso o NTI, em parceria com a Escola de Contas, providenciou o empréstimo de 29 notebooks a quem exercia atividade de suma importância.

Desde o início da "quarentena", quando foi determinado o fechamento do prédio Sede, o NTI teve que adaptar em tempo recorde o sistema de *home office* e, ao mesmo tempo, lidar com o aumento substancial de atendimentos pela Unidade Técnica de Suporte (UTSU), conforme demonstrado a seguir:

	2019	2020	2021	2022
Atendimentos técnicos	4.505	7.470	8.273	989

OBS.: no atual exercício, por ocasião do retorno presencial ao TCM, e com as instalações dos novos equipamentos, os técnicos da UTSU estão trabalhando 100% presencial. Até abril de 2022, a média mensal foi de 247 atendimentos.

5.1. Relatórios anuais comparativos – exercícios 2019, 2020 e 2021 (atendimentos da Unidade Técnica de Suporte – NTI[12])

Atendimentos Encerrados no Exercício de 2019

Atendimento no TCMSP	Descrição	Total
Hardware	Instalação, desinstalação, remanejamento, substituição e limpeza de: mouse, teclado, placa-mãe, placa de vídeo, placa de rede, *hard disk*, DVD-RW, memória, fonte e monitor.	**658**
Software	Instalação, desinstalação, atualização, configuração e formatação de: Windows 10, Windows 7, Office 2010 (Word, Excel, Access, PowerPoint), Groupwise, Internet Explorer, Houaiss, intranet/internet, antivírus, Novell, Sigma, Átomo-Radar (Panorama, Sigma, Ábaco), SOF, Prodam, Controle Médico, Sistema de Requisição de Almoxarifado, JAVA, IRPF, certificados para assinatura digital.	**1.203**
Orientação ao usuário	Processo eletrônico E-TCM, Telefonia IP, Windows, Office 2010, Groupwise, Intranet, Internet, mala direta, Novell, impressoras, scanners, notebooks, gerenciamento remoto via ZenWorks Control Center.	**1.617**
Impressora	Gerenciamento *on line* (iManager), gerenciamento Simpress, troca de toner, instalação, remanejamento, limpeza interna, reparo.	**307**

[12] Dados fornecidos por Ricardo Mendes Leal – chefe da Unidade Técnica de Suporte ao Usuário.

Atendimento no TCMSP	**Descrição**	**Total**
Infraestrutura de rede	Cabeamento estruturado e telefonia I.P. e mudanças de *layout*.	**720 horas**
Total de Atendimentos		**4505**

Atendimentos Encerrados no Exercício de 2020 TCMSP e Teletrabalho

Atendimento no TCMSP	**Descrição**	**Total**
Hardware	Instalação, desinstalação, ligar, desligar, remanejamento, substituição e limpeza de: mouse, teclado, placa-mãe, placa de vídeo, placa de rede, *hard disk*, DVD-RW, memória, fonte, monitor, microcomputador e telefone.	1.662
Software	Instalação, desinstalação, atualização, configuração de: Windows 10, Windows 7, Office 2019 (instalação), Office 2010 (Word, Excel, Access, PowerPoint), Groupwise, navegadores de internet, antivírus, Novell, Adobe, JAVA, IRPF, certificados para assinatura digital.	426
Impressoras	Gerenciamento *on line* (iManager), gerenciamento Simpress, troca de toner, instalação, remanejamento, limpeza interna, reparo.	157
Infraestrutura de rede	Cabeamento estruturado, telefonia I.P. e alterações de *layout*.	19
Total		**2.264**

Atendimento no Teletrabalho	**Descrição**	
Orientação ao usuário	Windows, Office 2010, Groupwise, Intranet, Internet, Novell, Notebooks, gerenciamento remoto via ZenWorks Control Center.	1.267
Citrix – VDI	Instalação/orientação.	449
VPN – TCM	Instalação/ orientação.	610

Forticlient – VPN	Instalação/ orientação.	384
Any Desk	Acesso remoto.	513
Sistemas	Átomo-Radar (Panorama/Sigma/Abaco) Prodam, SOF, Controle Médico.	439
e-TCM	Orientação.	123
Token	Assinatura eletrônica.	79
telefonia	Ramal/ transferência/ orientação.	107
software	Instalação/ orientação.	1.235
Total		**5.206**
Total Geral de Atendimentos		**7.470**

Atendimentos Encerrados no Exercício de 2021
TCMSP e TELETRABALHO

Atendimento no TCMSP	Descrição	Total
Hardware	Instalação, desinstalação, ligar, desligar, remanejamento, substituição e limpeza de: mouse, teclado, placa-mãe, placa de vídeo, placa de rede, *hard disk*, DVD-RW, memória, fonte, monitor, microcomputador e telefone.	662
Software	Instalação, desinstalação, atualização, configuração de: Windows 10, Windows 7, Office 2019 (instalação), Office 2010 (Word, Excel, Access, PowerPoint), Groupwise, navegadores de internet, antivírus, Novell, Adobe, JAVA, IRPF, certificados para assinatura digital.	625
Impressoras	Gerenciamento *on line* (iManager), gerenciamento Simpress, troca de toner, instalação, remanejamento, limpeza interna, reparo.	331
Infraestrutura de rede	Cabeamento estruturado, telefonia I.P. e alterações de *layout*.	159
Total		**1.777**

Atendimento no Teletrabalho	**Descrição**	
Orientação ao usuário	Windows, Office 2010, Groupwise, Intranet, Internet, Novell, notebooks, gerenciamento remoto via ZenWorks Control Center.	818
Citrix – VDI	Instalação/orientação.	310
VPN – TCM	Instalação/ orientação.	1.056
Forticlient – VPN	Instalação/ orientação.	373
Any Desk	Acesso remoto.	585
Sistemas	Átomo-Radar (Panorama/Sigma/Abaco) Prodam, SOF, Controle Médico.	760
e-TCM	Orientação.	107
Token	Assinatura eletrônica.	193
Telefonia	Ramal/ transferência/ orientação.	373
Software	Instalação/ orientação.	1.921
Total		**6.496**
Total Geral de Atendimentos		**8.273**

6. Capacitação dos Servidores

Grande desafio do NTI era capacitar o servidor que estava fora do Tribunal para que ele fizesse o acesso de modo virtual, pois grande maioria não dispunha de experiência com esse tipo de acesso, e a grande preocupação dos administradores do NTI seria que tipo de equipamento essa pessoa iria utilizar, dado que não se tratava de um equipamento do Tribunal com todas as especificidades e regulamentações técnicas, instaladas em termos de antivírus e com toda a segurança para a rede do TCM.

Os servidores que solicitavam auxílio para aquisição de um novo equipamento ou troca de pacote de internet eram auxiliados pelos técnicos do Núcleo de Tecnologia, que sugeriam configurações e pacotes de internet compatíveis, lembrando que a rede do TCMSP possui *softwares* e *hardwares* específicos que dão a segurança necessária para o servidor e a equipe do NTI.

A jornada de trabalho do NTI no auge da pandemia era das 7 às 22 horas, inclusive finais de semana, para poder atender a todos os usuários, enquanto atendimentos normais antes do período de isolamento social eram em torno de 15 minutos, e no pós-pandemia, para fazer as devidas instalações, houve vários atendimentos que duraram mais de 3 horas.

Diante desse quadro, todas as áreas de NTI começaram a fazer atendimentos extraordinários, pois todo os setores do TCM procuraram o atendimento para viabilizar a instalação dos sistemas *on line*.

Os servidores que tinham equipamentos mais novos não tiveram dificuldades em realizar o acesso ao ambiente do tribunal. A maioria dos chamados foram de servidores com equipamentos mais antigos ou desatualizados e de pessoas que dependiam exclusivamente das máquinas do TCM, ainda que boa parte delas possuísse *notebooks*, mas com versões desatualizadas e sem antivírus.

Boa parte dos servidores não estava preparada para o ambiente virtual, e até hoje a informática tem dificuldades no atendimento por conta de equipamentos muito antigos.

A pandemia e o isolamento social potencializaram a procura por equipamentos para o trabalho remoto em 2020. Segundo a Revista *IstoÉ Dinheiro*, a pandemia fez as vendas de notebooks e computadores crescerem 16% no 1º trimestre de 2020[13].

7. Solução para que os Julgamentos Realizados no Plenário Voltassem a Ocorrer de Forma Virtual

Antes da pandemia, as sessões de julgamento eram realizadas de forma presencial pelos Conselheiros do TCM no Plenário do prédio sede. Depois, diante do agravamento do contágio por Covid-19, as sessões foram suspensas em março de 2020.

O NTI teve a incumbência de solucionar essa demanda em curto prazo, para que as sessões se realizassem por videoconferência. O Núcleo de Tecnologia estudou diversas possibilidades e acabou optando pela ferramenta Microsoft Teams, que faz parte do pacote Office 365. A primeira

[13] Pandemia faz vendas de notebooks e computadores crescerem 16% no 1º trimestre. **Revista IstoÉ Dinheiro.** Disponível em: https://www.istoedinheiro.com.br/pandemia-faz-vendas-de-notebooks-e-computadores-crescerem-16-no-1-trimestre/. Acesso em: 20 abr. 2022.

sessão por videoconferência foi transmitida em 20 de maio de 2020. A respectiva implantação só foi possível graças à adesão ao programa em que a Microsoft estava oferecendo licenças por 6 meses de forma gratuita.

Decorrido o referido período, o TCM adquiriu 300 licenças do Office 365 e vem utilizando o Microsoft Teams como ferramenta de videoconferência para vários eventos realizados no Tribunal, como cursos, palestras, reuniões e mesas técnicas.

8. Utilização de Software como Ferramenta de Videoconferência

Em relação ao programa utilizado Microsoft Teams, as características são as seguintes:

> (...) é uma plataforma unificada de comunicação e colaboração que combina bate-papo, videoconferências, armazenamento de arquivos (incluindo colaboração em arquivos) e integração de aplicativos no local de trabalho. O serviço se integra ao pacote de produtividade Office 365 e apresenta extensões que podem ser integradas a produtos que não são da Microsoft.
>
> Em 19 de março de 2020, a Microsoft anunciou que a Microsoft Teams atingiu 44 milhões de usuários diários, em parte devido à Pandemia de COVID-19. Por causa da pandemia de COVID-19, a Microsoft passou a oferecer gratuitamente o Microsoft Teams para a organizações e escolas de todo o mundo como alternativa de Ambiente virtual de aprendizagem.
>
> A plataforma pode ser utilizada gratuitamente, porém há algumas diferenças se comparada à versão paga, como número máximo de membros – até 500.000 por organização; armazenamento de arquivos – apenas 2GB por usuário e 10 GB de armazenamento compartilhado; as reuniões não podem ser gravadas; não há chamadas telefônicas e conferências de áudio; não se pode hospedar eventos *on line* e nem utilizar recursos de trabalho como Walkie Talkie, Turnos etc. Além disso, também não é possível utilizar ferramenta de administração para gerenciamento de usuários e aplicativos, relatórios de uso de serviços do Microsoft 365, configurações e políticas de usuário configuráveis[14].

[14] Disponível em: Portal Microsoft, apud Wikipédia, a enciclopédia livre. In https://pt.wikipedia.org/wiki/Microsoft_Teams.

9. Implantação do Teletrabalho

A seguir, vantagens do teletrabalho no TCM:

Pontos positivos: uma melhor prestação de serviços a toda a sociedade por meio do desenvolvimento de uma cultura orientada para resultados; maior motivação e comprometimento dos servidores; contribuição em programas socioambientais, reduzindo a perda de tempo durante deslocamentos pela cidade e a produção de resíduos poluentes; melhoria na qualidade de vida dos servidores; e conclusão de tarefas em menor tempo.

Ponto negativo: a questão da falta de contato humano com os colegas.

A Resolução n. 16/2021 instituiu o regime de teletrabalho (*home office*) para os servidores no exercício das suas funções no Tribunal de Contas do Município de São Paulo.

É uma modalidade de trabalho em que o servidor cumpre o seu expediente em local diverso das instalações da unidade de trabalho, de forma remota e mediante a utilização de recursos tecnológicos, com comparecimento presencial semanal obrigatório na frequência mínima definida pela chefia imediata.

Foi instituída uma Comissão de Teletrabalho pela Portaria n. 475/2021, com as seguintes atribuições:

> **I** – realizar, a cada semestre, a avaliação dos efeitos e resultados alcançados pelos servidores em regime de teletrabalho e propor os aperfeiçoamentos necessários à Presidência e aos demais Conselheiros, podendo, para tanto, consultar os gestores das unidades do TCMSP para colher subsídios a essa avaliação;
>
> **II** – padronizar procedimentos, modelos de formulários e relatórios;
>
> **III** – analisar os casos omissos visando orientar os gestores, devendo submeter questões relevantes à execução do regime à deliberação da Presidência e demais Conselheiros;
>
> **IV** – elaborar Manual de Orientação sobre o teletrabalho no âmbito do TCMSP;
>
> **V** – divulgar a relação dos servidores em regime de teletrabalho na página da transparência do TCMSP.

Em dezembro 2021 foi elaborado o Manual de Orientação para normatizar a nova modalidade de trabalho, instituída no Tribunal como "teletrabalho", e estabelecer procedimentos complementares para sua execução.

Com a implantação do novo regime, as tarefas rotineiras e habituais dos servidores, bem como projetos específicos, poderiam ser desempenhadas à distância por alguns dias na semana, requerendo dos profissionais perfis técnicos e comportamentais que anulem/reduzam significativamente eventual prejuízo decorrente desse distanciamento, de modo a garantir a eficiência e a eficácia dos processos de trabalho.

Assim, definir e desenvolver o perfil técnico e comportamental dos servidores tornou-se fundamental para estabelecer e produzir novos hábitos, comportamentos e formas de interagir no ambiente híbrido (presencial e virtual) adotado atualmente pelo TCMSP.

Nesse contexto, foram definidas as atribuições do Núcleo de Tecnologia da Informação – NTI:

a) divulgar os requisitos tecnológicos mínimos para acesso;
b) viabilizar ferramenta de acesso remoto dos servidores em regime de teletrabalho aos sistemas do TCMSP, garantindo que os atributos de integridade, confiabilidade e autenticidade dos dados trafegados, de ponta a ponta, sejam preservados no decorrer da conexão;
c) não prestar suporte ao equipamento de uso pessoal, mas tão somente à ferramenta de acesso remoto e ao funcionamento dos sistemas institucionais, durante o horário normal de trabalho do TCMSP, via telefone ou ferramenta de atendimento à distância.

10. Panorama de Acessos em 2022

Conforme dados da Coordenadoria de Recursos Humanos, todos os 671 servidores do TCM passaram a logar ao mesmo tempo, graças a dois sistemas, implementados no início, VPN e VDI.

Cada servidor passou acessar a sua máquina, visto que, na média, foram obtidas 300 licenças de acesso simultâneo via VDI, sistema que foi substituído pelo *software* Parallels.

Como se trata de sistema híbrido de trabalho, o NTI mantém as duas formas, ou seja, as pessoas podem acessar suas máquinas presencialmente ou virtualmente via VPN e em qualquer ambiente virtual via VDI, sendo este substituído pelo Parallels Client.

Hoje o NTI certifica cerca de 230 acessos simultâneos nos sistemas do TCM, havendo pessoas acessando o sistema de madrugada e aos finais de semana, de forma que o sistema está sendo constantemente provido, ou seja, 24 horas.

A título de complementação, o link atual de internet é de 1 giga puro, saindo da operadora 1 giga e entrando no TCM 1 giga, contando com um *link* redundante que garante 99% de chances de a internet não cair.

Implantou-se o protocolo digital para as pessoas poderem dar entradas em suas solicitações de forma digital, sem precisar usar papel e sem ter que ir presencialmente ao TCM.

Algumas informações complementares, transmitidas pelo chefe do Núcleo para o exercício de 2022:

a) total de servidores do Núcleo de Tecnologia da Informação: 29;
b) quantidade de área – 1 Suporte ao Usuário; 2 Desenvolvimentos de Sistemas; e 3 Redes e Administração de Banco de Dados.
c) média de conexões diárias por VPN = 200;
d) média de conexões diárias por VDI =150;
e) link de Internet 1GB, com dupla abordagem;
f) quantidade de Contratos Ativos >40;
g) média de chamados por mês: 247 atendimentos;
h) total de estações de trabalho, aproximadamente: 790;
i) total de servidores (equipamentos): 110;
j) rede *wi-fi*: 40 antenas.

11. Projeto de Melhorias do NTI – 2022 / 2023

O mundo em constante evolução tecnológica exige da performance de um setor de TI, seja em empresas, seja no âmbito da Administração Pública. Nesse sentido, o Tribunal direciona seus esforços para promover, em breve, a troca de suas estações de trabalho.

As melhorias a serem destacadas são as seguintes:

- modernização do plenário (troca da estrutura tecnológica) - 2023;
- aquisição de notebooks para uso exclusivo no Plenário e por outros setores em razão da defasagem tecnológica;
- troca das antenas de wi-fi - concluído em 2022;
- abertura de vagas em concurso visando a área de TI - previsão para 2023.

12. Investimentos em TI

A cada ano, os investimentos em TI têm que ser cada vez maiores, a fim de manter o que existe em funcionamento e acompanhar as inovações tecnológicas mediante a aquisição de novos equipamentos. Lembre-se de que a tecnologia representa um custo elevado e seu valor agregado deprecia rapidamente.

O TCM, na qualidade de órgão de controle externo, tem como missão fiscalizar o bom gasto do dinheiro público. A LOA de 2022, aliás, prevê uma receita total orçamentária de quase 83 bilhões[15]; portanto, não há como fiscalizar um montante dessa magnitude sem o apoio da tecnologia.

No caso do Tribunal de Contas do Município de São Paulo, os contratos vigentes em TI destinam-se a prover todas as suas áreas, não apenas de TI. Exemplificando, a Secretaria de Fiscalização e Controle - SFC (órgão técnico) precisa contar com mais espaço em disco para guardar os seus dados; a Coordenadoria de Recursos Humanos - CRH precisa de sistemas para gerenciar todos os servidores do TCM. Enfim, todas as áreas, sem distinção, precisam de sistemas que estejam interligados aos contratos gerenciados pelo NTI.

Para fins ilustrativos, a seguir, contratos lavrados e vigentes no âmbito do Tribunal de Contas do Município de São Paulo - TCMSP[16].

[15] Fonte: https://www.saopaulo.sp.leg.br/orcamento2022/https://www.saopaulo.sp.leg.br/orcamento2022/.

[16] O conteúdo que se encontra na planilha foi concebido pelo Subsecretário Administrativo Glaucio Teixeira Tavares da Subsecretaria Administrativa.

OBJETO	PROCESSO	INÍCIO VIGÊNCIA	FIM VIGÊNCIA
Contratação, por meio da ARP 007/2020, visando à prestação de serviços de Tecnologia da Informação sob a forma de Unidade de Serviço Técnico (UST), com foco no desenvolvimento de sistemas.	02009/2021	22/04/2021	21/04/2022
Aquisição de licenças de antivírus e firewalls.	003605/2019	03/06/2019	02/06/2022
Contratação de empresa para prestação de Serviços Especializados de Manutenção Corretiva para Equipamentos de informática, pelo período de 24 meses.	001525/2020	14/07/2020	13/07/2022
Aquisição de computadores tipo Estação de Trabalho.	4692/18-21	23/08/2018	22/08/2022
Prestação de serviços especializados para o suporte técnico e direito de atualização do Software para os produtos descritos no Termo de Referência.	008109/2020	09/09/2020	08/09/2022
Prestação de serviços especializados – fornecimento de manutenção e suporte técnico.	008735/2020	11/09/2020	10/09/2022
Prestação de Serviços de Tecnologia da Informação sob a forma de Unidade de Serviço Técnico (UST), com foco no Desenvolvimento de Sistemas.	010989/2021	17/09/2021	16/09/2022
Contratação de empresa especializada para o suporte técnico e direito d atualização de software pelo período de 12 (doze) meses, conforme condições quantidades, exigências e especificações técnicas contidas no Edital e seus anexos.	010896/2021	24/09/2021	23/09/2022
Aquisição, Instalação e Configuração de Unidade de Backup em Disco com Desduplicação e Compressão de Dados.	007849/2019	18/10/2019	17/10/2022
Aquisição de Switches de Borda com Serviços de Instalação, Implementação, Garantia e Suporte Técnico, conforme condições, quantidades e exigências especificadas no Edital e seus anexos.	013854/2021	29/10/2021	28/10/2022

OBJETO	PROCESSO	INÍCIO VIGÊNCIA	FIM VIGÊNCIA
Contratação de empresa especializada para o fornecimento de Licenciamento pelo período de 12 (doze) meses.	010840/2020	30/10/2020	29/10/2022
Aquisição de Solução, em Alta Disponibilidade, de FIREWALL UTM/NGFW do tipo Appliance, com Fonte Redundante e Cluster, incluindo Hardware, Software, Banco de Horas, Vouchers de Treinamento, Serviços de Instalação, Configuração e Suporte Técnico 24x7.	011017/2019	07/11/2019	06/11/2022
Contratação de Empresa Especializada para o Fornecimento de Suporte Técnico para os equipamentos, pelo período de 12 (doze) meses.	015125/2021	16/12/2021	15/12/2022
Aquisição de programa com Serviços de Instalação, Implementação, Treinamento, Garantia e Suporte Técnico pelo período de 12 (doze) meses.	015025/2021	01/04/2022	31/03/2023
Prestação de serviços técnico especializado.	007893/2018	07/01/2019	06/01/2023
Contratação de serviço de solução de proteção avançada de e-mail 2 (AntiSpam) para proteção de 1500 caixas postais, bem como treinamento, implantação e suporte técnico especializado 24x7, pelo período de 24 (vinte e quatro) meses, para a segurança da plataforma de e-mail do TCMSP.	013306/2020	11/01/2021	10/01/2023
Aquisição de Switches de Borda, com Serviços de Instalação, Implementação, Garantia, Suporte e Banco de Horas Técnicas.	007197/2021	05/02/2022	04/02/2023
Prestação de serviços especializados de suporte preventivo e corretivo.	016828/2019	10/02/2020	09/02/2023
Contratação de empresa especializada para prestação de serviços de suporte técnico para Fitoteca.	007137/2018	20/02/2019	19/03/2023

OBJETO	PROCESSO	INÍCIO VIGÊNCIA	FIM VIGÊNCIA
Contratação de Empresa Especializada para o Fornecimento de Solução Integrada de Data Center, com Serviço de Suporte, Assistência Técnica, Migração de Dados, Capacitação e Garantia pelo período de 36 (trinta e seis) meses.	014555/2021	30/03/2022	29/03/2023
Prestação de serviços especializados de suporte preventivo e corretivo.	008346/2018	01/04/2019	31/03/2023
Prestação de serviço de sustentação de TIC, referente aos serviços de sistemas de informação, redes e conectividade, serviços de comunicação e Datacenter.	12475/2018	05/04/2019	04/04/2023
Contratação de empresa especializada para a prestação de serviços de manutenção preventiva e corretiva, incluindo a aquisição de peças de reposição e de baterias, relativos a 02 (dois) nobreaks com potência de 30KVA EATON 93E, preservando-se as certificações e padrões internos existentes no Data Center.	9875/17-06	16/04/2018	15/04/2023
Aquisição de 43 (quarenta e três) microcomputadores pessoais do tipo Notebook, com 36 (trinta e seis) meses de garantia do equipamento e 12 (doze) meses de garantia da bateria, do tipo on-site.	004212/2019	26/06/2019	25/07/2023
Aquisição de Switches de Borda com Serviços de Instalação, Implementação, Garantia e Suporte Técnico, conforme condições, quantidades e exigências especificadas no Edital e seus anexos.	013854/2021	14/03/2022	28/10/2023
Aquisição de 120 Webcams com resolução mínima de 720P (1280 x 720 Pixels), microfone embutido e software nativo para controle.	013866/2021	09/11/2021	08/11/2023

OBJETO	PROCESSO	INÍCIO VIGÊNCIA	FIM VIGÊNCIA
Prestação de Serviço de Solução de *Application Performance Management* - APM na Modalidade Subscrição, com Implantação, Treinamento e Suporte Técnico Especializado 24x7.	012938/2020	15/01/2021	14/01/2024
Prestação de serviços de manutenção preventiva e corretiva em regime de atendimento 24x7x365, incluindo peças de reposição, relativo a 01 Grupo Gerador de Energia Elétrica de 330 preservando-se as certificações e padrões interns existentes no Data Center do TCMSP.	005475/2021	21/05/2021	20/05/2024
Aquisição dos produtos na modalidade assinatura por 36 (trinta e seis) meses, com suporte à instalação, treinamento, atualizações e Banco de Horas.	010290/2021	20/09/2021	19/09/2024
Contratação de solução integrada de TI para análise de dados e inteligência analítica corporativa (Data Analytics) que permita, de maneira ágil, a extração de dados, transformação, tratamento, carga, cruzamento eletrônico com base em análises associativas (Visual Analytics Full In-Memory), geração de gráficos/painéis (Dashboards) customizáveis pelo usuário final (Self-Service Data Visualization) e emissão automática de relatórios de acompanhamento e suporte à tomada de decisões.	002182/2021	11/11/2021	10/11/2024
Aquisição do direito de uso de 200 (duzentas) licenças, de uso concorrente de usuários, de solução de acesso remoto e de virtualização de desktops e de aplicações para utilização em computadores e em dispositivos móveis, com instalação, suporte e atualizações de versões.	013729/2021	16/11/2021	15/11/2024

OBJETO	PROCESSO	INÍCIO VIGÊNCIA	FIM VIGÊNCIA
Contratação de Empresa Especializada para o Fornecimento de Solução Integrada de Data Center, com Serviço de Suporte, Assistência Técnica, Migração de Dados, Capacitação e Garantia pelo período de 36 (trinta e seis) meses.	014555/2021	30/03/2022	29/03/2025
Contratação de empresa especializada para o fornecimento e instalação de sistema de ar-condicionado de precisão para o Data Center do Tribunal de Contas do Município de São Paulo – TCMSP.	006370/2020	05/04/2021	04/04/2025
Contratação de empresa especializada para o fornecimento de Solução de Impressão e Escaneamento Departamental, com Software de Gerenciamento via rede local (TCP/IP).	005616/2021	23/06/2021	22/06/2025
Aquisição de microcomputadores e monitores, com garantia "on site" pelo período de 48 (quarenta e oito) meses.	013236/2021	16/02/2022	15/02/2026

Conclusões

Diante do exposto, verifica-se que o Tribunal de Contas do Município de São Paulo, com apoio do NTI, sempre está em busca da excelência para seus usuários, das melhores soluções tecnológicas de mercado e de aperfeiçoamento contínuo.

Preza continuamente pela segurança dos dados, tendo em vista que todos os computadores do Tribunal estão ligados em uma rede de *nobrake* (equipamento que mantém os dispositivos em funcionamento em situações de falta de energia e situação de oscilações).

Algumas questões internas relacionadas à área poderiam ser solucionadas de forma mais célere, ocorre que há limitações peculiares ao processo de licitação e à resolução dos contratos.

Cumpre lembrar que em 1996 os servidores trabalhavam com máquina de escrever; em 2015, o NTI mereceu destaque na mídia, ocasião em que o TCMSP reestruturou a infraestrutura de TI; em 2022, para mencionar de uma forma bem simplista, não entrando novamente no mérito da complexidade dos requisitos tecnológicos da área de informática, graças à evolução, é possível fazer uma reunião via Teams.

O NTI, conforme se pôde demonstrar, exerce importante papel no âmbito do Tribunal, a exemplo do recente apoio à Secretaria de Saúde no sistema de vacinação nas dependências do próprio TCM, com instalação de microcomputadores e cooperação para acesso ao sistema da Secretaria Municipal de Saúde.

Observa-se, ainda, em razão dos resultados obtidos, que a eficiência dos servidores do Núcleo de Tecnologia do TCMSP se faz presente nos diversos sistemas, por eles desenvolvidos, que trazem agilidade e informações imprescindíveis para a realização das fiscalizações pelos órgãos técnicos do Tribunal. Entre os diversos sistemas existentes, destacam-se, por exemplo, o Átomo-Radar[17] e o Íris[18].

Todas as informações contidas nesses sistemas são importadas para as bases de dados do Tribunal, bem como da Prefeitura, utilizando o que há de mais moderno em recursos tecnológicos.

Suporte em informática representa mais do que atendimento a determinado chamado técnico, pois cada ocorrência envolve o registro por-

[17] **Átomo-Radar** – sistema que tem por objetivo acompanhar diariamente as licitações e contratações firmadas pela Prefeitura do Município de São Paulo, seja no âmbito de suas empresas, seja no das autarquias, para auxiliar o Tribunal de Contas do Município de São Paulo nas pesquisas de todas as licitações, considerando as hipóteses de dispensas e inexigibilidade, publicadas no Diário Oficial da Cidade de São Paulo, bem como os dados dos processos administrativos da Administração Pública municipal.

[18] **Íris** – trata-se de um projeto de fomento à transparência da informação, idealizado pelo Tribunal de Contas do Município de São Paulo, com o objetivo de oferecer ao cidadão dados objetivos e confiáveis sobre as receitas, tais como arrecadação mensal do Município, principais impostos e série histórica; despesas da Prefeitura do Município, por exemplo, com pessoal, educação, saúde etc.; dotações, consistente numa ferramenta com diversas opções para pesquisar as dotações do orçamento municipal e os contratos relacionados a elas, além de informações sobre as empresas contratadas e os pagamentos realizados; zeladoria, com dados relativos às despesas vinculadas à zeladoria do município, tais como manutenção de vias públicas, sistemas de drenagem, coleta de lixo e manutenção de parques e áreas verdes; regionalização, em que a partir do mapa de São Paulo são acessadas informações sobre as despesas realizadas pelas subprefeituras; licitações, cuja funcionalidade permite acompanhar, passo a passo, todas as licitações realizadas pelo Município de São Paulo e conhecer todos os contratos gerados a partir delas.

menorizado e integrado no sistema de bancos de dados internos, no âmbito patrimonial, além da instalação de novos equipamentos em conformidade com um protocolo específico, que compreende procedimentos de preparação, ajustes, testes e acompanhamento da área de Redes e Desenvolvimento.

Registre-se que, em abril de 2022, em um cenário de contenção da Covid-19, graças ao controle gerencial e à performance da área de informática pelo Núcleo de Tecnologia da Informação do TCMSP, restou demonstrada a aplicação estrita do princípio da eficiência na administração pública.

Os usuários puderam atestar toda a evolução do sistema implementado pelo NTI. E pensar que em 1996 os trabalhos administrativos no Tribunal não dispensavam o uso de uma máquina de escrever IBM, ao passo que hoje se pode redigir este texto em uma estação de trabalho com dois monitores.

É gratificante participar de toda essa evolução e saber que muitas transformações e melhorias no plano tecnológico do Tribunal ainda estão por vir.

Referências

BULOS, Uadi Lammêgo. **Constituição Federal anotada**. São Paulo: Saraiva, 2009, p. 646.

CASAL, Marcello Jr. Pandemia faz vendas de notebooks e computadores crescerem 16% no 1º trimestre. **IstoÉ Dinheiro.** Disponível em: https://www.istoedinheiro.com.br/pandemia-faz-vendas-de-notebooks-e-computadores-crescerem-16--no-1-trimestre/.

DI PIETRO, Maria Sylvia Zanella. **Direito administrativo**. 18 ed. São Paulo: Atlas, 2005. p. 84

TCM-SP reinventa sua infraestrutura de TI. Disponível em: https://blogs.vmware.com/brasil/files/2016/06/InTheCloud_ed_05-CasosSucesso1.pdf. Acesso em: 09 mar. 2022.

FREIRE, André Luiz. **Manutenção e retirada dos contratos administrativos inválidos**. São Paulo: PUC/SP. Dissertação de mestrado em Direito do Estado, 2007.

GORDILLO, Augustín. **Tratado de derecho administrativo** – parte general. Buenos Aires: Fundación de Derecho Administrativo, 1997.

FONTES SILVA, Camila Cardoso. A (des)aplicação do princípio constitucional da eficiência na Administração Pública. Disponível em: https://www.direitonet.com.br/artigos/exibir/9804/A-des-aplicacao-do-principio-constitucional-da-eficiencia-na-Administracao-Publica. Acesso: em 20 abr. 2022.

Gruppen It. Principais diferenças entre VPN e VDI para Home Office. Disponível em: www.gruppen.com.br/blog/principais-diferencas-entre-vpn-e-vdi-para-home-office/. Acesso em: 20 abr. 2022.

LIMA, Edilberto Carlos Pontes Lima (coord.). Os Tribunais de Contas, a pandemia e o futuro do controle. **Coleção IRB/Fórum**. Belo Horizonte: Fórum, 2021, v.4.

MEIRELLES, Hely Lopes. **Direito administrativo brasileiro**. 35. ed, São Paulo: Malheiros, 2009.

MICROSOFT TEAMS. In **Wikipédia, a enciclopédia livre**. Flórida: Wikimedia Foundation, 2022. Disponível em: https://pt.wikipedia.org/w/index.php?title=Microsoft_Teams&oldid=63582470. Acesso em: 20 abr. 2022

PARALLELS. Usando o cliente HTML5 do Parallels. Disponível em: https://kb.parallels.com/en/123927?language=es. Acesso em: 10 jun. 2022.

